光弹性试验在桥梁工程中的应用

吴庆雄　王　渠　唐　瑜
杨益伦　奚灵智　编著

中国林業出版社

图书在版编目(CIP)数据

光弹性试验在桥梁工程中的应用/吴庆雄等编著.—北京：中国林业出版社，2020.12
ISBN 978-7-5219-0827-5

Ⅰ.①光…　Ⅱ.①吴…　Ⅲ.①光弹性试验-应用-桥梁工程　Ⅳ.①U44

中国版本图书馆 CIP 数据核字(2020)第 192737 号

中国林业出版社·教育分社

策划编辑：高红岩　　**责任编辑**：曹鑫茹　　**责任校对**：苏　梅
电　　话：(010)83143560　　**传　　真**：(010)83143516

出版发行　中国林业出版社(100009　北京市西城区德内大街刘海胡同 7 号)
E-mail：jiaocaipublic@163.com　电话：(010)83143500
http://www.forestry.gov.cn/lycb.html
经　　销：新华书店
印　　刷：北京中科印刷有限公司
版　　次：2020 年 12 月第 1 版
印　　次：2020 年 12 月第 1 次印刷
开　　本：787mm×1092mm　1/16
印　　张：13.75
字　　数：330 千字
定　　价：43.00 元

前　　言

《光弹性试验在桥梁工程中的应用》是面向土木工程专业研究生（包括硕士生和博士生）的一门专业技术课程，其任务是通过理论和实践环节，使学生掌握光弹性试验的基本原理，并能够用于解决桥梁工程模型试验的相关问题，得到初步的训练和锻炼，以适应研究生的教学要求，同时可供从事本学科的科研人员、实验人员和有关工程技术人员参考。

本教材参考《高等桥梁结构试验》《光弹性原理及测试技术》《光弹性实验技术及工程应用》等教材的内容编写而成，同时本次编写增加了一些新内容和较多的示例。全书分为 7 章，其中，第 1 章为绪论；第 2 章介绍了光弹性试验的理论基础，包括相似理论、力学和光学基础；第 3 章介绍了光弹性试验基本原理和方法；第 4 章介绍了光弹性试验材料和模型制作；第 5 章介绍了有机玻璃模型试验原理和方法；第 6 章介绍了光弹模型试验在桥梁工程中的应用实例；第 7 章介绍了有机玻璃模型试验在桥梁工程中的应用实例。

本教材的编写单位为福州大学、中国电建集团华东勘测设计研究院有限公司；第 1 章由福州大学吴庆雄研究员编写；第 2 章和第 4 章 4.4 由福州大学王渠实验师编写；第 3、6 章由福州大学唐瑜实验师编写；第 4 章 4.1 至 4.3 和第 7 章由福州大学杨益伦实验师编写；第 5 章由中国电力建设集团华东勘测设计研究院有限公司奚灵智高级工程师编写；全书由吴庆雄研究员负责统稿。本教材由福建工程学院韦建刚教授、福州大学袁辉辉副研究员和陈康明副研究员审定，他们提供了许多宝贵的修改意见，在此表示衷心感谢。

在书稿编写过程中有关单位给予了无私帮助，并提供了许多有价值的资料及图片，在此一并致谢。由于编者的业务水平有限，编写中难免有不当之处，敬请专家同行和读者批评指正。

编　者

2020 年 7 月

目　　录

第 1 章

绪　论

1.1　光弹性试验的目的

随着科技的进步和经济的发展，土木工程领域正发生着翻天覆地的变化。用材料力学、弹性力学和有限元分析等方法，可以解决应力分析的问题。但是随着工程问题的日益复杂、多样，对于有些问题，受到计算机的限制或者各种近似理论的合理性和精度要求，无法对复杂工程问题进行计算，因此，通过试验手段来研究应力分布情况，验证、校核理论计算的结果就十分重要。实验力学已经发展成为一门独立的学科，可以用于确保结构构件的安全性并节约能源，对工程结构进行优化设计，对工程结构施工程序的合理性进行评估，地位越发重要。除了在重型机械、动力机械、土建水利、发电设备、交通运输、宇宙飞行等方面得到广泛的应用外，在力学其他领域中，如岩石力学、生物力学、复合材料以及动、热应力等方面也使用弹性理论进行应力分析。现代工业生产的发展给弹性理论的发展创造了条件，反过来弹性理论又促进了生产发展。

光学是一门古老的学科，随着人类对自然的认识不断深入，光学的发展大致经历了萌芽时期、几何光学时期、波动光学时期、量子光学时期和现代光学时期 5 个时期。萌芽时期以光学器具的发明、制造及应用为前提条件，对光的认识大多集中在光的直线传播、光的反射、大气光学、成像理论等多个方面。牛顿在 17 世纪提出光是直线传播的微粒子的学说，完美地解释了影子产生等光学现象。随着光学试验发展，微粒子学说无法解释干涉、衍射等光学现象。于是惠更斯提出光的波动性学说，合理地解释了干涉、偏振等光学现象。19 世纪初麦克斯威尔进一步指出光是电磁波，20 世纪初以来又陆续发现光电效应、光压效应等光学现象。证明光是无数具有能量的微小“光子”组成，普朗克提出量子力学的概念，认为光是一种实体，它既有波动性，又有粒子性(这种粒子与牛顿的粒子有本质的区别)，具有波动、粒子的双重性。随着历史的发展，人们对光的本质的认识有一个过程，到现阶段，认为光既有波动性又具有粒子性，这就是近年由德布罗意、薛定谔和海森伯提出的量子理论，它是微粒理论和波动理论的综合。随着全息技术、光学传递函数和激光的问世，光学进入了现代光学时期。

光弹性试验是一种用光学方法测量受力模型上各点应力状态的实验应力分析方法。光弹性试验可用于研究几何形状和载荷条件都比较复杂的工程构件的应力分布状态，特别是应力集中的区域和三维内部应力问题。对于断裂力学、岩石力学、生物力学、黏弹性理论、复合材料力学等，也可用光弹性试验验证其所提出的新理论、新假设的合理性和有效性，为发展新理论提供科学依据。本教材所指的光弹性试验包含了光弹模型试验和有机玻璃模型试验两部分内容。

1.2　光弹模型试验对象与内容

光弹模型试验是实验力学中的一个分支，是力学、光学和新技术相结合的学科。这个方法就是用光学灵敏材料制成与实物相似的模型，或在实际构件上粘贴光学灵敏材料，在相应载荷作用下，用偏振光照射并通过计算便能得到表面及内部的应力变化规律。用这种实验方法求得的应力分量对工程设计来说具有足够的精度，它直观性强，可靠性高，适应性广，不仅可求物体的边界应力，还可求物体的内部应力。特别是对理论计算较为困难的形状复杂、载荷复杂并有应力集中的构件，光弹模型试验更能显示出它的优越性。

光弹模型试验的产生和发展一开始就与生产密切相关。物理学家早在 19 世纪就已发现了人工双折射现象，直到 20 世纪由于工业的发展光学仪器和透明塑料的产生才使这一方法得以应用和发展，逐渐形成一门独立的学科——光弹性法。在 20 世纪 20 年代光弹性解决了一系列弹性力学中的难题，在 30 年代发现了应力冻结现象，解决了三维问题。40 年代以后，由于仪器设备的改进，新材料的采用和计算方法的提高，光弹性已成为较为完善的实验技术了，在生产中起了重要作用。1951 年以后，出现了以环氧树脂为基的各种新型光弹性材料，这种材料可以制成平板和浇注成立体模型，并能冻结应力。在室温及冻结温度下，以环氧树脂为基的光弹性材料具有较高的光学灵敏度和比例极限，蠕变和时间边缘效应也较小，且易于加工，同时也可以黏结。后来又出现了聚碳酸酯的新型光弹性材料，光学灵敏度高，透明度好，时间边缘效应小，是室温平面应力模型光弹性试验的优良材料。

近年来由于激光全息技术、电子技术和计算技术的发展，大大地促进了光弹模型试验的发展，一方面向自动化、计算机化发展，另一方面向更广阔的领域中渗透。随着计算机技术的发展，特别是有限元法的应用给应力分析开辟了新途径。有限元可以分担某些试验任务，但不能代替试验，如果把有限元和光弹性结合起来就可以多快好省地解决问题。数学模型和物理模型是研究力学问题中最基本的模型，如果能把两种模型结合起来，再加上计算技术和电视传感技术，可以使光弹模型试验向高度自动化阶段发展。因此，光弹模型试验是一种实用性强且有很大发展前途的实验力学方法之一。

1.3 有机玻璃模型试验对象与内容

当进行建筑结构的原型试验在物质上或技术上存在某些困难时，往往采用模型试验的办法来解决。特别是科研性试验，则更需要借助模型进行试验。模型是仿照真实结构，按照一定比例关系复制成的真实结构的试验代表物，它具有实际结构的全部或部分特征，但其尺寸比原型结构小得多。

有机玻璃模型试验是以解决生产实践中的问题为主的模型试验，特别是大桥、特大桥的全桥受力性能分析时，如果模型与原型采用相同材质，会存在后期加载效率达不到等问题。而有机玻璃的弹性模量约是混凝土的1/15，钢材的1/90，因此按照相似理论，可使模型与原型之间同时满足几何相似、力学相似和材料相似的关系，以便模型能反映原型的特性，模型试验的结果可以直接返回到原型结构上去。

有机玻璃模型试验由于主要在室内进行，可以获得良好的工作条件，可以应用精密和灵敏的仪器设备进行试验，具有较高的准确度。有时，甚至可以创造出一个适宜的工作环境，以减少或消除各种不利因素对试验的影响，所以适宜进行研究性试验。

第 2 章

光弹性试验的理论基础

模型是仿照真实结构，按照一定比例复制成的真实结构的试验代表物，它具有实际结构的全部或部分特征。模型试验通过施加荷载，可以真实地再现原结构实际工作情况，可以获取相关数据及检查设计缺陷，并根据模型相似理论，由模型的试验结果可推算实际结构的工作。作为结构受力行为的重要研究方法，模型试验具有经济性好、针对性强、数据准确、适应性强、结果直观等特点。同时，本章还介绍了在光弹性试验中运用到的一些力学的基础知识，如一点应力状态、二向应力状态和三向应力状态等，并通过光的波粒二象性介绍了干涉、偏振等光学知识。

2.1 模型相似理论

2.1.1 模型相似定理

相似理论，是说明自然界和工程中各相似现象、相似原理的学说，是研究自然现象中个性与共性，或特殊与一般的关系以及内部矛盾与外部条件之间的关系的理论。在结构模型试验研究中，只有模型和原型保持相似，才能由模型试验结果推算出原型结构的相应结果。1686 年，牛顿在他的著作《自然哲学的数学原理》(*Principia*)第 1 册中提出了关于相似现象的学说，而以相似理论为基础的模型研究方法诞生于 19 世纪中期。对于缩尺模型试验，相似理论是模型试验的根本保证，是模型与原型相似的基础。只有遵循相似理论进行模型设计才能使原型和模型在几何关系、材料参数、加载方式、边界条件等方面相似，才能确保模型试验的数据可以应用到原型结构上，因此根据相似理论进行模型设计至关重要。

模型相似理论由以下 3 个相似定理组成。

(1)相似第一定理

1848 年，法国科学院院士别尔特兰(J. Bertrand)利用相似变换的方法建立了相似第一定理：两个相似的物理现象，单值条件相同，其相似准数的数值也相同。单值条件是指决定一个物理现象的特性并使它从一群现象中区分出来的那些条件（包括几何要素、物理参数、边界条件、初始条件等），确保试验结果在一定的条件下是唯一的。

相似第一定理明确了两个相似现象在时间、空间上的相互关系，确定了相似现象的性质，以下以牛顿第二定律为例说明这些性质。

对于实际的质量运动系统，有

$$F_p = m_p a_p \tag{2-1}$$

对于模拟的质量运动系统，也有

$$F_m = m_m a_m \tag{2-2}$$

因为这两个运动系统相似，故它们各自对应的物理量成比例

$$F_m = S_F F_P,\ m_m = S_m m_p,\ a_m = S_a a_p \tag{2-3}$$

式中　S_F，S_m，S_a——两个运动系统中对应的力、质量、加速度的相似常数。

将式(2-3)代入式(2-2)得

$$\frac{S_F}{S_m S_a} F_P = m_p a_p \tag{2-4}$$

比较式(2-4)和式(2-1)，显然仅当

$$\frac{S_F}{S_m S_a} = 1 \tag{2-5}$$

式(2-4)才能与式(2-1)一致。

由此产生了相似现象的判别条件，$\frac{S_F}{S_m S_a}$被称为相似指标或相似条件。式(2-5)表明，两个现象若相似，则它们的相似指标（相似条件）等于 1。可见各物理量的相似常数受相似指标约束，不能都任意选取。

将式(2-3)代入式(2-5)，还可得到

$$\frac{F_P}{m_p a_p} = \frac{F_m}{m_m a_m} \tag{2-6}$$

式(2-6)的等号左右均为无量纲比值，对于所有的力学相似现象，这个比值都是相同的，称为相似准数，通常用 π 表示，也称为 π 数。本例中

$$\pi = \frac{F_P}{m_p a_p} = \frac{F_m}{m_m a_m} = \frac{F}{ma} = \text{常量} \tag{2-7}$$

相似准数 π 这个无量纲组合表达了相似系统中各物理量的相互关系，又称为“模型律”，利用它可将模型试验中的结果推演到原型结构中去。

相似准数与相似常数的概念不同。相似常数是指在两个相似现象中，两个相对应的物理量始终保持的比例关系，但对于与它们相似的第三个现象，它可能是不同的比例常数；而相似准数则在所有互相相似的现象中始终保持不变。

(2) 相似第二定理

1915 年，巴金汉（E. Buckinghan）提出了相似第二定理：对于由 n 个物理量的函数关系来表示的某现象，当这些物理量中含有 k 种基本量纲时，则可得到 $n-k$ 个独立的相

似准数 $\pi_i(i=1, 2, \cdots, n-k)$，即描述现象的函数关系也可由 $n-k$ 个独立相似准数的组合来表达。

$$q(x_1, x_2, x_3, \cdots x_n)=g(\pi_1, \pi_2, \pi_3, \cdots \pi_{n-k})=0 \tag{2-8}$$

相似第二定理也称为 π 定理，它为模型设计提供了可靠的理论保证，是量纲分析的基础，可指导试验人员按相似准数间关系所给定的形式处理模型试验数据，并将试验结果应用到原型结构中去。

(3) 相似第三定理

相似第三定理：凡具有同一特性的现象，当单值条件彼此相似，且由单值条件的物理量所组成的相似准数在数值上相等时，则这些现象必定相似。

相似第三定理明确了现象相似的充要条件，完善了相似理论，使其成为一套科学的模型试验指导方法。

2.1.2　模型相似参数

(1) 几何相似

试验模型与原型的几何相似，就是指试验模型和原型结构之间所有对应部分的尺寸成比例，其比例常数称为长度相似常数，即

$$S_l=\frac{l_m}{l_p}=\frac{b_m}{b_p}=\frac{h_m}{h_p} \tag{2-9}$$

式中　下标 m 和 p——分别表示试验模型和原型结构，下同。

以一片长、宽、高分别为 l、b、h 的矩形截面梁为例，面积相似常数、截面模量相似常数和惯性矩相似常数分别为

$$S_A=\frac{A_m}{A_p}=\frac{h_m b_m}{h_p b_p}=S_l^2 \tag{2-10}$$

$$S_W=\frac{W_m}{W_p}=\frac{b_m h_m^2/6}{b_p h_p^2/6}=S_l^3 \tag{2-11}$$

$$S_I=\frac{I_m}{I_p}=\frac{b_m h_m^2/12}{b_p h_p^2/12}=S_l^4 \tag{2-12}$$

根据变形体系的位移、长度和应变之间的关系，位移的相似常数为

$$S_x=\frac{x_m}{x_p}=\frac{\varepsilon_m l_m}{\varepsilon_p l_p}=S_\varepsilon S_l \tag{2-13}$$

式中　S_ε——应变相似常数。

(2) 质量相似

在研究振动等动力问题时，要求结构的质量分布相似，即试验模型与原型结构对应部分的质量成比例。质量相似常数为

$$S_m=\frac{m_m}{m_p} \tag{2-14}$$

对于具有分布质量的部分，模型和原型的质量密度相似常数为

$$S_\rho=\frac{\rho_m}{\rho_p}=\frac{m_m V_p}{V_m m_p}=\frac{S_m}{S_V}=\frac{S_m}{S_l^3} \tag{2-15}$$

(3)荷载相似

荷载相似要求模型和原型结构在对应点所受到的荷载方向一致，荷载大小成比例。

集中荷载相似常数为

$$S_p=\frac{P_m}{P_p}=\frac{\sigma_m A_m}{\sigma_p A_p}=S_\sigma S_l^2 \tag{2-16}$$

线荷载相似常数为

$$S_\omega=S_\sigma S_l \tag{2-17}$$

面荷载相似常数为

$$S_q=S_\sigma \tag{2-18}$$

弯矩或扭矩的相似常数为

$$S_M=S_\sigma S_l^3 \tag{2-19}$$

式中　S_σ——应力相似常数。

当考虑重量对结构的影响时，要求模型和原型的重量分布相似，其相似常数用 S_{mg} 表示

$$S_{mg}=\frac{m_m g_m}{m_p g_p}=S_m S_g=S_\rho S_l^3 \tag{2-20}$$

通常重力加速度的相似常数 $S_g=1$。模型设计中，常限于材料力学特性要求而不能同时满足 S_g 的要求，此时需要在模型上附加质量块(也称为配重)以满足 S_{mg} 的要求。

(4)物理相似

物理相似要求模型与原型的各相应点的应力-应变关系、刚度-变形关系相似。

弹性模量相似常数

$$S_E=\frac{E_m}{E_p} \tag{2-21}$$

剪切模量相似常数

$$S_G=\frac{G_m}{G_p} \tag{2-22}$$

泊松比相似常数

$$S_\nu=\frac{\nu_m}{\nu_p} \tag{2-23}$$

正应力相似常数

$$S_\sigma=\frac{\sigma_m}{\sigma_p}=\frac{E_m\varepsilon_m}{E_p\varepsilon_p}=S_E S_\varepsilon \tag{2-24}$$

剪应力相似常数

$$S_\tau=\frac{\tau_p}{\tau_m}=\frac{G_p\gamma_m}{G_p\gamma_m}=S_G S_\gamma \tag{2-25}$$

式中　S_ε——正应变相似常数；

S_γ——剪应变相似常数。

由刚度和位移(变形)的关系可得到刚度相似常数

$$S_K=\frac{K_m}{K_p}=\frac{P_m x_p}{x_m P_p}=\frac{S_p}{S_x}=\frac{S_\sigma S_l^2}{S_l}=S_\sigma S_l \tag{2-26}$$

式中　K_m——模型的刚度；

K_p——原型的刚度。

上述模型试验的相似常数中，S_ε 和 S_ν 一般取 1。

(5)时间相似

在进行动力试验过程中，要求试验模型和原型结构的位移、速度、加速度在对应的时刻成比例，与其对应的时间间隔也成比例。时间相似常数表示为

$$S_t=\frac{t_m}{t_p} \tag{2-27}$$

(6)边界条件相似

边界条件相似要求试验模型和原型结构在与外界接触的区域内的各种条件保持相似，即要求支承条件相似、约束情况相似、边界受力情况相似。模型的支承和结束条件可以通过采用与原型结构相同的条件来满足。

2.1.3　模型相似条件

若模型与原型的结构、物理过程相似，则它们中各物理量的相似常数之间必须满足等于 1 的组合关系式，即二者的相似条件。满足此条件，模型试验的结果就能够对应到原型结构，因此，相似条件的确定就成为模型设计的关键。

(1)量纲系统

自然现象的变化遵循一定的规律，各物理量之间总是存在着符合这些规律的某种关系，由此人们常选择少数几个最简单的、相互独立的物理量量纲作为基本量纲，这几个物理量即为基本量，其余物理量的量纲可以表示为基本量量纲的组合，称为导出量。

在量纲分析中有两个基本量纲系统：绝对系统和质量系统。绝对系统的基本量纲为长度[L]、时间[T]和力[F]，质量系统的基本量纲是长度[L]、时间[T]和质量[M]。对于无量纲的量，用[1]表示，如应变。

量纲就是被测物理量的种类，同一类型的物理量具有相同的量纲，它实质上是广义的量度单位，代表了物理量的基本属性，如长度、距离、位移、裂缝宽度、高度等具有相同的量纲[L]；应力、弹性模量、面力的量纲均为[FL^{-2}]。表 2-1 列出了基于两个量

表 2-1　常用物理量及物理常数的量纲

物理量	质量系统	绝对系统	物理量	质量系统	绝对系统
长度	$[L]$	$[L]$	面积二次矩	$[L^4]$	$[L^4]$
时间	$[T]$	$[T]$	质量惯性矩	$[ML^2]$	$[FLT^2]$
质量	$[M]$	$[FL^{-1}T^2]$	表面张力	$[MT^{-2}]$	$[FL^{-1}]$
力	$[MLT^{-2}]$	$[F]$	应变	$[1]$	$[1]$
温度	$[\theta]$	$[\theta]$	比重	$[ML^{-2}T^{-2}]$	$[FL^{-3}]$
速度	$[LT^{-1}]$	$[LT^{-1}]$	密度	$[ML^{-3}]$	$[FL^{-4}T^2]$
加速度	$[LT^{-2}]$	$[LT^{-2}]$	弹性模量	$[ML^{-1}T^{-2}]$	$[FL^{-2}]$
角度	$[1]$	$[1]$	泊松比	$[1]$	$[1]$
角速度	$[T^{-1}]$	$[T^{-1}]$	动力黏度	$[ML^{-1}T^{-1}]$	$[FL^{-2}T]$
角加速度	$[T^{-2}]$	$[T^{-2}]$	运动黏度	$[L^2T^{-1}]$	$[L^2T^{-1}]$
压强、应力	$[ML^{-1}T^{-2}]$	$[FL^{-2}]$	线膨胀系数	$[\theta^{-1}]$	$[\theta^{-1}]$
力矩	$[ML^2T^{-2}]$	$[FL]$	导热率	$[MLT^{-3}\theta^{-1}]$	$[FT^{-1}\theta^{-1}]$
能量、热能	$[ML^2T^{-2}]$	$[FL]$	比热	$[L^2T^{-2}\theta^{-1}]$	$[L^2T^{-2}\theta^{-1}]$
冲力	$[MLT^{-1}]$	$[FT]$	热容量	$[ML^{-1}T^{-2}\theta^{-1}]$	$[FL^{-2}\theta^{-1}]$
功率	$[ML^2T^{-3}]$	$[FLT^{-1}]$	导热系数	$[MT^{-3}\theta^{-1}]$	$[FL^{-1}T^{-1}\theta^{-1}]$

纲系统的常用物理量及物理常数的量纲。

(2)相似条件的确定方法

相似第一、第二定理明确了相似现象的性质，即共性问题。相似第三定理明确相似现象的个性问题，是判断相似性的充分和必要条件。一般采用方程分析法或者是量纲分析法首先确定相似判据，再推导出所关注的模型与原型之间各物理量换算关系。当所研究的物理过程中各物理现象的规律未知、物理量之间的关系不能用明确的数学方程式来表达时，方程分析法便不能用来求取相似条件，此时可以运用量纲分析法来建立相似条件，因为量纲分析法只需要知道影响试验过程测试值的物理量及其量纲。

①方程分析法　根据相似理论，当所研究的物理过程中各物理量之间的函数关系相当清楚、对试验结果和试验条件之间的关系有明确的数学方程式时，可运用方程分析法确定相似条件。

②量纲分析方法　量纲分析法建立相似条件的主要过程如下：

a. 确定研究问题的主要影响因素 x_1，x_2，x_3，…，x_{n-1}，x_n 及相应的量纲和基本量纲个数 k。将问题用这些物理量的函数形式表示

$$q(x_1,\ x_2,\ x_3,\ \cdots,\ x_{n-1},\ x_n)=0 \tag{2-28}$$

b. 根据 π 定理，将式(2-28)改写成 π 函数方程

$$g(\pi_1,\ \pi_2,\ \pi_3,\ \cdots,\ \pi_{n-k})=0,\ (i=1,\ 2,\ \cdots,\ n-k) \tag{2-29}$$

式中　π 数的一般形式为

$$\pi=x_1^{a_1}x_2^{a_2}x_3^{a_3}\cdots x_n^{a_n} \tag{2-30}$$

c. 引入各物理量的量纲，将式(2-30)变成量纲表达式

$$[1]=[x_1^{a_1}x_2^{a_2}x_3^{a_3}\cdots x_n^{a_n}] \tag{2-31}$$

或将任意一个量的量纲表示为其余量的量纲组合：

$$[x_i]=[x_1^{a_1}x_2^{a_2}x_3^{a_3}\cdots x_n^{a_n}],\ (i=1,\ 2,\ \cdots,\ n-k) \tag{2-32}$$

d. 根据量纲和谐原理，即量纲表达式中各个物理量对应于每个基本量纲的幂数之和等于零。列出基本量纲指数关系的联立方程。

e. 求解所列出的联立方程，因未知数个数多于方程数，故该联立方程为不定方程组，可通过确定部分未知数，求得相似准数 π。

f. 根据相似第三定理，相似现象相应的 π 数相等，代入相似常数，并结合物理量之间关系的基本判断确定各相似条件。

因此，可以推导出几种常用荷载作用下的换算公式(仅适用于线性结构)，见表 2-2 所示。

表 2-2　模型和原型的换算公式

荷载类型	应力换算	应变换算	位移换算
集中荷载 P	$\sigma_P=\left(\frac{P_P}{P_m}\right)\left(\frac{L_m}{L_P}\right)^2\sigma_m$	$\varepsilon_P=\left(\frac{P_P}{P_m}\right)\left(\frac{L_m}{L_P}\right)^2\left(\frac{E_m}{E_P}\right)\varepsilon_m$	$\Delta_P=\left(\frac{P_P}{P_m}\right)\left(\frac{L_m}{L_P}\right)^2\left(\frac{E_m}{E_P}\right)\Delta_m$
弯矩 M	$\sigma_P=\left(\frac{M_P}{M_m}\right)\left(\frac{L_m}{L_P}\right)^2\sigma_m$	$\varepsilon_P=\left(\frac{M_P}{M_m}\right)\left(\frac{L_m}{L_P}\right)^2\left(\frac{E_m}{E_P}\right)\varepsilon_m$	$\Delta_P=\left(\frac{M_P}{M_m}\right)\left(\frac{L_m}{L_P}\right)^2\left(\frac{E_m}{E_P}\right)\Delta_m$
单位长度上的均布载荷 q'	$\sigma_P=\left(\frac{q'_P}{q'_m}\right)\left(\frac{L_m}{L_P}\right)\sigma_m$	$\varepsilon_P=\left(\frac{q'_P}{q'_m}\right)\left(\frac{L_m}{L_P}\right)\left(\frac{E_m}{E_P}\right)\varepsilon_m$	$\Delta_P=\left(\frac{q'_P}{q'_m}\right)\left(\frac{E_m}{E_P}\right)\Delta_m$
单位面积上的均布载荷 q	$\sigma_P=\left(\frac{q_P}{q_m}\right)\sigma_m$	$\varepsilon_P=\left(\frac{q_P}{q_m}\right)\left(\frac{E_m}{E_P}\right)\varepsilon_m$	$\Delta_P=\left(\frac{q_P}{q_m}\right)\left(\frac{L_P}{L_m}\right)\left(\frac{E_m}{E_P}\right)\Delta_m$
单位体积载荷(自重)γ	$\sigma_P=\left(\frac{\gamma_P}{\gamma_m}\right)\left(\frac{L_m}{L_P}\right)\sigma_m$	$\varepsilon_P=\left(\frac{\gamma_P}{\gamma_m}\right)\left(\frac{L_m}{L_P}\right)\left(\frac{E_m}{E_P}\right)\varepsilon_m$	$\Delta_P=\left(\frac{\gamma_P}{\gamma_m}\right)\left(\frac{L_P}{L_m}\right)\left(\frac{E_m}{E_P}\right)\Delta_m$
离心力(密度 ρ，转速 n)	$\sigma_P=\left(\frac{\rho_P}{\rho_m}\right)\left(\frac{n_P}{n_m}\right)^2\left(\frac{L_m}{L_P}\right)^2\sigma_m$	$\varepsilon_P=\left(\frac{\rho_P}{\rho_m}\right)\left(\frac{n_P}{n_m}\right)^2\left(\frac{L_m}{L_P}\right)^2\left(\frac{E_m}{E_P}\right)\varepsilon_m$	$\Delta_P=\left(\frac{\rho_P}{\rho_m}\right)\left(\frac{n_P}{n_m}\right)^2\left(\frac{L_m}{L_P}\right)^2\Delta_m$

2.1.4　相似理论在光弹性试验中的应用

(1)光弹模型试验

按照相似原理，可将模型的应力换算为实际结构的应力值。实际结构应力 σ_p 和模型应力 σ_m 的关系为

$$\sigma_p=K\sigma_m \tag{2-33}$$

模化比

$$K=P_H/P_m(L_m/L_H)^2 \tag{2-34}$$

式中　下标 p——原形结构，下标 m——模型结构；

P——荷载，L——几何尺度。

(2)有机玻璃模型试验

进行有机玻璃模型试验时，应使模型与原型之间满足几何相似、力学相似和材料相似的关系。有机玻璃模型试验的相似理论总体是满足挠度相似原则。

有机玻璃模型试验不同于其他局部试验，一般是根据试验场地条件和试验规模要求，首先确定的全桥有机玻璃模型与实际桥梁结构的尺寸比，进而计算得到挠度相似比、应变相似比、物理特性相似比和荷载相似比。

下面以有机玻璃模型和原结构尺寸比为 1：40 为例，得到不同参数的相似比：

①模型与原结构的挠度相似比　$S_h=1:40$；

②模型与原结构的应变比　$S_\varepsilon=1:1$；

③模型与原结构的尺寸比　$S_L=1:40$；

④模型与原结构的弹性模量比　$S_E=6.704\ 3\times10^{-2}$，其中，$E_c=3.45\times10^4\text{N/mm}^2$（C50 混凝土），$E_{有机玻璃}=2.313\times10^3\text{N/mm}^2$（通过有机玻璃试件的试验得出）；

⑤模型与原结构的分布力比　$S_q=S_L\times S_E=\frac{1}{40}\times6.704\ 3\times10^{-2}=1.676\times10^{-3}$；

⑥模型与原结构的集中力比　$S_F={S_L}^2\times S_E=4.19\times10^{-5}$。

2.2 数据的误差分析

在结构试验中，必须对一些物理量进行测量。被测对象的值是客观存在的，称为真值，每次测量所得的值称为实测值(测量值)，真值和测量值的差值称为测量误差，简称为误差。由于受测量原理的局限性或近似性、测量方法、测量仪器的精度、测量环境以及测量者的试验技能等诸多因素的影响，只能做到试验数据测量相对准确。随着理论和技术的不断完善，测量技术的不断提高，数据测量的误差被控制得越来越小，但仍不可能使误差降为零。因此，对于一个测量结果，不仅应该给出被测对象的量值和单位，而且还必须对量值的可靠性做出评价，一个没有误差评定的测量结果是没有价值的。

2.2.1 误差分类

根据误差产生的原因和性质，可以将误差分为系统误差、随机误差和过失误差 3 类。它们对测量结果的影响不同，误差处理方法也不同。

(1)系统误差

在同样条件下，对同一物理量进行多次测量，其误差的大小和符号保持不变或随着测量条件的变化而有规律地变化，这类误差称为系统误差。

系统误差的特征是具有确定性，它的来源主要有以下几个方面：

①理论或条件因素　由于测量所依据理论本身的近似性或试验条件不能达到理论公式所规定的要求而引起误差。

②仪器因素　由于仪器本身固有缺陷或没有按规定条件调整到位而引起误差。如仪器标尺刻度不准确、零点没有调准，等臂天平的臂长不等、砝码不准，或仪器没有放水平，偏心、定向不准等。

③环境因素　在测量过程中，由于环境条件变化所造成的误差，如测量过程中温度和湿度的变化等。

④人为因素　由于测量人员主观因素和操作技术而引起的误差。主观因素是测量人员一些特有的习惯造成的，如使用停表计时，有的人总是操之过急，有的人则反应迟缓；操作技术引起的误差是由于操作不当造成的，如仪器安装不当、仪器未调校等。

对于一次实际的测量工作，系统误差规律及其产生原因，可能知道，也可能不知道。已被确切掌握其大小和符号的系统误差称为可定系统误差；对于大小和符号不能确切掌握的系统误差称为未定系统误差。前者一般可以在测量过程中采取措施予以消除，或在测量结果中进行修正。而后者一般难以做出修正，只能估计其取值范围。

(2)随机误差

在相同条件下，多次测量同一物理量时，即使已经精心排除了系统误差的影响，也会发现每次测量结果都不一样。测量误差时大时小、时正时负，完全是随机的。在测量次数少时，显得毫无规律，但是当测量次数足够多时，可以发现误差的大小以及正负都服从某种统计规律，这种误差称为随机误差。

随机误差具有不确定性，它是由测量过程中一些随机的或不确定的因素引起的。例如，灵敏度和仪器稳定性有限，试验环境中的温度、湿度、气流变化，电源电压起伏，微小震动以及杂散电磁场等都会导致随机误差。随机误差在测量中无法避免，具有以下4个特点。

①在一定量测条件下，误差的绝对值不会超过一定的界限。

②绝对值小的误差比绝对值大的误差出现的次数要多，近似于0的误差次数最多。

③绝对值相等的正误差和负误差出现的概率相等。

④误差的算术平均值随着测量次数的增加而趋于0。

精密度反映随机误差大小的程度，是对测量结果重复性的评价。精密度高是指测量的重复性好，各次测量值的分布密集，随机误差小。对随机误差进行统计分析，或增加测量次数，找出其统计特征值，就可以在数据处理中对测量结果进行修正。

(3)过失误差

过失误差是由于试验者操作不当或粗心大意造成的，如看错刻度、读错数字、记错单位或计算错误等。过失误差又称粗大误差。含有过失误差的测量结果称为“坏值”，被判定为坏值的测量结果应剔除不用。试验中过失误差不属于正常测量的范畴，应该严格避免。

2.2.2 误差处理

在实际试验中，系统误差、随机误差和过失误差同时存在，试验误差是这 3 种误差的组合。通过对误差进行检验，尽可能地消除系统误差，剔除过失误差，使试验数据反映事实。

(1)系统误差处理

在静态数据测量中，系统误差一般难于发现，并且不能通过多次测量来消除。人们通过长期实践和理论研究，总结出一些发现系统误差的方法，常用的有以下几种：

①试验比对法　同一待测量可以采用不同的试验方法，使用不同的试验仪器，由不同的测量人员进行测量。这种方法特别适用于检查固定的系统误差，该误差不能通过同一条件下的多次测量得到，只有采用不同方法或测量工具，才可以发现系统误差的存在。

②数据分析法　这种方法特别适用于变化的系统误差，因为随机误差是遵从统计分布规律的，所以若测量结果不服从统计规律，则说明存在变化的系统误差。如按照规律测量列的先后次序，把偏差(残差)列表或作图，如果存在变化的系统误差，数据前后偏差的大小是递增或递减的，偏差的数值和符号有规律地交替变化等。

知道了系统误差的来源，也就为找到减小或消除系统误差提供了依据。首先，要分析试验所依据的理论和试验方法是否有不完善的地方，检查理论公式所要求的条件是否得到了满足，量具和仪器是否存在缺陷，试验环境能否使仪器正常工作以及试验人员的心理和技术素质是否存在造成系统误差的因素等可能造成系统误差的因素；其次，改进测量方法，如多次测量交换测量条件、异号取平均值等。

(2)随机误差处理

数据测量中，随机误差是不可避免的，也不可能消除。但是，可以根据随机误差的理论来估算其大小。通常认为随机误差服从正态分布，它的分布密度函数为

$$y=\frac{1}{\sqrt{2\pi}\sigma}e^{-\frac{(x_i-x)^2}{2\sigma^2}} \tag{2-35}$$

正态分布有两个参数，即期望(均数)μ 和标准差 σ。μ 是正态分布的位置参数，描述正态分布的集中趋势位置。概率规律为取离 μ 邻近的值的概率大，而取离 μ 越远的值的概率越小。σ 描述正态分布的离散程度，σ 越大，数据分布越分散，曲线越扁平；σ 越小，数据分布越集中，曲线越瘦高。

(3)异常数据的舍弃

在测量中，有时会遇到个别测量值的误差较大，并且难以对其合理解释，这些个别数据就是异常数据，可以根据《计数抽样检验程序》(GB/T 2828—2012)、《数据的统计处理和解释正态样本离群值的判断和处理》(GB/T 4883—2008)等规范把它从试验数据

中剔除，通常包括过失误差。常用的方法包括 3σ 法、拉布斯法、狄克逊法、偏度-峰度法、拉依达法、奈尔法等。

2.3 光弹性试验中的力学基础

2.3.1 基本力学原理

(1)圣维南原理

1858 年，圣维南(Saint Venant)在关于梁的理论研究中提出：只要作用在物体边界上荷载的合力和合力矩不改变，在物体内对距离加荷作用区域相当远的各点的应力状态和具体在应力分布情况影响甚微，可以忽略不计。利用这一概念，完全可以用等效的平衡力系来代替原来作用于结构上的力系，把较为困难的加载方式转变为较为容易实现的加力方式，减小试验难度。例如，拉伸试验可以采用销钉、夹板、台阶式或螺纹式夹头；又如轴向受压试件，只要载荷的合力通过试件轴线，而试件又有足够的长度，则加力点影响的深度大于等于宽度，其余部分的应力为均布分布。

(2)应力叠加原理

考虑同一边界条件下作用在同一固体上的两组荷载情况，在线弹性和小变形的情况下，两组荷载共同作用时产生的应力场、应变场和位移场，等于各自单独作用时引起的相应场之和，这就是叠加原理。在问题属于线弹性和小变形范围时，叠加原理给问题的求解带来便利。应用叠加原理时，需要注意它的适用范围是理想弹性体的线性问题。

(3)唯一性原理

若试验模型的边界条件已定，并给出边界上的外力和位移，那么在静力平衡条件下，模型内各点的应力和应变分量的解是唯一的，这一概念称为唯一性原理，试验中同一个模型多次测量的结果可能不一样，那是试验误差引起的，由于试验误差是不可避免的，所以试验只能求得近似解，而理论解应当是唯一的。

2.3.2 材料力学部分

(1)一点的应力状态

当构件承受载荷时，构件内部便会产生内力，一般来说，内力在截面上的分布是不均匀的，通常用应力来描述一点内力强弱，它是一个矢量，不仅有大小和方向，而且和点的位置以及通过该点截面的方向有关。应力的国际单位为 N/m^2，简写为 Pa。光弹性试验的目的是要全面了解构件的应力状态。因此，先研究一点的应力状态，研究的方法是通过截面法了解单元体(即一个极小的正六面体)各斜截面的应力变化规律，为建立力学的基本方程提供理论依据。

某点的应力：在截面上任一点 M 附近画出一块微小的面积 ΔS。根据连续性假定，

作用在微小面积 ΔS 上的内力应是连续分布的，记 ΔP_n 为其合力，则 ΔP_n 在 ΔS 上的平均值就称为该微小面积上的平均应力。如果将 ΔS 缩小并趋近于 0 时，则 $\Delta P_n/\Delta S$ 表示数学上的极限概念，记为

$$P_n = \lim_{\Delta S \to 0} \frac{\Delta P_n}{\Delta S} \tag{2-36}$$

应力的方向可分解为与截面垂直的正应力 σ 和与截面平行的剪应力 τ。

一般构件都是弹性体，受力后产生变形和位移，位移是构件在受力前后某点位置的移动，变形是构件受力后形状和尺寸的改变。用于描述变形大小的量称为应变。应变分为两种，一种为线应变，用 ε 表示；另一种为角应变，用 γ 表示。

应力与应变两者有密切的关系，在弹性范围内应力和应变成正比，如轴向拉伸或压缩及纯剪切，应力和应变的关系为

$$\sigma = E\varepsilon \tag{2-37}$$

$$\tau = G\gamma \tag{2-38}$$

式中　E——弹性模量；

G——剪切弹性模量；

E、G 代表材料抗变形的能力，与材料有关。

此外，杆件受轴向拉伸后，除产生轴向变形外，还产生横向变形。

纵向变形

$$\varepsilon = \Delta l / l \tag{2-39}$$

横向变形

$$\varepsilon' = (b' - b)/b \tag{2-40}$$

在弹性范围内，试验证明 ε 和 ε' 有一定比例关系，即

$$\varepsilon' = -\mu\varepsilon \tag{2-41}$$

式中　μ——材料的泊松比(又称为泊松比)，它代表材料横向变形性能，负号表示两者变形状态相反。

以上说明同一种材料在不同条件下 E，G，μ 是变化的，它们代表材料变形性能的三个基本常数，其数值用试验确定。

(2)二向应力状态分析

①解析法　在薄壁圆筒的筒壁上，以横向和纵向截面截取单元体 $ABCD$[图 2-1(a)]，其周围各面皆为主平面，应力皆为主应力。在图 2-1(a)所示单元体的各面上，设应力分量 σ_x，σ_y，τ_{xy} 和 τ_{yx} 皆为已知。图 2-1(b)为单元体的正投影，这里 σ_x 和 τ_{xy} 是法线与 x 轴平行的面上的正应力和切应力；σ_y 和 τ_{yx} 是法线与 y 轴平行的面上的应力。切应力 τ_{xy} 或 τ_{yx} 有两个角标则表示切应力的方向平行于 y 轴或 x 轴。

关于应力的符号规定为：正应力以拉应力为正而压应力为负；切应力对单元体内任意点的矩为顺时针转向时，规定为正，反之为负。按照上述符号规则，在图 2-1(a)中，σ_x，σ_y 和 τ_{xy} 皆为正，而 τ_{yx} 为负。

取任意斜截面 ef，其外法线 n 与 x 轴的夹角为 α。规定由 x 轴转到外法线 n 为逆时针转向时，则 α 为正。以斜截面 ef 把单元体分成两部分，并研究 aef 部分的平衡[图 2-1(c)]。斜

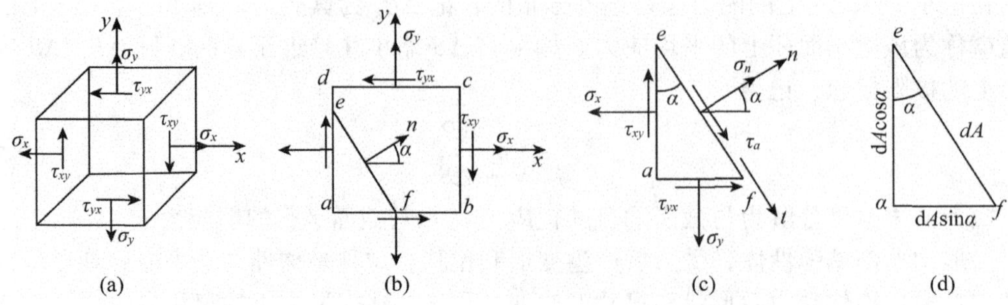

图 2-1　单元体 *ABCD* 示意图

截面 *ef* 上的应力由正应力 σ_a 和切应力 τ_{xy} 来表示。若斜截面 *ef* 的面积为 dA［图 2-1（d）］，则 *af* 面和 *ae* 面的面积应分别是 $\mathrm{d}A\sin\alpha$ 和 $\mathrm{d}A\cos\alpha$，把作用于 *aef* 部分上的力投影于斜截面 *ef* 的外法线 n 和切线 t 的方向，所解平衡方程是

$$\begin{aligned}&\sigma_a\mathrm{d}A+(\tau_{xy}\mathrm{d}A\cos\alpha)\sin\alpha-(\sigma_x\mathrm{d}A\cos\alpha)\cos\alpha+(\tau_{yx}\mathrm{d}A\sin\alpha)\cos\alpha-(\sigma_y\mathrm{d}A\sin\alpha)\sin\alpha=0\\&\tau_a\mathrm{d}A-(\tau_{xy}\mathrm{d}A\cos\alpha)\cos\alpha-(\sigma_x\mathrm{d}A\cos\alpha)\sin\alpha+(\sigma_y\mathrm{d}A\sin\alpha)\cos\alpha+(\tau_{yx}\mathrm{d}A\sin\alpha)\sin\alpha=0\end{aligned}\tag{2-42}$$

τ_{xy} 和 τ_{yx} 在数值上相等，以 τ_{xy} 代换 τ_{yx} 并简化上列两个平衡方程，最后得出

$$\sigma_a=\frac{\sigma_x+\sigma_y}{2}+\frac{\sigma_x-\sigma_y}{2}\cos2\alpha-\tau\sin2\alpha\tag{2-43}$$

$$\tau_a=\frac{\sigma_x-\sigma_y}{2}\sin2\alpha+\tau\cos2\alpha\tag{2-44}$$

以上公式表明，斜截面上的正应力 σ_a 和切应力 τ_a 随 α 角的改变而变化，即 σ_a 和 τ_a 都是 α 的函数。利用以上公式便可确定正应力和切应力的极值，并确定它们所在的平面的位置。

将式（2-43）对 α 取导数，得

$$\frac{\mathrm{d}\sigma_a}{\mathrm{d}\alpha}=-2\left[\frac{\sigma_x-\sigma_y}{2}\sin2\alpha+\tau_{xy}\cos2\alpha\right]\tag{2-45}$$

若 $\alpha=\alpha_0$ 时，能使导数 $\frac{\mathrm{d}\sigma_a}{\mathrm{d}\alpha}=0$，则在确定的截面上，正应力即为最大值或最小值。以 α_0 代入式（2-44），并令其等于 0，得到

$$\frac{\sigma_x-\sigma_y}{2}\sin2\alpha_0+\tau_{xy}\cos2\alpha_0=0\tag{2-46}$$

由此得出

$$\tan2\alpha_0=-\frac{2\tau_{xy}}{\sigma_x-\sigma_y}\tag{2-47}$$

由式（2-47）可以求出相差 90°的两个角度确定 α_0，它们确定两个互相垂直的平面，其中一个是最大正应力所在的平面，另一个是最小正应力所在的平面。

比较式（2-43）和式（2-46），可知满足式（2-46）的 α_0 角恰好使 τ_a 等于 0。也就是说，在切应力等于 0 的平面上，正应力为最大值或最小值。因为切应力为 0 的平面是主平

面，主平面上的正应力是主应力，所以主应力就是最大或最小的正应力。从式(2-46)求出 $\sin2\alpha_0$ 和 $\cos2\alpha_0$，代入式(2-43)，求得最大及最小的正应力为

$$\left.\begin{matrix}\sigma_{\max}\\ \sigma_{\min}\end{matrix}\right\}=\frac{\sigma_x+\sigma_y}{2}\pm\sqrt{\left(\frac{\sigma_x-\sigma_y}{2}\right)^2+\tau_{xy}^2} \tag{2-48}$$

在导出以上各公式时，除假设 σ_x、σ_y 和 τ_{xy} 皆为正值外，并无其他限制。但在使用这些公式时，如约定用 σ_x 表示两个正应力中代数值较大的一个，即 $\sigma_x\geqslant\sigma_y$，则式(2-47)确定的两个角度 α_0 中，绝对值较小的一个确定 $\sigma_{\max}$ 所在的平面。

用完全相似的方法可以确定最大和最小切应力以及它们所在的平面。将式(2-44)对 α 取导数。

$$\left.\begin{matrix}\sigma_{\max}\\ \sigma_{\min}\end{matrix}\right\}=\frac{\sigma_x+\sigma_y}{2}\pm\sqrt{\left(\frac{\sigma_x-\sigma_y}{2}\right)^2+\tau_{xy}^2} \tag{2-49}$$

若 $\alpha=\alpha_1$ 时，能使导数 $\frac{\mathrm{d}\tau_a}{\mathrm{d}\alpha}=0$，则在 α_1 所确定的斜截面上，切应力为最大或最小值，以 α_1 代入式(2-49)，且令其等于 0，得

$$(\sigma_x-\sigma_y)\cos2\alpha-2\tau_{xy}\sin2\alpha=0 \tag{2-50}$$

由此求得

$$\tan2\alpha_1=\frac{\sigma_x-\sigma_y}{2\tau_{xy}} \tag{2-51}$$

由式(2-51)可以解出两个角度 α_1，它们相差 90°，从而可以确定两个相互垂直的平面，分别作用着最大和最小切应力。由式(2-51)解出 $\sin2\alpha_1$ 和 $\cos2\alpha_1$，代入式(2-44)，求得切应力的最大和最小值是

$$\left.\begin{matrix}\tau_{\max}\\ \tau_{\min}\end{matrix}\right\}=\pm\sqrt{\left(\frac{\sigma_x-\sigma_y}{2}\right)^2+\tau_{xy}^2} \tag{2-52}$$

比较式(2-44)和式(2-50)可见

$$\tan2\alpha_0=-\frac{1}{\tan2\alpha_1} \tag{2-53}$$

所以有

$$2\alpha_1=2\alpha_0+\frac{\pi}{2},\quad \alpha_1=\alpha_0+\frac{\pi}{4} \tag{2-54}$$

即最大和最小切应力所在平面与主平面的夹角为 45°。

②图解法　前面的讨论指出，二向应力状态下，在法线倾角为 α 的截面上，应力由式(2-43)和式(2-44)来计算。这两个公式可以看作是以 α 为参数的参数方程。为消去 α，将两式改写成

$$\sigma_a-\frac{\sigma_x+\sigma_y}{2}=\frac{\sigma_x-\sigma_y}{2}\cos2\alpha-\tau_{xy}\sin2\alpha \tag{2-55}$$

$$\tau_a=\frac{\sigma_x-\sigma_y}{2}\sin2\alpha+\tau_{xy}\cos2\alpha \tag{2-56}$$

以上两式等号两边平方，然后相加便可消去 α，得

$$\left(\sigma_a-\frac{\sigma_x+\sigma_y}{2}\right)^2+\tau_a{}^2=\left(\frac{\sigma_x-\sigma_y}{2}\right)^2+\tau_{xy}^2 \tag{2-57}$$

因为σ_x、σ_y、τ_{xy}皆为已知量，所以式(2-57)是一个以σ_a和τ_a为变量的圆周方程。若以横坐标表示σ，纵坐标表示τ，则圆心的横坐标为$\frac{1}{2}(\sigma_x+\sigma_y)$、纵坐标为0，圆周的半径为$\sqrt{\left(\frac{\sigma_x-\sigma_y}{2}\right)^2+\tau_{xy}^2}$。这一圆周称为应力圆。

现以图2-2所示的二向应力状态为例说明应力圆的做法。按一定比例尺量取横坐标$\overline{OA}=\sigma_x$，纵坐标$\overline{AD}=\tau_{xy}$，确定D点[图2-2(b)]。D点的坐标代表以x为法线的面上的应力。量取$\overline{OB}=\sigma_y$，$\overline{BD'}=\tau_{yx}$，确定D'点。τ_{yx}为负，故D'的纵坐标也为负。D'点的坐标代表以y为法线的面上的应力。连接D和D'，与横坐标交于C点。若以C点为圆心，$\overline{CD}$为半径做圆，由于圆心C的纵坐标为0，横坐标$\overline{OC}$和圆半径$\overline{CD}$又分别为

$$\overline{OC}=OB+\frac{1}{2}(OA-OB)=\frac{1}{2}(\overline{OA}-\overline{OB})=\frac{\sigma_x-\sigma_y}{2} \tag{2-58}$$

$$\overline{CD}=\sqrt{\overline{CA}^2-\overline{AD}^2}=\sqrt{\left(\frac{\sigma_x-\sigma_y}{2}\right)^2+\tau_{xy}^2} \tag{2-59}$$

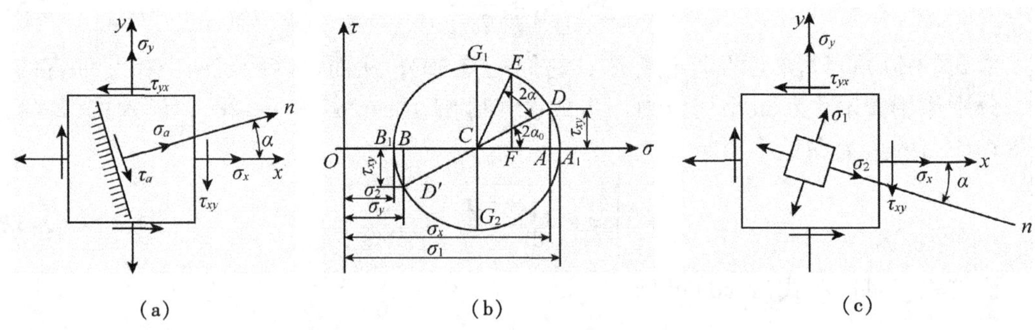

图2-2 应力圆示意图

可以证明，单元体内任何斜面上的应力都对应着应力圆上的一个点。例如，由x轴到任意斜面法线n的夹角为逆时针的α角。在应力圆上，从D点(它代表以x轴为法线的面上的应力)也按逆时针方向沿圆周转到E点，且使DE弧所对的圆心角为α的2倍，则E点的坐标就代表以n为法线的斜面上的应力。这因为E点的坐标是

$$\left.\begin{aligned}\overline{OF}&=\overline{OC}+\overline{CE}\cos(2\alpha_0+2\alpha)=\overline{OC}+\overline{CE}\cos2\alpha_0\cos2\alpha-\overline{CE}\sin2\alpha_0\sin2\alpha\\ \overline{FE}&=\overline{CE}\sin(2\alpha_0+2\alpha)=\overline{CE}\sin2\alpha_0\cos2\alpha+\overline{CE}\cos2\alpha_0\sin2\alpha\end{aligned}\right\} \tag{2-60}$$

由于$\overline{CE}$和$\overline{CD}$同为圆周的半径，可以相互替代，故有

$$\begin{aligned}\overline{CE}\cos2\alpha_0&=\overline{CD}\cos2\alpha_0=\overline{CA}=\frac{\sigma_x-\sigma_y}{2}\\ \overline{CE}\sin2\alpha_0&=\overline{CD}\sin2\alpha_0=\overline{AD}=\tau_{xy}\end{aligned} \tag{2-61}$$

把以上结果及式(2-58)一并代入式(2-60)，即可求得

$$\begin{aligned}\overline{OF}&=\frac{\sigma_x+\sigma_y}{2}+\frac{\sigma_x-\sigma_y}{2}\cos2\alpha-\tau_{xy}\sin2\alpha\\ \overline{FE}&=\frac{\sigma_x-\sigma_y}{2}\sin2\alpha-\tau_{xy}\cos2\alpha\end{aligned}\tag{2-62}$$

与式(2-44)和式(2-45)比较，可见

$$\overline{OF}=\sigma_a,\overline{FE}=\tau_a\tag{2-63}$$

这就证明了 E 点的坐标代表法线倾角为 α 的斜面上的应力。

利用应力圆可以得出关于二向应力状态的很多结论。例如，可用以确定主应力的数值和主平面的方位。由于应力圆上 A_1 点的横坐标(正应力)大于所有其他点的横坐标，而纵坐标(切应力)等于 0。所以 A_1 点代表最大的主应力，即

$$\sigma_1=\overline{OA_1}=\overline{OC}+\overline{CA_1}\tag{2-64}$$

同理，B_1 点代表最小的主应力，即

$$\sigma_2=\overline{OB_1}=\overline{OC}-\overline{CB_1}\tag{2-65}$$

注意到 $\overline{OC}$ 由式(2-58)表示，而 $\overline{CA_1}$ 和 $\overline{CB_1}$ 都是应力圆的半径，故有

$$\left.\begin{matrix}\sigma_1\\ \sigma_2\end{matrix}\right\}=\frac{\sigma_x+\sigma_y}{2}\pm\sqrt{\left(\frac{\sigma_x-\sigma_y}{2}\right)^2+\tau_{xy}^2}\tag{2-66}$$

在应力圆上由 D 点(代表法线为 x 轴的平面)到 A_1 点所对圆心角为顺时针的 $2\alpha_0$，在单元体中[图 2-2(c)]由 x 轴也按顺时针量取 α_0，这就确定了 σ_1 所在主平面的法线的位置。按照关于 α 的符号规定，顺时针的 α_0 是负的，$\tan2\alpha_0$ 应为负值。由图 2-2(b)看出

$$\tan2\alpha_0=\frac{\overline{AD}}{\overline{CA}}=-\frac{2\tau_{xy}}{\sigma_x-\sigma_y}\tag{2-67}$$

于是再次得到了式(2-51)。

应力圆上 G_1 和 G_2 两点的纵坐标分别是最大和最小值，分别代表最大和最小切应力。因为 $\overline{CG_1}$ 和 $\overline{CG_2}$ 都是应力圆的半径，故有

$$\left.\begin{matrix}\tau_{\max}\\ \tau_{\min}\end{matrix}\right\}=\pm\sqrt{\left(\frac{\sigma_x-\sigma_y}{2}\right)^2+\tau_{xy}^2}\tag{2-68}$$

又因为应力圆的半径也等于$\frac{\sigma_1-\sigma_2}{2}$，故又可写成

$$\left.\begin{matrix}\tau_{\max}\\ \tau_{\min}\end{matrix}\right\}=\pm\frac{\sigma_1-\sigma_2}{2}\tag{2-69}$$

在应力圆上，由 A_1 和 G_1 所对圆心角为逆时针的$\pi/2$；在单元体内，由 σ_1 所在主平面的法线到 $\tau_{\max}$ 所在的平面的法线应为逆时针的$\pi/4$。

(3)三向应力状态

对三向应力状态，这里只讨论当三个主应力已知时[图 2-3(a)]，任意斜截面上的

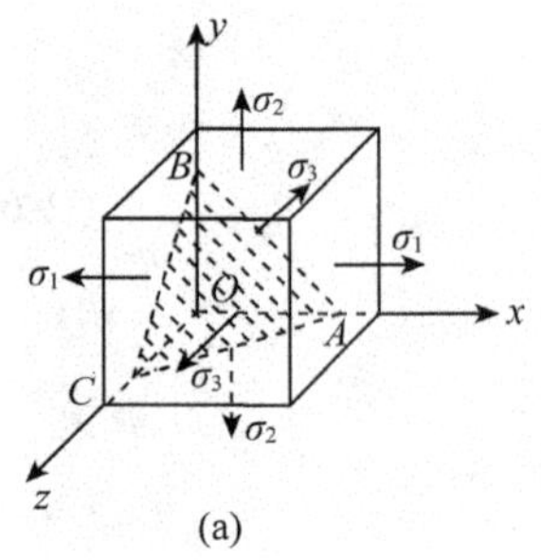

(a)

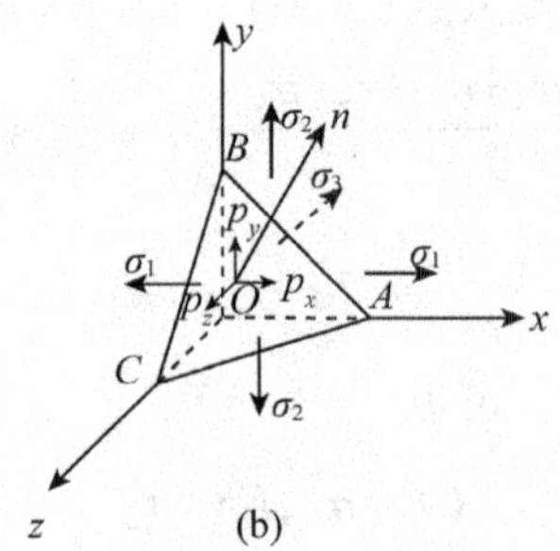

(b)

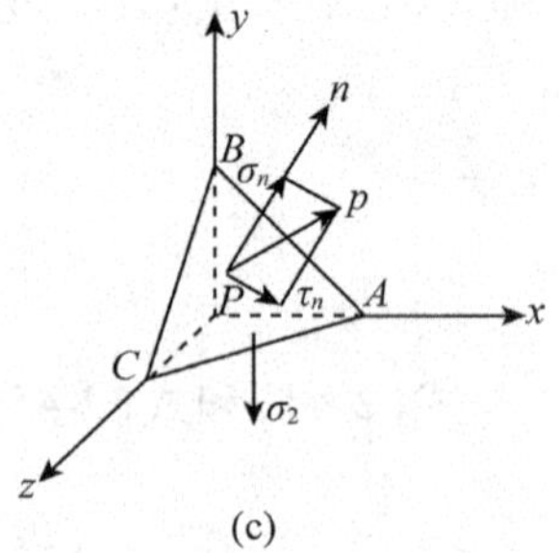

(c)

图 2-3　三维应力问题示意图

应力计算。

以任意斜截面 ABC 从单元体中取出四面体，如图 2-3(b)所示。设 ABC 的法线 n 的三个方向余弦为 l、m、n，它们应满足关系式

$$l^2+m^2+n^2=1 \tag{2-70}$$

若 ABC 的面积为 $\mathrm{d}A$，则四面体其余三个面的面积应分别为

$$OBC\text{ 的面积}=l\mathrm{d}A \tag{2-71}$$

$$OCA\text{ 的面积}=m\mathrm{d}A \tag{2-72}$$

$$OAB\text{ 的面积}=n\mathrm{d}A \tag{2-73}$$

现将斜截面 ABC 上的应力分解成平行于 x，y，z 轴的 3 个分量 p_x，p_y，p_z。由四面体的平衡方程 $\sum F_x=0$，得

$$p_x\mathrm{d}A-\sigma_1 l\mathrm{d}A=0 \tag{2-74}$$

$$p_x=\sigma_1 l \tag{2-75}$$

$\sum F_y=0$ 和 $\sum F_z=0$，又可求得 p_y 和 p_z

$$p_y=\sigma_2 m,\ p_z=\sigma_3 n \tag{2-76}$$

由以上 3 个分量求得斜截面 ABC 上的总应力为

$$p=\sqrt{p_x^2+p_y^2+p_z^2}=\sqrt{\sigma_1^2 l^2+\sigma_2^2 m^2+\sigma_3^2 n^2} \tag{2-77}$$

还可以把总应力分解成与斜截面垂直得正应力 σ_n 和相切得切应力 τ_n[图 2-3(c)]，显然有

$$p^2=\sigma_n^2+\tau_n^2 \tag{2-78}$$

如把 σ_n 看作是总应力 p 在斜截面法线上的投影，则 σ_n 应等于 p 的 3 个分量 p_x，p_y，p_z 在法线上投影的代数和，即

$$\sigma_n=p_x l+p_y m+p_z n \tag{2-79}$$

将式(2-76)代入式(2-79)，得

$$\sigma_n=\sigma_1 l^2+\sigma_2 m^2+\sigma_3 n^2 \tag{2-80}$$

此外，把式(2-77)代入式(2-78)，还可求出

$$\tau_n^2=\sigma_1^2 l^2+\sigma_2^2 m^2+\sigma_3^2 n^2-\sigma_n^2 \tag{2-81}$$

把式(2-70)、式(2-80)、式(2-81)看作是含有 l^2，m^2，n^2 的联立方程组，从中可以解出 l^2、m^2 和 n^2，结果是

$$\left.\begin{aligned} l^2 &= \frac{\tau_n^2+(\sigma_n-\sigma_2)(\sigma_n-\sigma_3)}{(\sigma_1-\sigma_2)(\sigma_1-\sigma_3)} \\ m^2 &= \frac{\tau_n^2+(\sigma_n-\sigma_3)(\sigma_n-\sigma_1)}{(\sigma_2-\sigma_3)(\sigma_2-\sigma_1)} \\ n^2 &= \frac{\tau_n^2+(\sigma_n-\sigma_1)(\sigma_n-\sigma_2)}{(\sigma_2-\sigma_1)(\sigma_2-\sigma_2)} \end{aligned}\right\} \tag{2-82}$$

再将以上 3 式略作变化改写成下面的形式

$$\left.\begin{aligned} \left(\sigma_n-\frac{\sigma_2+\sigma_3}{2}\right)^2+\tau_n^2 &= \left(\frac{\sigma_2-\sigma_3}{2}\right)^2+l^2(\sigma_1-\sigma_2)(\sigma_1-\sigma_3) \\ \left(\sigma_n-\frac{\sigma_3+\sigma_1}{2}\right)^2+\tau_n^2 &= \left(\frac{\sigma_3-\sigma_1}{2}\right)^2+m^2(\sigma_2-\sigma_3)(\sigma_2-\sigma_1) \\ \left(\sigma_n-\frac{\sigma_1+\sigma_2}{2}\right)^2+\tau_n^2 &= \left(\frac{\sigma_1-\sigma_2}{2}\right)^2+n^2(\sigma_3-\sigma_1)(\sigma_3-\sigma_2) \end{aligned}\right\} \tag{2-83}$$

在以 σ_n 为横坐标，τ_n 为纵坐标的坐标系中，以上 3 式是 3 个圆周的方程式。表明斜截面 ABC 上的应力既在第一式所表示的圆周上，又在第二和第三式所表示的圆周上。所以，以上 3 式所表示的 3 个圆周交于 1 点。交点的坐标就是斜截面 ABC 上的应力。可见，在 σ_1，σ_2，σ_3 和 l，m，n 已知后，可以做出上述 3 个圆周中的任意两个，其交点的坐标即为所求斜截面上的应力。

如约定 $\sigma_1>\sigma_2>\sigma_3$，且因 $l^2\geqslant 0$，则在式(2-83)的第一式中有

$$l^2(\sigma_1-\sigma_2)(\sigma_1-\sigma_3)\geqslant 0 \tag{2-84}$$

所以，式(2-63)中第一式所确定的圆周的半径，大于和它同心的圆周的半径。

这样，在图 2-4 中，由式(2-83)中第一式所确定的圆周在圆周 B_1C_1 之外。用同样的方法可以说明，式(2-83)中第二式所表示的圆周在圆周 A_1B_1 之内；第三式所表示的圆周 A_1C_1 之外。因而上述 3 个圆周的交点 D，也即斜面 ABC 上的应力应在图 2-4 中画阴影线的部分之内。

$$\left(\sigma_n-\frac{\sigma_2+\sigma_3}{2}\right)^2+{\tau_n}^2=\left(\frac{\sigma_2-\sigma_3}{2}\right)^2 \tag{2-85}$$

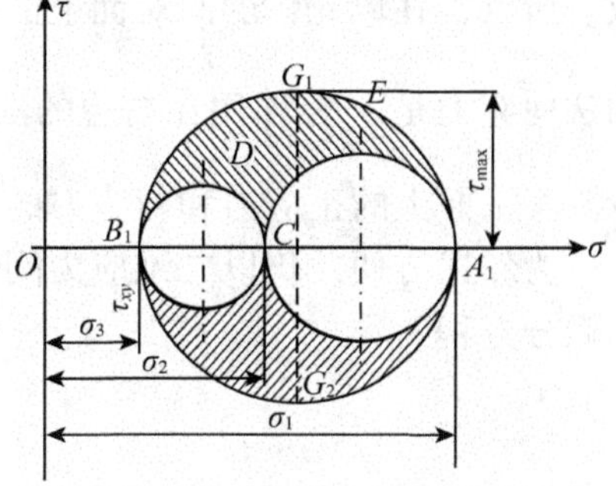

图 2-4　三向应力状态中斜截面的应力圆

在图 2-4 画阴影线的部分内，任何点的横坐标都小于 A_1 点的横坐标，并大 B_1 点的横坐标；任何点的纵坐标都小于 G_1 点的纵坐标。于是得正应力和切应力的极值分别为

$$\sigma_{\max}=\sigma_1,\ \sigma_{\min}=\sigma_3,\ \tau_{\max}=\frac{\sigma_1-\sigma_3}{2} \tag{2-86}$$

若所取斜截面平行于 σ_2，则 $m=0$。这时从式(2-63)及式(2-64)可以看出，斜截面上的应力与 σ_2 无关，只受 σ_1 和 σ_3 的影响。同时，由式(2-66)中第二式所表示的圆周变成圈周 A_1B_1。这表明，在这类斜截面上的应力由 σ_1 和 σ_3 所确定的应力圆来表示。

τ_{max} 所在平面就是这类斜截面中的一个，其法线与 σ_1 所在平面的法线成 45°；同理，平行于 σ_1 和 σ_3 的平面上的应力分别与 σ_1 或 σ_3 无关。

如将二向应力状态看作是三向应力状态的特殊情况，当 $\sigma_1>\sigma_2>0$，$\sigma_3=0$ 时，按式(2-86)，有

$$\tau_{max}=\frac{\sigma_1}{2} \tag{2-87}$$

这里所求得的最大切应力，显然大于由式(2-56)所得的 $\tau_{max}=\frac{\sigma_1-\sigma_3}{2}$。这是因为只是考虑了平行于 σ_3 的各平面，在这类平面中切应力的最大值是$\frac{\sigma_1-\sigma_2}{2}$。但如果再考虑到平行于 σ_2 的那些平面，就得到由式(2-87)所表示的最大切应力。

2.3.3　弹性力学部分

研究一点应力状态时认为单元体平行截面上的应力是相等的，但是因为应力是连续变化的，它是坐标的连续函数，所以互相平行截面上的应力并不相等，这时引入弹性理论进行分析更为合理。弹性理论研究应力状态时比材料力学研究的对象更为广泛，能更严密有力地解决问题。

弹性理论主要从静力、几何和物理 3 方面来研究。

(1)静力方程式表示应力关系

弹性理论需要考虑应力分量随坐标位置变化而变化，即应力分量是坐标位置的函数。所以，在单元体的两对面上的应力分量应该有微小的差别。例如，作用在物体左边的法向应力是 σ_x，作用在右边的法向应力由于 x 坐标有一个微小的改变，应为 $\sigma_x+\frac{\partial\sigma_x}{\partial x}$ dx。其正面上的正应力和剪应力的变化也依此类推，如图 2-5 所示。

为叙述方便，仍以二维应力问题为例，忽略自重或体力为常数的情况，可以得到平衡微分方程

$$\begin{cases}\dfrac{\partial\sigma_x}{\partial x}+\dfrac{\partial\tau_{xy}}{\partial y}=0\\[2mm]\dfrac{\partial\sigma_y}{\partial y}+\dfrac{\partial\tau_{xy}}{\partial x}=0\end{cases} \tag{2-88}$$

(2)几何方程式表示应变与对应的变形的微分关系

物体在荷载作用下，应力与应变是同时产生的。当受力变形时，其中，任一边长的单元体就会产生位置和形状的改变，它的边长和面之间的直角都将要变化。如设单元体在 xy 平面的投影如图 2-6 所示。

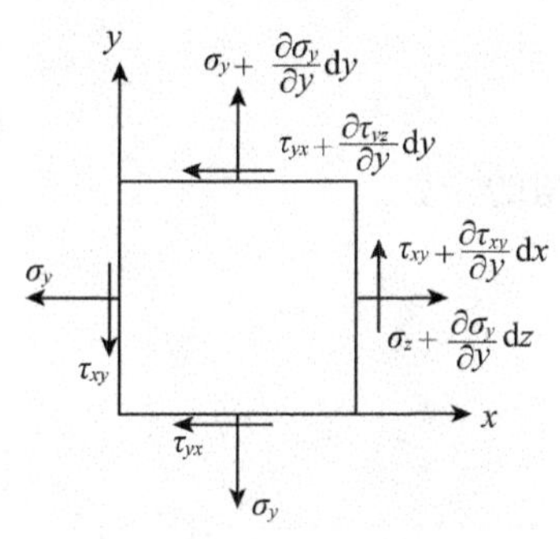

图 2-5　应力关系示意图

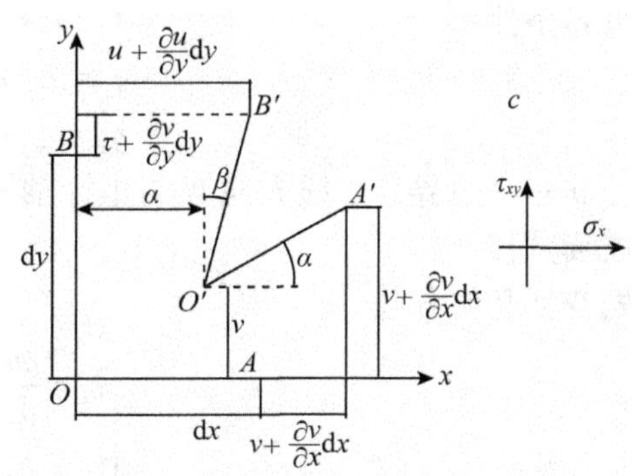

图 2-6　单元体在 xy 平面的投影示意图

原长 dx 的 ac 边线应变为

$$\varepsilon_x=\frac{a_1c_2-a_c}{a_c}=\frac{\left(u+\dfrac{\partial u}{\partial x}\mathrm{d}x+\mathrm{d}x-u\right)}{\mathrm{d}x}=\frac{\partial u}{\partial x} \tag{2-89}$$

单元体直角 $\angle bac$ 的改变包括 ab、ac 在 xy 平面内的转角两部分。ab 转角 $\beta_1\approx\tan\beta_1=\dfrac{\partial u}{\partial y}$，$ac$ 转角 $\beta_2=\dfrac{\partial y}{\partial x}$，故角应变 $\gamma_{xy}=\beta_1+\beta_2=\dfrac{\partial u}{\partial y}+\dfrac{\partial v}{\partial x}$。用同样方法可推出其他线应变和角应变。

(3)物理方程式表示应力与应变的关系

根据叠加原理，法向应力只引起线应变，剪应力只引起剪应变，那么在应力状态下的变形就包括线应变和角应变的总和。在二维情况 σ_x 作用下，x 方向产生 ε_x 的变形，而且在 y 方向也必然产生符号相反的变形，以 $\mu=-\varepsilon_y/\varepsilon_x$ 来描述，μ 为横向变形泊松比，同样，σ_y 除了 y 方向引起 ε_y 的变形之外，必然也引起 x 方向的符号相反的变形，所以 x 方向的变形就包括 ε_x 和 ε_y 引起的两部分变形之和，$\varepsilon_x=(\sigma_x-\mu\sigma_y)/E$，剪应力引起的变形表达式为 $\gamma_{xy}=\tau_{xy}/G$，$G=E/(1+\mu)$。同样，可以写出其他的应力应变关系。

这样就建立了包括 15 个未知量(6 个应力分量，6 个应变分量和 3 个位移分量)的 15 个方程(3 个平衡方程，6 个几何方程，6 个物理方程)，同时还应包括物体的边界条件，理论上讲，这些方程是可以解出 15 个未知量，完全可能解决三维应力问题。但实际上有各种困难，有时甚至不可能做到。正因为如此，光测试验力学就成为弹性理论数解法的重要补充，成为解决实际工程力学问题的重要方法之一。将上述方程全部都用应力分量的形式来表达，将会得到以下关系式。

①平衡微分方程(忽略自重或体力为常数)

$$\begin{cases}\dfrac{\partial\sigma_x}{\partial x}+\dfrac{\partial\tau_{xy}}{\partial y}=0\\[2ex]\dfrac{\sigma_y}{\partial x}+\dfrac{\partial\tau_{xy}}{\partial x}=0\end{cases} \tag{2-90}$$

②边界条件

$$q_x = l\sigma_x + m\tau_{xy} \tag{2-91}$$

$$q_y = l_{\tau xy} + m\sigma_y \tag{2-92}$$

式中 l、m——边界外法线方向 N 与坐标轴 x、y 夹角的余弦。

③连续方程

首先变换几何方程

$$\begin{cases} \varepsilon_x = \dfrac{\partial u}{\partial x} \\ \varepsilon_y = \dfrac{\partial v}{\partial y} \\ \gamma_{xy} = \dfrac{\partial u}{\partial y} + \dfrac{\partial v}{\partial x} \end{cases} \tag{2-93}$$

将 ε_x，ε_y 分别对 x，y 微分两次，再相加得到连续方程 $\dfrac{\partial^2 \varepsilon_x}{\partial y^2} + \dfrac{\partial^2 \varepsilon_y}{\partial x^2} = \dfrac{\partial^2 r_{xy}}{\partial x \partial y}$，即各相邻单元体在连接处的位移相同的。因此，物体在变形之后仍然保持连续。再将物理方程代入上式就得到用应力表示的相容方程

$$\nabla^2(\sigma_x + \sigma_y) = 0 \tag{2-94}$$

式中 $\nabla^2 = (\dfrac{\partial^2}{\partial x^2} + \dfrac{\partial^2}{\partial y^2})$。

以上方程称之为主应力和微分方程或拉普拉斯方程。根据边界条件解上述方程可得主应力和值。这是光弹性试验中所需要的基本方程。分析上述方程式，就可以得到非常重要的结论：

①上述各方程式中都没有材料常数(E、G 和 μ)，说明在二维问题中，当忽略体力或者体力为常数时，应力状态及其变化规律与 E、G、μ 无关。因此，可以应用不同于实际结构的材料来制造模型。只要保证几何相似、荷载相似和边界条件相似，那么由模型得到的应力状态及其变化规律，与实际结构是相似或一样的。这是模型试验，也是光弹性试验的理论基础。在此应该提出，在某些特殊的二维问题以及三维问题，应力状态与材料的 μ 有关，该问题在今后的相似理论中再详细讨论。

②在推导中得知，二维应力和二维应变都满足相同的基本方向，尽管两者应变是不一样但是两者在 xy 平面上的应力分布 σ_x，σ_y，τ_{xy} 是相同的。因此，二维应变的模型可以用二维应力的模型(即平面模型)来代替。

2.4 光弹性试验中的光学基础

2.4.1 光波与光矢量振动方程

按照光的波动性，光从光源发出后，在空间或透明介质中是以波动的形式向前传播的。一列以速度 v 向 Ox 方向传播的光波可用图 2-7 所示的正弦曲线表示。曲线的最高点 P_1、P_2 称为波峰，最低点 Q_1、Q_2 称为波谷。

根据光的电磁波理论，电磁波可表示为图 2-8 所示的两个正交的正弦曲线，其中 S 代表电场矢量代表磁场矢量，矢量的方向分别表示该时刻各点的电场与磁场的振动方向，矢量的长短则表示它们的强度。这两个振动矢量互相垂直，并且都在电磁波传播的垂直方向(即横向)上振动。在物理学中，将传播方向与振动方向互呈正交的波称为横波。因此，光波是横波。

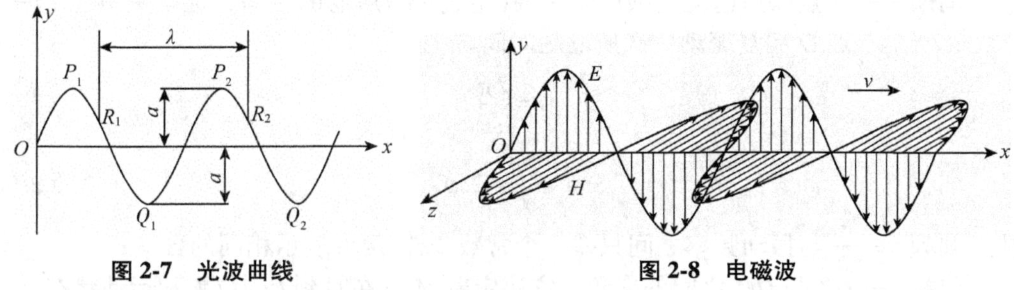

图 2-7　光波曲线　　**图 2-8　电磁波**

光波中能产生感光作用及生理作用的只是电场强度。所以，光波将只考虑电场强度的振动，并把电场强度极其振动分别称为光矢量和光振动。要确定一列光波，需要以下几个特征量：

振幅(a)——光矢量振动达到的最大值；

频率(f)——光矢量在秒钟内的振动次数；

周期(T)——光矢量每完成一次全振动所需要的时间；

位相(α)——光矢量的振动状态；

波长(λ)——在光波波形上位置相似，振动状态相同的点；

光速(v)——光波在每秒内的传播路程。

设光振动的振幅为 a，在瞬时 t，光矢量的大小为 E，则按谐振动规律，光矢量的振动方程为

$$E = a\sin(\omega t+\alpha) \tag{2-95}$$

式中　ω——圆频率；

$(\omega t+\alpha)$——相位；

α——初相位。

如图 2-9 所示，设有一半径为 a 的参考圆，在此圆周上有一动点 M，该点以角速度 ω 沿逆时针方向做匀速运动。

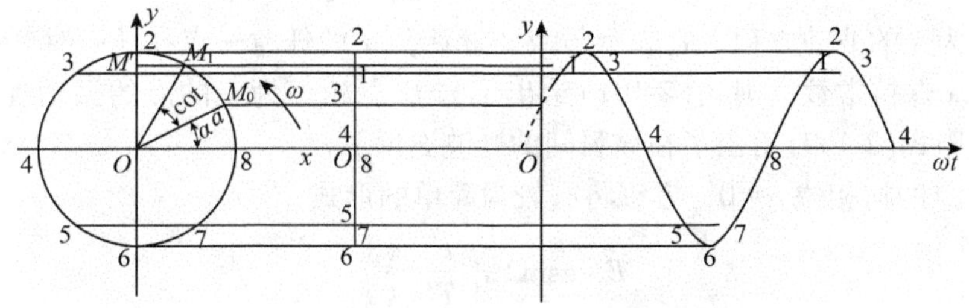

图 2-9　由圆周运动所表达的光矢量振动规律

可以看出，当 M 点做圆周运动时，M 点在竖直直径上的投影 M' 便在此直径上以圆心 O 为中心做上下来回运动，如果开始时($t=0$)，点 M 位于 M_0，OM_0 转过角度 ωt 至 OM，则 M 点在竖直直径上的投影点 M' 离开中心点的距离即为位移

$$y=OM\sin(\omega t+\alpha)=a\sin(\omega t+\alpha) \tag{2-96}$$

式中　振幅——M' 点振动时离开平衡位置的最大距离，用参考圆的半径 a 表示；

周期——M 点以角速度绕圆周转一圈(走过 2π)所需的时间，也就是 M' 点绕平衡点 O 往复振动一次所需的时间。

$$T=\frac{2\pi}{\omega} \tag{2-97}$$

$$\omega=\frac{2\pi}{T}=2\pi f \tag{2-98}$$

式中　圆频率——与振动频率之间只差一个常数 2π，两者表示相同的含义；

位相——OX 与 OM 之间的夹角，它决定着 M 点在时刻 t 的位置和运动状态。

2.4.2 光的波动方程

为了描述光波波形，需推导光的波动方程。如图 2-10 所示，光波波列上的各点 0，1，2，3…的光矢量都做谐振动。设 O 点先振动，接着依次带动 1，2，3…诸点振动，各点光矢量的振动周期及振幅都相同，但是与 O 点的距离不同。因此，光波从 O 点出发，达到诸点的时间不同，在同一瞬间各点光矢量的大小也就不同，将各点光矢量的端点联结起来便是该时刻的光波波形曲线。

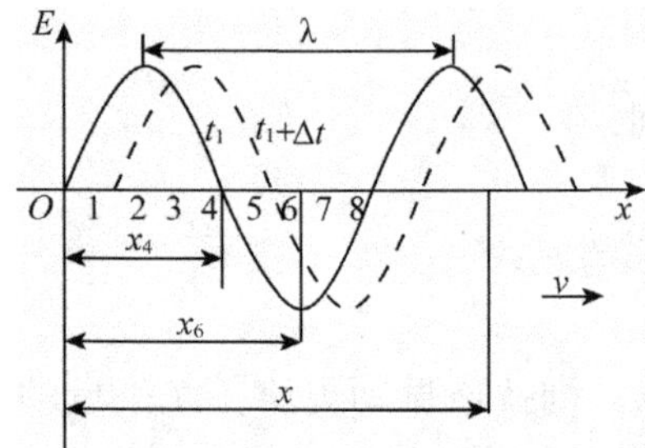

图 2-10　光波的形成

与 O 点相距为 x 的任意一点 A，将在 0 点开始振动后经过时间 t 才开始振动，于是 A 点的振动方程为

$$E=a\sin\left[\omega\left(t-\frac{x}{\nu}\right)+\alpha\right] \tag{2-99}$$

因 $T=\frac{2\pi}{\omega}=\frac{\lambda}{\nu}$，故式(2-99)可化简为

$$E=a\sin\left[2\pi\left(\frac{t}{T}-\frac{x}{\lambda}\right)+\alpha\right] \tag{2-100}$$

该式称为光的波动方程。它表示与 O 点相距为 x 的任意一点在任一时刻 t 光矢量的大小。如果 x 保持常数，则式(2-101)给出了与 O 点相距为 x 的点的振动规律；如果 t 保持常数，则式(2-100)给出了在该瞬间的光波波形。

如果 O 点的初相位 $\alpha=0$，方程将有较为简单的形式

$$E=a\sin2\pi\left(\frac{t}{T}-\frac{x}{\lambda}\right) \tag{2-101}$$

在式(2-101)中，$2\pi\left(\frac{t}{T}-\frac{x}{\lambda}\right)$ 表示相位。对于在一定介质中传播的既定光波来说，

因为 T 和 λ 是一定的，则相位是随着时间 t 和距离 x 而变化的。

光波上任意两点(如点 1 和点 2)，他们的振动方程分别为

$$E_1 = a\sin 2\pi\left(\frac{t}{T}-\frac{x_1}{\lambda}\right) \tag{2-102}$$

$$E_2 = a\sin 2\pi\left(\frac{t}{T}-\frac{x_2}{\lambda}\right) \tag{2-103}$$

在同一时刻，这两点的位相由他们的位置决定

$$\Delta = 2\pi\left(\frac{t}{T}-\frac{x_1}{\lambda}\right)-2\pi\left(\frac{t}{T}-\frac{x_2}{\lambda}\right) \tag{2-104}$$

即

$$\Delta = 2\pi(x_1-x_2)$$

式中　(x_1-x_2)——点 1 与点 2 相对于 O 点的几何路程之差，称为程差，以 R 表示，则

$$\Delta = \frac{2\pi R}{\lambda} \tag{2-105}$$

2.4.3　光的叠加与干涉

人眼对于光的明暗感觉，决定于光强 I，I 大则明，I 小则暗。光强 I 是由光的能量决定的，它与振幅 a 的平方成正比。

根据波的迭加原理，这两列光波在相遇点处将叠加，即该点的光振动是各列光波单独在该点产生的振动的矢量合成。一般地说，振幅、频率、位相都不同的两列光波相遇时的叠加情况是很复杂的。下面我们来考察一种最简单的但也是最重要的情形，即位于同一平面、振动方向和波长都相同而振幅分别为 a_1 和 a_2 的这样两列光波 A，B 经过空间同一点时的叠加情况(图 2-11)。为了清楚表达，将 A，B 两列光波及其合成光波 C 在图中分开来画。合成后的光波 C 仍在原平面内，其振幅将由 A，B 两光波的相对位相(位相差)所决定。

两列光波通过空间的同一点可以互相加强或互相减弱，从而使该点光的明暗发生变

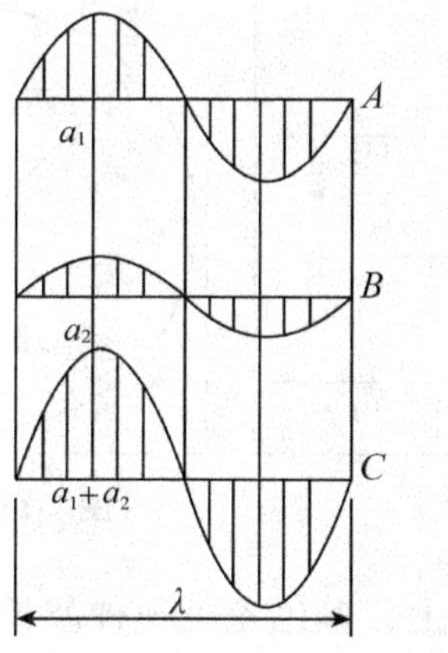

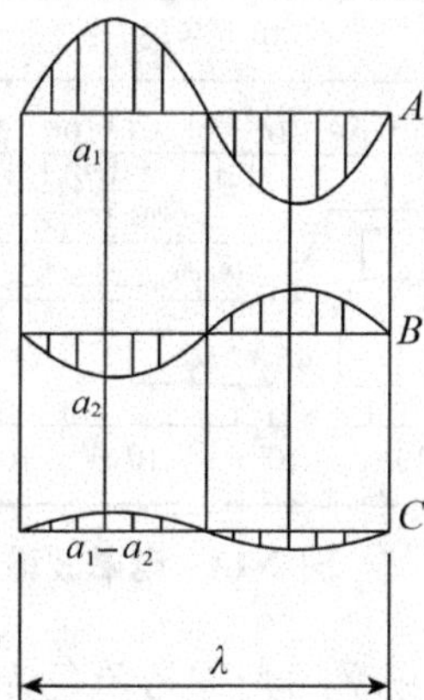

图 2-11　光波的叠加

化，这种情形称为光的干涉。我们把频率相同、振动方向相同、位相差恒定的光波称为相干光，只有相干光才能发生光干涉。

2.4.4 白光和单色光

光的颜色是由光波的频率决定的。通常太阳光、白炽灯所发的是白光，是由各种可见光同时作用所产生的，也是所有颜色的混合结果。白光是红、橙、黄、绿、青、蓝、紫7种颜色的光波按一定强度比例混合起来的，人们感觉到不同的颜色正是不同波长的光矢量在眼睛的视网膜上所引起的不同反映，人们眼睛所能感觉的光波称为可见光，可见光的波长变化范围从3 900Å(紫色)到7 700Å(红色)。Å为波长单位，$1Å=1\times10^{-7}mm=0.1nm$。各种色视觉对应的波长和频率范围见表2-3和图2-12所示 。

表2-3 可见光各种颜色光的波长范围

色视觉	频率(Hz)	真空中波长(nm)
红	$(3.9\sim4.8)\times10^{14}$	760~630
橙	$(4.8\sim5.0)\times10^{14}$	630~600
黄	$(5.0\sim5.3)\times10^{14}$	600~570
绿	$(5.3\sim6.0)\times10^{14}$	570~500
青	$(6.0\sim6.7)\times10^{14}$	500~450
蓝	$(6.7\sim7.0)\times10^{14}$	450~430
紫	$(7.0\sim7.7)\times10^{14}$	430~390

白光有一个重要特点，白光中的7种颜色，对顶的两色称为互补色(图2-13)。若互补二色相加，如浓度相当，则混合成白色；如红与绿混合成白色。若互补两色中如有一色消失，则代替它而呈现的是另一互补色；如白光中红色消失即呈现绿色。该性质称为白光互补性质，在光弹性试验中有重要应用；相邻两色混合结果是介于该两色之间的一种颜色，如紫橙混合就是红色。

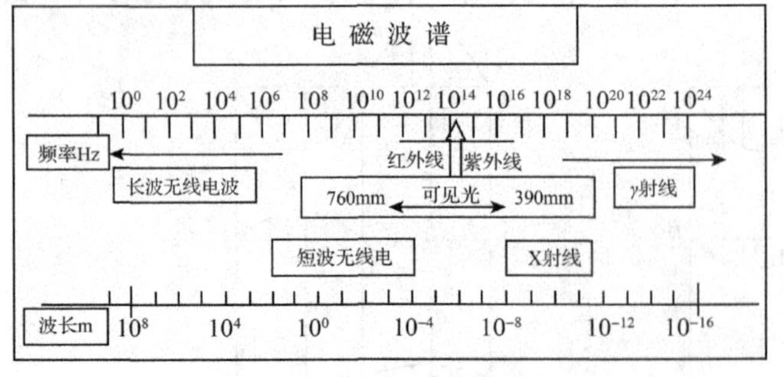

图2-12 电磁波谱

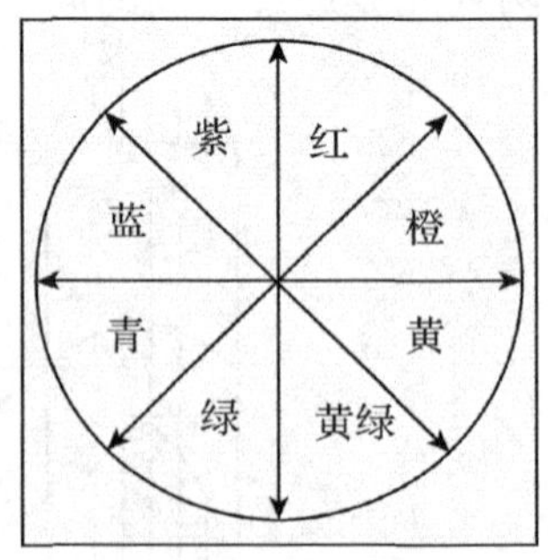

图2-13 互补色

有一种波长或频率的光称为单色光。实质上，单色光是一种波长范围很小的光波，波长范围越小，单色性就越好。凡是发射单色光的光源，称单色光源。光弹性试验中常用的光源有3种：白炽灯、水银灯和钠光灯。白炽灯发生白光，水银灯光通过滤色片可得到波长为 5 461Å 的单色绿光，钠光灯产生的是波长为 5 893Å 的单色黄光。

近代的激光器可以获得单色性非常好的单色光。例如，氦-氖气体激光器所产生的激光是波长为 6 328Å 的单色红光。激光器的发展为光弹性试验和试验应力分析的发展提供了新的条件。

2.4.5　偏振光

光在垂直于光波传播方向的平面内做任何方向的振动，而且是均匀对称的，这样的光波叫自然光。偏振光是自然光经过反射、折射等改造作用后成为在垂直于光波传播方向的平面内只做某一固定方向的振动的光波。自然光虽然可以用取向任意(方向不同)、振幅相同、相互垂直的两束光波来表示，但它们的相位关系是瞬息万变、紊乱无章的(相位不同)。所以绝对不可能把这两束光波合成一个稳定的、任何状态的偏振光。因此，自然光不能用来作相干光源，也不可能发生干涉现象。

在光弹模型试验中常碰到 3 种偏振光：

①线偏振光　光矢量只沿一个固定方向振动的光(又称平面偏振光)。

②圆偏振光　沿光线传播方向，光波波列上各点光矢量的横向振动是一个旋转量。各点光矢量的端点在某时刻描绘出的轨迹在横向的投影是个圆。

③椭圆偏振光　沿光线传播方向，光波波列上各点光矢量的横向振动是一个旋转量且大小不断改变。各点光矢量的端点在某时刻描绘出的轨迹在横向的投影是个椭圆。

光射入光学各向同性非晶体中，发生折射，但不改变光的振动性质。光在各向同性体中向任何方向振动时，传播速度是不变的，而且只有一个折射率。自然光透过各向同性非晶体保持任意的横振动方向，不发生偏振现象。

光在各向同性的非晶体与在各向异性的晶体中的传播情况是各不相同的。对于各向同性透明介质，如不受力的玻璃，光的折射严格地遵循折射定律：折射光在其中的传播速度总是一个常数，不因传播方向的改变而改变，所以这种介质的折射率在各个方向也都相同，如图 2-14 所示，当一束光入射一块不受力的玻璃后，出射时仍将是一束光。

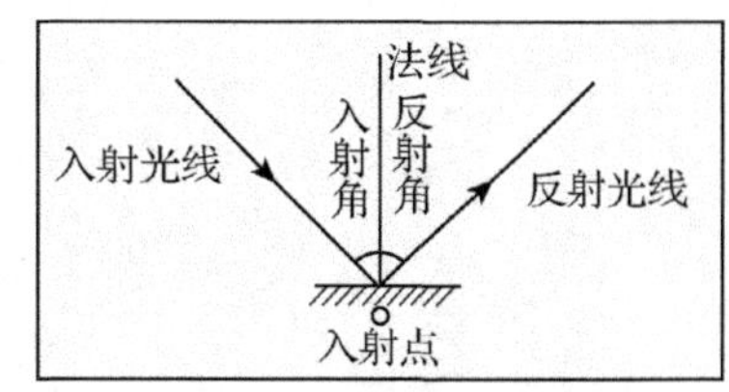

图 2-14　光的反射

对于各向异性晶体，如方解石，情形就要复杂得多。如图 2-15 所示，当一束光线入射一块方解石时，出射的将是两束光，这种现象称为双折射。根据试验可知，这两束折射光都是平面偏振光；它们的光矢量振动方向相互垂直，并以不同的速度通过晶体。由双折射晶体所分出的这两束平面偏振光，在晶体内部传播时，其中只有一条遵守折射定律，称为寻常光；而另一条不遵守折射定律，称为非常光。对于非常光，即使入射角为 0，也会发生偏折，其速度随光的传播方向变更；折射后的非常光也不一定在入射光与界面法线所组成的入射面内。

显然，o 光与 e 光分别有不同的折射率 N_o 及 N_e，其中，N_o 与 o 光的传播方向无关，是一个常数；N_e 随 e 光的传播方向变化。晶体中有个别方向不产生双折射，即当一束光沿此方向入射到晶体后并不产生互呈垂直振动的两个偏振光，在这个方向只有一个速

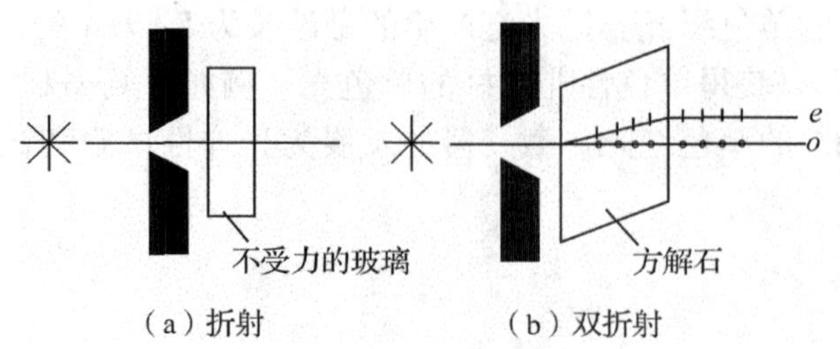

（a）折射　　（b）双折射

图 2-15　光的双折射

度，一个折射率(等于 N_o)，出射光束仍为一束光。这个方向称为晶体的光轴。有的晶体如方解石、红宝石、石英等只具有一个光轴，称为单轴晶体；另一些晶体如云母、蓝宝石等具有彼此相交成一定角度的两个光轴，称为双轴晶体。

如有两束同波长的光通过同一介质，但折射率分别为 N_1，N_2(如双折射)，则两束光产生光程用 R 表示为

$$R=(N_1-N_2)d \tag{2-106}$$

因此，可通过以下方法获得偏振光：

①由反射和折射产生的偏振光；

②由二向色性产生偏振光；

③由散射产生偏振光；

④由双折射产生偏振光。

第 3 章

光弹性试验基本原理和方法

光弹性试验是一种用光学方法测量模型上各点应力状态的试验应力分析方法。它是采用具有双折射性能的透明材料，制作与实际构件形状相似的模型，并在模型上施加与实际构件形状相似的外力，把承载的模型置于偏振光场中，可观察到一些与模型上各点应力状态有关的条纹，这些条纹可用来确定模型各点的应力。本章将介绍光弹性试验基本原理和方法。

3.1 光弹性试验的装置

3.1.1 光弹仪的基本组成

光弹仪是光弹性法所用的一种试验装置，用于测量光弹模型受载时所产生的等差线和等倾线条纹。光弹性仪由灯箱(设有白光灯或汞光灯)、聚光镜、平行透镜、起偏镜、1/4 波片、检偏镜、照相装置或投影屏等部件组成，其结构如图 3-1 所示。

图 3-1 常见的光弹仪

光弹仪的光学系统如图 3-2 所示，其中，P 是起偏镜，A 是检偏镜，Q_1、Q_2 是 1/4 波片，M 是加载架、模型。当起偏镜 P、检偏镜 A 光轴垂直，形成正交平面偏振布置的暗场；起偏镜 P、检偏镜 A 光轴平行，形成平行平面偏振布置的明场。加入 1/4 波片后，则形成圆偏振光的暗场和明场。

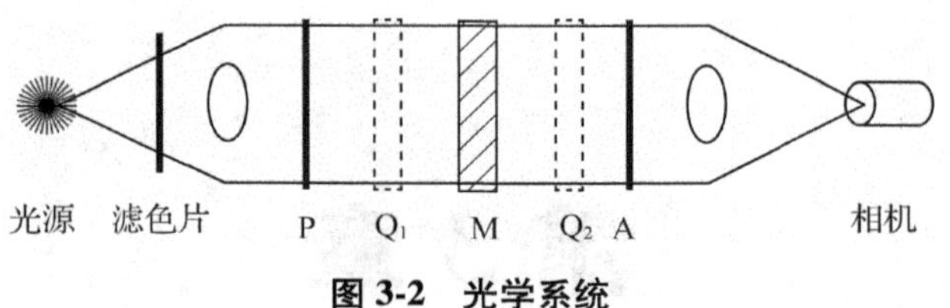

图 3-2　光学系统

起偏器是用于从自然光中获得偏振光的器件，常用的起偏器有人工偏振片和尼科耳棱镜。人工偏振片是两向色性的有机晶体，如硫酸碘奎宁，电气石或聚乙烯醇薄膜等，在碘溶液中浸泡后，在高温下拉伸、烘干，然后粘在两个玻璃片之间就形成了偏振片，只让平行于该方向的光振动分量通过；尼科耳棱镜是一种人工膜片，其中有大量按一定规则排列的微小晶粒，对不同方向的光振动有选择吸收的性能，从而使膜片中有一个特殊的方向，只让平行于该方向的光振动分量通过。

检偏器用来检验光线的偏振化程度。如图 3-3 所示，在与光线垂直的方向上放置两块偏振片，第一片为起偏器，第二片为检偏器，由于两块偏振片的偏振轴不同，在检偏器后的透射光的强度也不同。如果两偏振轴平行时，由起偏器产生的偏振光能畅通无阻地通过检偏器偏振片，形成明场；两偏振轴垂直时，由起偏器产生的偏振光无法通过检偏器偏振片，形成暗场。

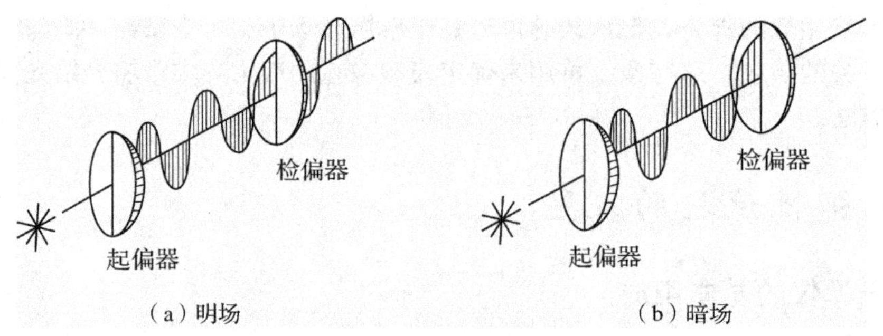

图 3-3　明场和暗场

在一块单轴双折射晶体上从平行于光轴的方向切出一块薄片，并使两晶面保持平行，这种晶片称为波片。如果使一束单色自然光或振动面片光轴的交角不等于 0 或直角的平面偏振光垂直入射到波片的晶面，则光线将在晶片内被分解成两列平面偏振光，其中一列振动方向与光轴相平行，这是非常光 e。另一列与光轴相垂直，是寻常光 o。它们在晶体内部的传播速度不同，当从波片的另一侧晶面透出回到空气之后，其间便产生某一光程差，该光程差的大小与波片的厚度成正比。使寻常光与非常光之间的光程差等于入射光波长 1/4 的波片称为 1/4 波片，它是用来产生圆偏振光所必需的光学元件之一。

1/4 波片晶面内的光轴及与其相垂直的方向分别就是非常光 e 及寻常光 o 的振动方向，用负晶体做的波片中，光比 o 光跑得快；用正晶体做的波片中，o 光比 e 光跑得快。按照透过光的速度快慢不同，习惯上将上述两个方向相应地称为 1/4 波片的快轴或慢轴。

3.1.2　平面偏振光装置

平面偏振光装置是光弹性试验中最基本的装置。如图 3-4 所示，它主要由光源和两块偏振片所组成。靠近光源的一块偏振片称为起偏镜，用 P 代表。另一块偏振片称为检偏镜或分析镜，用 A 代表。要使两束光相干涉必须满足 3 个条件：同频率、同振动方向及程差或位相差恒定。由图 3-4 可知，沿 σ_1 和 σ_2 方向振动的两列平面偏振光 E_1，E_2 都是由同一列平面偏振光 E_P 分解来的，振动频率相同，经过模型后具有恒定的程差或位相差。不过，它们的振动方向互相垂直。为此让它们通过一块检偏镜，使 E_1，E_2 在检偏镜偏振轴方向上的振动分量处于同一平面，从而产生光干涉。

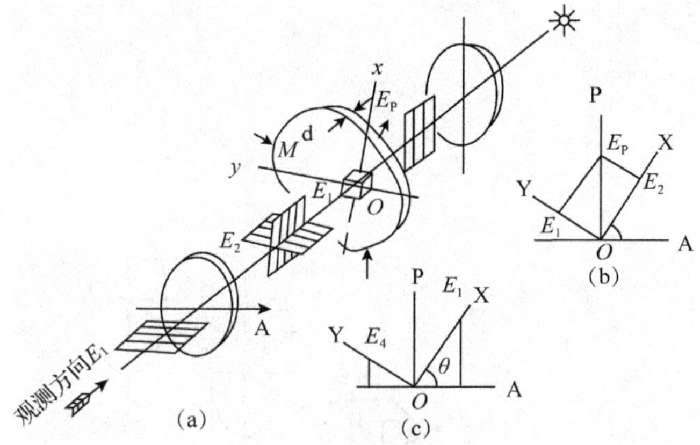

图 3-4　平面偏振场

3.1.3　圆偏振光装置

在前述平面偏振光装置中的两个偏振片之间加入两块 1/4 波片 Q_1 及 Q_2，就构成了圆偏振光装置，如图 3-5 所示。

4 个镜片的相对位置通常有两种，以获得暗场和明场。起偏镜与检偏镜的偏振轴以及两个 1/4 波片互相垂直，而 1/4 波片的快、慢轴又与偏振片的偏振轴呈 45°。这样，第一块 1/4 波片的作用是将平面偏振光变为圆偏振光。在圆偏振场的两个正交光波分量中，一列光波分量以等于 1/4 波长的程差领先于另一列光波分量。圆偏振光通过第二块 1/4 波片后，原先领先 1/4 波长的光波要落后 1/4 波长，而原来落后 1/4 波长的光波则领先 1/4 波长。第二块 1/4 波片的作用是抵消第一块 1/4 波片造成的程差。由于起偏镜与检偏镜的偏振轴是垂直的，所以无光通过，呈现为暗场。如将检偏镜转 90°，即与起偏镜的偏振轴相平行，其他镜片位置不动，则此圆偏振光成为亮场。

将一块偏振片和一块 1/4 波片垂直地放在光路中，并使偏振片的偏振轴与 1/4 波片的快（或慢）轴方向呈 45°，就能将自然光改变成圆偏振光。如图 3-6 所示，单色自然光经过偏振片后成为平面偏振光，光矢量的振动方程为

$$E_p = a\sin\omega t \tag{3-1}$$

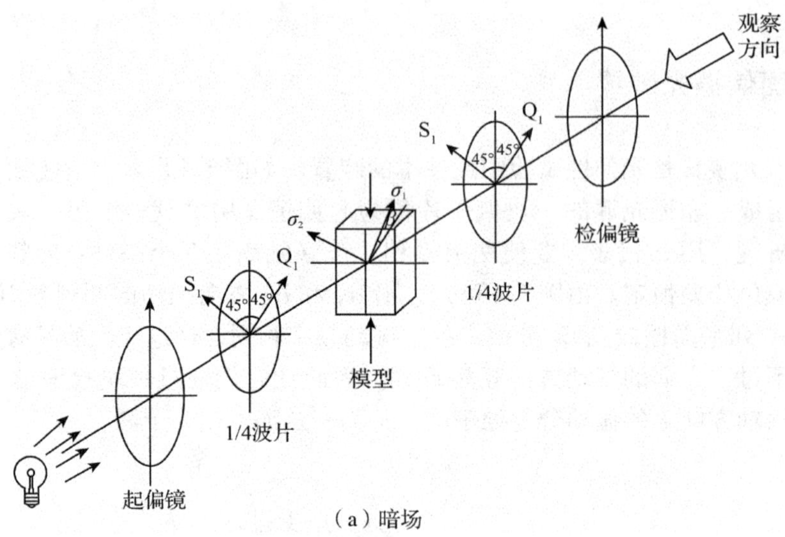

（a）暗场

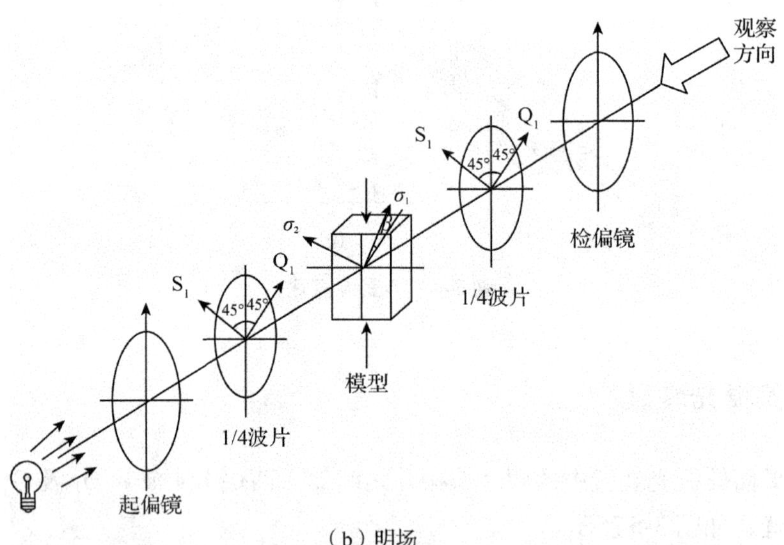

（b）明场

图 3-5　圆偏振场

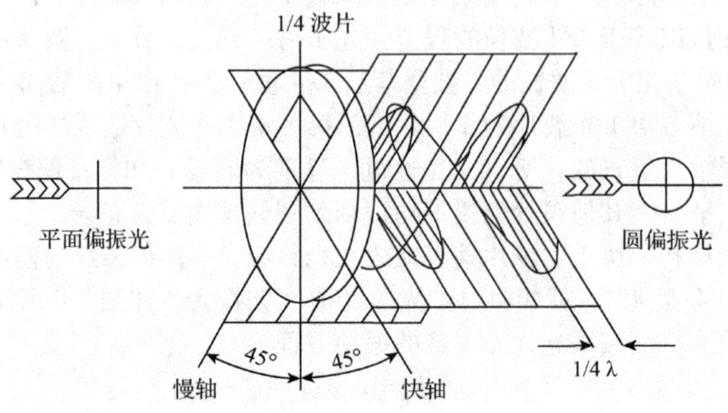

图 3-6　圆偏振光的产生

当此平面偏振光到达 1/4 波片后，沿着 1/4 波片的快、慢轴方向被分解为两个平面偏振光

$$E_{\mathrm{u}}=a\sin\omega t\cdot\cos45=\frac{a}{\sqrt{2}}\sin\omega t \tag{3-2}$$

$$E_{\mathrm{v}}=a\sin\omega t\cdot\cos45=\frac{a}{\sqrt{2}}\sin\omega t \tag{3-3}$$

通过 1/4 波片后，这两个平面偏振光产生 $R=1/4$ 波长的光程差，对应的位相差为 π/2。从 1/4 波片射出的两个平面偏振光为

$$E'_{\mathrm{u}}=\frac{a}{\sqrt{2}}\sin\left(\omega t+\frac{\pi}{2}\right)=\frac{a}{\sqrt{2}}\cos\omega t \tag{3-4}$$

$$E'_{\mathrm{v}}=\frac{a}{\sqrt{2}}\sin\omega t \tag{3-5}$$

将两式分别平方后再相加，消去 t，即得到合成后的光波运动轨迹方程式

$$E^2_{\mathrm{u}'}+E^2_{\mathrm{v}'}=\left(\frac{a}{\sqrt{2}}\right)^2 \tag{3-6}$$

该式说明平面偏振光经过如上放置的 1/4 波片后，光矢量的大小保持不变，而它的方向则随时间做等角速度旋转，这就是圆偏振光。圆偏振光实际上就是位相差为 π/2（或光程差为 1/4 波长）且振动方向相互垂直的两个平面偏振光的合成结果。

如果 1/4 波片的快（或慢）轴与起偏镜的偏振轴夹角不呈 45°或波片厚度所形成的光程差没有正好等于入射单色光波长的 1/4 时，则由对应的两列平面偏振光合成的将是椭圆偏振光。

3.2　应力-光性定律

各向异性透明晶体具有双折射性质，是晶体本身固有的，称为永久双折射。对于各向同性透明非晶体材料，如环氧树脂塑料、玻璃等，在其自然状态（没有应力存在）并不具有双折射性质，但是当这些材料受有应力作用时，它们就如同晶体一样，表现为各向异性，产生双折射现象。这种双折射是暂时的，当应力解除后即消失，所以称之为暂时双折射，又称人工折射。早在 18 世纪，暂时双折射现象就已被人们发现，直到 19 世纪才把它应用到试验应力分析中来。

3.2.1　一般应力-光性定律

在三向应力状态下，任意斜截面的应力可用应力椭球表示，椭球的 3 个主轴即为该点的应力主轴。应力椭球的方程为

$$\frac{x^2}{\sigma_1^2}+\frac{y^2}{\sigma_2^2}+\frac{z^2}{\sigma_3^2}=1 \tag{3-7}$$

我们又知道，各向异性晶体中一点的光学性质在几何上也可以用一个折射率椭球来

表示。椭球的3个主轴即为该点的光学主轴。折射率椭球的方程为

$$\frac{x^2}{N_1^2}+\frac{y^2}{N_2^2}+\frac{z^2}{N_3^2}=1 \tag{3-8}$$

比较这两种情况，我们可以看出，应力椭球和折射率椭球的应力主轴与折射率主轴是重合的，其原因是各向同性的透明固体材料在应力作用下能够表现出如同晶体一样的双折射效应；同时点的应力状态与光学性质又存在上述对应关系，这是建立光弹性应力分析的物理基础。

试验证明，透明固体材料由应力引起的双折射效应，其主折射率与对应的主应力在方向上是重合的，在数值上存在如下关系

$$\left.\begin{aligned}N_1-N_0=A\sigma_1+B(\sigma_2+\sigma_3)\\N_2-N_0=A\sigma_2+B(\sigma_3+\sigma_1)\\N_3-N_0=A\sigma_3+B(\sigma_1+\sigma_2)\end{aligned}\right\} \tag{3-9}$$

式中　N_0——当应力为零时材料的折射率；

A、B——材料的应力-光性常数。

将前两式相减，得

$$\left.\begin{aligned}N_1-N_2=C(\sigma_1-\sigma_2)\\N_1-N_3=C(\sigma_1-\sigma_3)\\N_2-N_3=C(\sigma_2-\sigma_3)\end{aligned}\right\} \tag{3-10}$$

式中　$C=A-B$ 称为材料的相对应力-光性系数。

式(3-9)和式(3-10)称为一般受力状态下的应力-光性定律。用透明材料制造的光弹性模型，在载荷作用下，模型中任一点当用偏振光照射时，该点就相当晶体中的某一点，该点的应力状态和光学性质将遵循应力-光性定律。

3.2.2　两向应力-光性定律

在两向应力状态下，$\sigma_3=0$，式(3-10)改写为

$$N_1-N_2=C(\sigma_1-\sigma_2) \tag{3-11a}$$

$$N_1-N_3=C\sigma_1 \tag{3-11b}$$

$$N_2-N_3=C\sigma_2 \tag{3-11c}$$

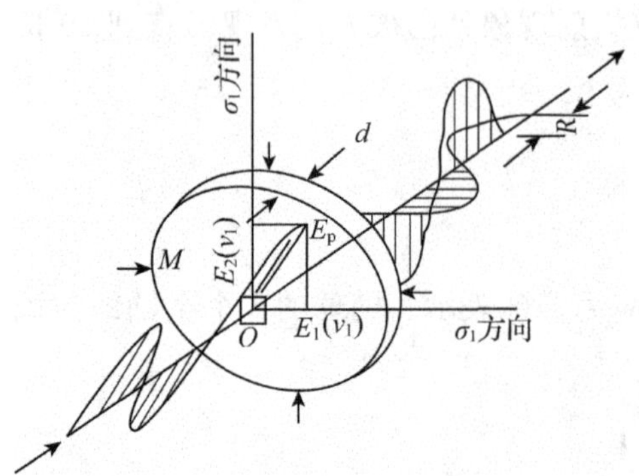

图 3-7　受力模型的光效应

假设有一个厚度为 d 的光弹性模型 M，承受两向应力，如图 3-7 所示。当一列平面偏振光 E_p 垂直入射模型 M 时，由于双折射效应，E_p 在模型上的任一点（如 O 点）必将分解成两列平面偏振光 E_1 及 E_2，这两列平面偏振光的振动方向，一个沿该点主应力 1 的方向，另一个沿主应力 2 的方向，因 1 不等于 2，由式可知，所以这两列平面偏振光在模型内部的传播速度就不相同，通过模型后，它们之间产生了程差。

设 v_0 为光在真空中的传播速度；v_1，v_2 分别为平行于 1，2 方向振动的平面偏振光在模型内的传播速度，则

$$N_1=\frac{v_0}{v_1},\ N_2=\frac{v_0}{v_2} \tag{3-12}$$

$$\frac{v_0}{v_1}-\frac{v_0}{v_2}=C(\sigma_1-\sigma_2) \tag{3-13}$$

$$t_1=\frac{d}{v_1},\ t_2=\frac{d}{v_2} \tag{3-14}$$

设 v_1 小于 v_2，则 E_2 先通过模型，E_1 后通过模型。当 E_1 刚通过模型时，E_2 已在空气中以 v_2 的速度走过了(t_1-t_2)时间，于是所产生的程差为

$$R=v_0(t_1-t_2) \tag{3-15}$$

$$R=v_0\left(\frac{d}{v_1}-\frac{d}{v_2}\right)=d\left(\frac{v_0}{v_1}-\frac{v_0}{v_2}\right) \tag{3-16}$$

$$R=Cd(\sigma_1-\sigma_2) \tag{3-17}$$

式(3-17)称为两向应力-光性定律，它表明，当一列平面偏振光垂直入射平面应必定沿该点的主应力方向分解为两列平面偏振光，它们在模型内的传播速度不同，通过模型后所产生的程差与模型的厚度 d 及主应力差成比例。

3.3　偏振光场中的光效应

3.3.1　平面偏振光场中的光效应

本节分析平面偏振光通过两向受力模型中任意一点 O 时所产生的光效应。设 O 点的应力主轴(即主应力方向)为 x，y，其中 x 与检偏镜 A 的偏振轴之间的夹角为 θ。

首先讨论光源为单色光时的情况。

①从光源发出的单色光，通过起偏镜 P 后成为平面偏振光

$$E_{\mathrm{p}}=a\sin\omega t \tag{3-18}$$

②E_{p} 入射到模型表面后由于暂时双折射分别沿主应力方向分解为两个分振动

$$E_1=a\sin\omega t\sin\theta \tag{3-19}$$

$$E_2=a\sin\omega t\cos\theta \tag{3-20}$$

③这两个分振动 E_1，E_2 在模型内的传播速度不同，通过模型后它们之间产生位相差设此相位差为，则上式可写为

$$E_3=a\sin\theta\sin(\omega t+\alpha) \tag{3-21}$$

$$E_4=a\cos\theta\sin\omega t \tag{3-22}$$

④E_3，E_4 到达检偏镜后，只有平行于检偏镜偏振轴的振动分量才能通过，经过检偏镜后的合成光波为

$$E_{\mathrm{A}}=E_3\cos\theta-E_4\sin\theta \tag{3-23}$$

将式(3-21)和式(3-22)代入式(3-23)则

$$\begin{aligned}E_A&=a\sin\theta\cos\theta\sin(\omega t+\alpha)-a\sin\theta\cos\theta\sin\omega t\\&=a\frac{\sin2\theta}{2}\sin(\omega t+\alpha)-a\frac{\sin2\theta}{2}\sin\omega t\\&=a\sin2\theta\left[\frac{\sin\omega t\cos\alpha+\cos\omega t\sin\alpha-\sin\omega t}{2}\right]\\&=a\sin2\theta\left[\cos\omega t\left(\frac{\sin\alpha}{2}\right)-\sin\omega t\left(\frac{1-\cos\alpha}{2}\right)\right]\\&=a\sin2\theta\left[\cos\omega t\sin\frac{\alpha}{2}\cos\frac{\alpha}{2}-\sin\omega t\sin^2\frac{\alpha}{2}\right]\\&=a\sin2\theta\sin\frac{\alpha}{2}\left[\cos\omega t\cos\frac{\alpha}{2}-\sin\omega t\sin\frac{\alpha}{2}\right]\end{aligned}\tag{3-24}$$

解得

$$E_A=a\sin2\theta\sin\frac{\alpha}{2}\cos\left(\omega t+\frac{\alpha}{2}\right)\tag{3-25}$$

E_A 仍是一个平面偏振光，$a\sin2\theta\sin\frac{\alpha}{2}$为其振幅。光强与振幅的平方成正比，故光强为

$$I=ka^2\sin^2 2\theta\sin^2\frac{\alpha}{2}\tag{3-26}$$

光强 $I=0$ 时，我们从检偏镜后所看到的模型上的 O 点将是暗点。从式(3-26)可以看出，光强为 0 时可能有以下 3 种情况：$a=0$，$\sin2\theta=0$ 及 $\sin\frac{\alpha}{2}=0$。第一种情况无实际意义，因为这代表无光源时的情况，而后两种情况是有实际意义的。

(1)等倾线

满足 $\sin2\theta=0$，只能是 $\theta=0°$或 $\theta=90°$。θ 是主应力方向与偏振轴之间的夹角。这说明只要模型上某点的主应力方向与偏振轴相重合，该点就是暗点，若模型上有一系列这样的点，它们的主方向都与这时的偏振轴相重合，则这一系列的点就构成黑线。在这条黑线上每个点的主应力倾角都相同，故称之为等倾线。等倾线的倾角称为等倾线参数，其数值可由光弹仪上起偏镜和检偏镜的角度刻度读出。

用等倾线可以求出模型上各点主应力的方向。一般来说，模型平面内各点主应力的方向是逐点不同的，是连续变化的。我们如果从某一个位置开始，同时转动起偏镜和检偏镜并使它们始终保持正交，那么等倾线将连续地移动到模型的另外一些点上，这些点的主应力方向将与新的偏振轴方向相平行。对于起偏镜和检偏镜的每一个不同转角，我们都可以得到一组相应的等倾线。例如，当正交的偏振轴位于 0°时，将出现参数为 0°的等倾线。若两偏振轴保持正交，并同步旋转一个 10°，那么 0°等倾线将消失，而出现参数为 10°的等倾线。从 0°~90°依次地同步旋转正交的偏振轴，就可以得到由 0°~90°逐渐改变的一系列等倾线。等倾线是具有相同主应力方向的点的轨迹，是光弹性试验的基本测量数据之一。

(2)等差线

满足 $\sin\frac{\alpha}{2}=0$，只能是

$$\alpha=2n\pi\,(n=0,\ 1,\ 2,\ 3,\ \cdots) \tag{3-27}$$

用程差表示

$$\frac{2\pi}{\lambda}R=2n\pi \tag{3-28}$$

$$R=n\lambda\,(n=0,\ 1,\ 2,\ 3,\ \cdots) \tag{3-29}$$

这说明当受力模型上一点的程差 R 等于入射光波波长的整数倍时，将呈现黑点，同时满足程差等于同一整数倍波长的诸点，将构成黑色条纹。由式 $R=Cd(\sigma_1-\sigma_2)$ 可知，该条纹上的各点将有相同的主应力差值，所以称之为等差线。由于 $n=0$，1，2，3，…将同时满足公式所表示条件，故将呈现出一系列黑色条纹，对应地称为 0 级，1 级，2 级，3 级…等差线。

显然，在 $n=1/2$，3/2，5/2，…的各点上，sin = 1，光强最大，形成了明亮的条纹，它们分别是 1/2，3/2，5/2，…级等差线，即都是奇数倍的半级次等差线。暗条纹与明条纹在应力图案上是依次相隔的。而在明暗条纹之间光将部分地相消，形成小数级次条纹。由于应力的连续性，相邻等差线条纹的级次也是连续的。等差线表示模型内主应力差相等的点所组成的轨迹，也是光弹性试验中的一组基本测量数据。

(3)主应力差计算公式

将形成等差线的消光条件式(3-20)代入式(3-17)得

$$R=Cd(\sigma_1-\sigma_2)=n\lambda \tag{3-30}$$

$$\sigma_1-\sigma_2=\frac{\lambda}{C}\frac{n}{d}=\frac{f}{d}n \tag{3-31}$$

式中　f——模型材料的条纹值(kg/cm)(它是由模型材料及光源波长决定的一个常数，其物理意义为使单位厚度模型产生一级等差线所对应的主应力差值)；

n——等差线条纹级次；

d——模型厚度。

总体来说，受力模型在平面偏振光场中呈现出两组性质不同的条纹，一组为等倾线，另一组为等差线。利用等倾线能够测取模型上各点的主应力方向，利用等差线能够测取模型上各点的主应力差值。

(4)等差线与等倾线的分辨

在平面偏振光场中，受力模型等差线与等倾线是同时出现的。它们彼此重叠，互相干扰。一般来说，在图案中等差线条纹较多，本身较窄，等倾线条纹较少，本身较宽。可以通过以下方法分辨等差线和等倾线：采用白光光源，等差线呈彩色条纹，等倾线为黑色条纹；同时转动起偏镜和检偏镜，随之转动的是等倾线。改变模型荷载，随荷载增减而变化的是等差线。采用圆偏振布置，即在起偏镜和检偏镜之间加两块 1/4 波片形成

圆偏振场。只出现等差线，而无等倾线。

3.3.2 圆偏振光场中的光效应

(1)等差线

将受力模型垂直地放入圆偏振光暗场的光路中，如图 3-5(a)所示，观察其光效应。

①单色光通过起偏镜后成为平面偏振光

$$E_P = a\sin\omega t \tag{3-32}$$

②E_P 到达第一块 1/4 波片，沿 1/4 波片的快、慢轴分解成两个正交的振动分量 E_1、E_2

$$E_1 = a\sin\omega t\cos45° = \frac{a}{\sqrt{2}}\sin\omega t = b\sin\omega t \tag{3-33}$$

$$E_2 = a\sin\omega t\sin45° = \frac{a}{\sqrt{2}}\sin\omega t = b\sin\omega t \tag{3-34}$$

③通过 1/4 波片后，E_1、E_2，相对产生位相差 π/2，E_1、E_2 则变成为

$$E_3 = b\sin\left(\omega t + \frac{\pi}{2}\right) = b\cos\omega t \tag{3-35}$$

$$E_4 = b\sin\omega t \tag{3-36}$$

④E_3、E_4 入射到模型时沿主应力 X，Y 方向分解，设 O 点的主应力方向与 1/4 波片的快、慢轴之间的夹角为 β，则有

$$E_5 = E_3\cos\beta - E_4\sin\beta = b\cos\beta\cos\omega t - b\sin\beta\sin\omega t \tag{3-37}$$

$$E_6 = E_3\sin\beta + E_4\cos\beta = b\sin\beta\cos\omega t + b\cos\beta\sin\omega t \tag{3-38}$$

即

$$E_5 = b\cos(\omega t + \beta) \tag{3-39}$$

$$E_6 = b\sin(\omega t + \beta) \tag{3-40}$$

⑤通过模型后 E_5、E_6 产生一位相差 α，于是成为

$$E_7 = b\cos(\omega t + \beta - \alpha) \tag{3-41}$$

$$E_8 = b\sin(\omega t + \beta) \tag{3-42}$$

⑥E_7、E_8 射到第二块 1/4 波片时，沿其快、慢轴分解，成为

$$\begin{aligned} E_9 &= E_7\cos\beta + E_8\sin\beta \\ &= b\cos\beta\cos(\omega t + \beta - \alpha) + b\sin\beta\sin(\omega t + \beta) \end{aligned} \tag{3-43}$$

$$\begin{aligned} E_{10} &= -E_7\sin\beta + E_8\cos\beta \\ &= -b\sin\beta\cos(\omega t + \beta - \alpha) + b\cos\beta\sin(\omega t + \beta) \end{aligned} \tag{3-44}$$

⑦E_9、E_{10} 从第二块 1/4 波片射出后产生了位相差 π/2，变为

$$E_{11} = b\cos\beta\cos(\omega t + \beta - \alpha) + b\sin\beta\sin(\omega t + \beta) \tag{3-45}$$

$$\begin{aligned} E_{12} &= -b\sin\beta\cos\left(\omega t + \beta - \alpha + \frac{\pi}{2}\right) + b\cos\beta\sin\left(\omega t + \beta + \frac{\pi}{2}\right) \\ &= b\sin\beta\sin(\omega t + \beta - \alpha) + b\cos\beta\cos(\omega t + \beta) \end{aligned} \tag{3-46}$$

⑧E_{11}、E_{12} 射至检偏镜后，沿检偏镜的偏振轴分解，射出的合成光波则为

$$E_A=-a\sin\frac{\alpha}{2}\sin(\omega t+2\beta-\alpha) \tag{3-47}$$

E_A 为一平面偏振光，其振幅为 $a\sin\frac{\alpha}{2}$光强为

$$I=ka^2\sin^2\frac{\alpha}{2} \tag{3-48}$$

在式中不再包含 $\sin\theta$ 项，其余项完全相同。即光强只与位相差 α 有关，而与主应力方向 θ 无关。所以在圆偏振光装置中只存在等差线，而无等倾线。

平行圆偏振光明场布置的暗条纹（消光条件）代表光程差为单色光半波长的奇数倍，称之为半数级等差线。实际上与双正交圆偏振光暗场布置的亮条纹重合。

(2)等色线

凡程差数值相同的点，形成了同一种颜色的条纹。所以等差线又称为等色线。受力模型上程差 $R=0$ 的点，对不同波长的所有光波都被消光，干涉色为黑色。当程差随着主应力差连续增加时，色光便按光谱曲线的次序由紫到红地消失，对应干涉色的色序变化大致为黄、红、绿。当程差继续增加，到一定数值将出现消光重叠现象。即当程差等于两种或某几种色光波长的整数倍时，则该两种或该几种色光同时被消光。因此，各级等差线之间的色序将稍有不同。但基本上是按黄、红、绿的色序分布。大于 3 级以后，条纹将由粉红和淡绿两种颜色组成，条纹级次越高，颜色越淡，5 级以后，颜色很浅，难以辨认。干涉色按黄、红、绿的色序变化，指出了条纹级次的递增方向，由此可帮助确定各等差线的条纹级次。在白光下描绘等差线，通常以红、绿交界的紫色作为整级次等差线的分界。它相当于黄光被消光后的干涉色。

3.4　光弹性试验数据的测取

3.4.1　等差线的观测

(1)整数级等差线的观测

在光弹性试验中，等差线及等倾线是最基本的两种试验数据，必须准确地测取。测取的方法是可以把它们拍摄在照相底片上，再用投影仪放大描绘，或者把它们投影在光弹仪的屏幕上直接描绘和观测。观测等差线图首先要确定等差线的条纹级次。根据应力连续性原则，条纹级次也是连续变化的，首先需找零级次。在白光下对于大多数模型来说，等差线图中皆存在某些特殊的黑点，其条纹级次为零，即 $n=0$，从零级次点或零级条纹开始，就能按顺序数出任意点的条纹的级次。

属于 $n=0$ 的等差线，可能有下列 3 种情形。

①各向同性点　这是 $\sigma_1=\sigma_2$ 的点。其特点是围绕着各向同性点的周围的条纹，形成封闭曲线，又称等应力点。

②零应力点　即 $\sigma_1=\sigma_2=0$ 的点在有些情况下，零级次等差线不是点而是线。如纯弯曲梁中性轴上的各点两主应力均为 0，形成 1 条 0 级线。

③奇点　是出现在自由边界上的 $\sigma_1=\sigma_2=0$ 的零应力。其特点是周围条纹围绕着奇点，但不形成封闭曲线；奇点两侧的应力必定异号。

用白光作光源时，以上 3 类特性点在等差线图中都呈现为明显的黑点(或黑线)。这些黑点或黑线，当外力作用方式不变，而只改变外力大小时，它们始终是黑的，并且位置也不会改变，所以是永久性黑点。在有些条纹图中，会出现一种暂时性的黑点，即条纹的发源点和隐没点。这种点随着外载荷的增加，时而变黑，时而变亮，这种点的程差 $R\neq0$，其条纹级次不等于 0。应该小心地把它们与永久性黑点区别开来。

有的模型在受载后找不到零级条纹。这时，条纹级次可利用连续加载法确定。即先观察模型内的一个标定点，载荷从 0 加起，一直到额定值，观察在这个过程中该点出现第几次被消光，从而判断该点的级次，再利用色序由此推出其他条纹的级次。

另外还有一种情况，在受力模型中既找不出零级条纹又无法使用连续加载。这时，可根据干涉色来确定程差及其条纹级次。干涉色与程差之间详细的关系图可在有关晶体光学书籍中找到。

观测等差线时，通常我们总是先用白光作光源定出零级条纹，然后再改用单色光源拍照或描迹。在单色光下描迹，以黑色线条中光强最暗，即最黑处作为整级次条纹的依据。如果模型中的条纹级次不高，如在 4 级以下，有时也在白光下描迹，如前所述，这时则以红、绿交界处的紫色为准。重要的等差线条纹图，最好在同一个载荷条件下，分别用暗场和明场各拍一张底片，以便得到整级次和半级次的条纹图。

(2)小数级等差线的观测

根据明、暗视场等差线图可分别测出半级次及整级次等差线，但是模型中有些点不正好位于半级次及整级次等差线，处在小数级等差线，为提高测量精度，一般可采用以下 3 类方法。

①人为地制造一个已知的相位差，与被测点的未知位相差相抵消，从而测得该点的小数级次，包括拉力试件补偿法、石英楔体补偿法、变截面拉伸及纯弯曲试件补偿法。

②利用光弹仪本身的光学设备，包括检偏镜补偿法、1/4 波片补偿法等。

③光度计取光强，根据光强计算小数级次。

3.4.2　等倾线的观测

(1)等倾线的测定方法

等倾线图是在用白光作光源的正交平面偏振光场下测定的。拍摄或描绘等倾线时，一般我们均以检偏镜的偏振轴位于水平位置，起偏镜的偏振轴位于铅垂位置作为 0°起始位置。这时模型上出现的是 0°等倾线。以后，由检偏镜视向起偏镜，按逆时针方向同步旋转检偏镜及起偏镜，按每转 5°或 10°的间隔记录下对应的等倾线，并随时注明其参数。例如，采用 5°间隔时等倾线依次的参数为 0°，10°，20°…85°，等于或大于 90°的等倾线分别与 0°，10°，20°…重合，所以不必重复。使用光度计测等倾线比用目测准确。有两种方法：第一种方法是先把被测点投影到光度计的测孔上，然后同步转动平面偏振光场，光度计指示为最暗时，记下偏振镜的转角，即为主应力方向，如此逐点测量即可得等倾线参数；第二种方法是将成正交的起偏镜与检偏镜固定在某一角度，此时，光度计屏幕上即呈现一条或几条相应参数的等倾线，然后移动试件，屏幕上的等倾线也随着移动，过光度计测孔时的最暗点，即为该参数等倾线上的一点。

描绘等倾线比描绘等差线要困难得多，往往等倾线的一部分比较模糊或者其形状受到歪曲。这是因为在平面偏振光场下等差线与等倾线混杂在一起，在应力梯度改变不大的区域，等倾线比较弥散，其真实位置不好确认；另外，模型内可能存在的初应力以及边界的加工应力，也会或多或少地扰乱局部区域的应力分布。因此，在描绘之前，我们总是要同步旋转起偏镜及检偏镜，反复观察等倾线的变化趋势，基本掌握其变化规律后再具体分度描迹。为便于描绘需提高等倾线的清晰度，可以根据不同情况采取以下措施。

①改变载荷法　等倾线决定于正交的起偏镜与检偏镜偏振轴转动的位置，与外载荷大小无关。这样，当外载荷的数值改变时，等差线虽有变化，但等倾线的位置不变。在白光下，浅色(如橙色)背景上呈现的等倾线较之深色(如红色或绿色)背景更为明显。这就告诉我们可以通过改变载荷大小的办法来获得较为清晰的等倾线图案。

②用不灵敏材料制作模型　一般用有机玻璃材料再制作一个模型，加以适当的载荷，专门用以测取等倾线。这种材料加载后对等差线不灵敏，从而可以得到清晰的等倾线。

如想得到精确的等倾线，光弹仪必须具有能使起偏镜和检偏镜同步转动的设备，为了避免人为的观测误差使用光度计更为有效。

(2)等倾线的特征

①自由边界上的等倾线　不受切向和法向载荷作用的边界称为自由边界。在自由边界上的各点，切应力为 0，该边界即为主平面之一，仅有一个主应力的方向与边界相切。所以自由边界上各点的切线或法线方向即为该点的主应力方向。由此可以推知下列 3 种情况下等倾线的特征。

a. 对于自由曲线边界。与自由曲线边界相交的等倾线，其等倾线参数即为交点处边界切线或法线的倾角，10°和 20°的等倾线与边界交于点 A 和点 B，该两点的法线分别与水平线成 10°及 20°。

b. 对于自由直线边界。自由直线边界本身即为等倾线，其等倾线参数就是该边界本身或其法线的倾角；当两自由直线边界交成直角时，它们都是参数相同的等倾线。

c. 对于自由角边界。两自由直边界互相垂直，以小圆弧过渡，此角边界放大来看实际上也是曲边界，在该角处，将有 0°~90°的等倾线汇集。对于其他角边界的等倾线同样也可以推知。上述规律对于边界只受有法向分布载荷的情形同样可以运用。

②集中力处的等倾线　如果直线边界受集中力作用，根据弹性力学分析，集中力作用点的周围各点，只有径向主应力作用。所以自集中力作用点 O 所做的每一条辐射线都是等倾线。由图中可以看出，主应力方向从 0°~90°均可绘出。

③在模型内部的等倾线

a. 对于对称轴。当模型的几何形状和载荷都以模型内部某个轴线为对称轴时，由于对称轴上各点无剪应力，故对称轴本身就是等倾线。如对称轴处于铅垂或水平位置，其等倾线参数必为0°或90°，该轴两侧的等倾线图形对称，而对称的两等倾线其参数之和必为90°。

b. 对于各向同性点。各向同性点处其应力圆为一点圆。这就是说在各向同性点上，任一方向都是主应力主方向从一侧边界的方向变至另一侧边界方向，其他汇集的等倾线均可测出方向。因此，如果在模型内部有各向同性点，则各种不同参数的等倾线都通过它。

c. 对于某各向同性点。如果通过它的等倾线参数是向逆时针方向增加的，称之为正各向同性点；反之，如向顺时针方向增加的，称之为负各向同性点。

在模型中如存在两个相邻的各向同性点，必定一个为正，一个为负；若均为正或均为负，则在它们之间必定还存在另一个反方向的各向同性点。

④相邻两等倾线的参数必是连续的　除各向同性点、集中力作用点以及自由方角外，等倾线不能相交。

3.4.3　主应力迹线

(1)主应力迹线及其绘制

主应力迹线就是代表主应力方向的曲线族。在这种曲线上，每一点的切线方向与法线方向即为该点两个主应力的方向。所以，主应力迹线图总是由两族所组成，表示σ_1方向的，常画成实线；表示σ_2方向的，常画成虚线。

有了等倾线图，通过作图法就能将主应力迹线描绘出来，现介绍一种最常用的作图法：设已知$\theta=15°$，30°，45°，60°…等不同参数的等倾线，如图3-8所示，要求绘制通过任一点P的主应力迹线。方法是先画一水平基准线O_x，为了描制等倾线，在每一条等倾线上，根据其参数和趋势划上一些短平行线，然后从P点开始徒手或用曲线板光滑地连接这些短线，使其与各不同参数的短线相切，则此切线即为通过P点的主应力迹线之一。一族主应力迹线求得后，则另一族可根据正交关系做出。

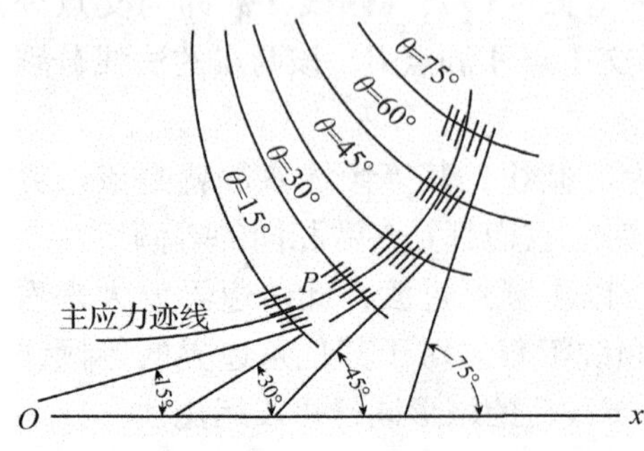

图3-8　主应力迹线的画法

(2)主应力迹线的特征

a. 两族主应力迹线必呈正交。

b. 无各向同性点的自由边界或对称轴，其本身就是一族主应力迹线。

c. 在正各向同性点上，两族正交的主应力迹线必是闭合的，并将各向同性点包在其中，在负各向同性点上，两族正交的主应力迹线是不闭合的。

3.5　其他光测力学的试验方法

3.5.1　光弹性贴片法

光弹性贴片法是将应变光学灵敏度较高的一种光弹性塑料薄片(简称贴片)粘贴在被测构件表面，在荷载作用下构件表面和贴片产生相同的应变，于是贴片就会出现人工双折射的特征。通过测定贴片随构件表面变形而产生的等差线干涉条纹级数，求得该构件表面应变分布的一种试验应力分析方法。它能直接从工程构件表面测得应变的全场分布状况，并准确测定构件应力集中现象，故能将常用的光弹性试验技术用到工业现场的实测中去。

利用贴片法可以在原型上进行光弹性试验，消除模型模拟原型带来的误差，而且可以在无法模拟的工作状况下进行测定，直观地测定构件表面的应变和应力，由于光敏材料弹性应变达 1%，而金属此时早已进入塑性。这就意味着通过求得弹性阶段光弹材料的应变也就得到构件表面的塑性应变，打开了光塑性试验的另一条途径。显然这种方法还可以推广应用在高温、动态应力、残余应力、工艺监测等方面，也可在非金属表面使用，扩大了光弹性试验在生产科研上的服务范围。但是，光弹性贴片法只能用在光线可照射的结构物部位。同时，目前所用贴片材料灵敏度还不够高，降低了应力测量精度。

(1)基本原理和方法

由于结构表面的应变全部传给光弹性贴片，因此，贴片中各点的应变与结构相应点的应变完全相等，如图 3-9 所示。

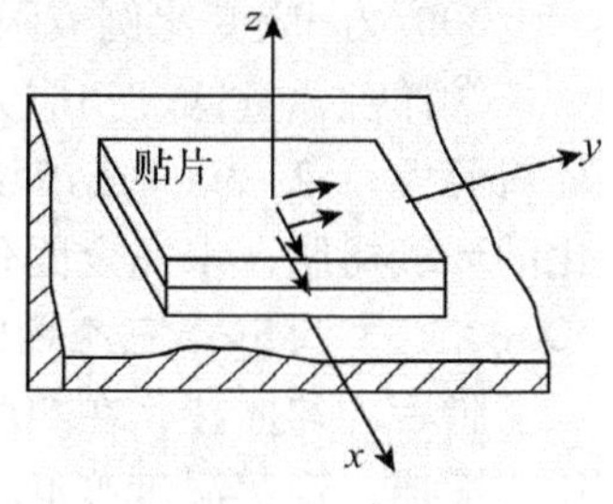

图 3-9　贴片示意图

$$(\varepsilon_1)_c=(\varepsilon_1)_s$$
$$(\varepsilon_2)_c=(\varepsilon_2)_s \tag{3-49}$$

式中　c——贴片；

s——结构物。

根据应力应变公式，广义胡克定律 $\varepsilon_c=\varepsilon_s$ 的条件。可以推出

$$\begin{aligned}(\sigma_1)_c&=\frac{E_c}{E_s(1-\mu_c^2)}[(1-\mu_c\mu_s)(\sigma_1)_s+(\mu_c-\mu_s)(\sigma_2)_s]\\(\sigma_2)_c&=\frac{E_c}{E_s(1-\mu_c^2)}[(1-\mu_c\mu_s)(\sigma_2)_s+(\mu_c-\mu_s)(\sigma_1)_s]\end{aligned} \tag{3-50}$$

由式(3-49)得

$$(\sigma_1)_c(\sigma_2)_c=\frac{E_c}{E_s}\cdot\frac{1+\mu_s}{1+\mu_c}[(\sigma_1)_s(\sigma_2)_s] \tag{3-51}$$

引入应力-光学定律，并注意到光线进入和反射出来共两次经过贴片 h_c，即

$$(\sigma_1)_c-(\sigma_2)_c=\frac{mf}{2h_c} \tag{3-52}$$

将式(3-50)代入式(3-51)，因为$(\varepsilon_1)_c-(\varepsilon_2)_c=(\varepsilon_1)_s-(\varepsilon_2)_s$，代入应力应变公式得

$$(\varepsilon_1)_c-(\varepsilon_2)_c=\frac{1+\mu}{E_c}[(\sigma_1)_c-(\sigma_2)_c] \tag{3-53}$$

即

$$(\varepsilon_1)_s-(\varepsilon_2)_s=\frac{1+\mu_c}{E_c}\cdot\frac{mf}{2h_c} \tag{3-54}$$

式(3-53)与式(3-54)即为贴片的应力-光学定律，由光弹性资料和弹性常数 E_c，μ_c，E_s，μ_s 就可以计算结构表面的主应力差和主应变差。

式(3-54)也可写成

$$(\varepsilon_1)_s-(\varepsilon_2)_s=m\cdot\frac{f_c}{2h_c}=m\cdot E_c \tag{3-55}$$

式中　f_c——材料应变条纹值(μ_c/条)；

E_c——模型应变条纹值(μ_c/cm)。

(2)贴片材料制作和黏结

利用光弹贴片法进行应力分析时，贴片材料的好坏直接影响测试的精度。

对贴片材料的性能提出以下要求：

①应变光学灵敏度高　要求能用较薄的贴片获得较高的测量精度，这对变形小的金属结构物的测量尤为重要。

②应力-应变比例极限和应变-光学比例极限高　可以测量较大的变形。

③弹性模量低、初应力小、蠕变小、加工性能好　目前，主要采用常规高温固化的环氧薄板 $t=2\sim3$mm 或市场供应的聚碳酸脂薄板做平面材料。对曲面构件可以用常温固化的环氧树脂在未完全固化成型时贴在曲面上成形，再进行试验。具体做法是环氧树脂100g：二丁脂 5g：三乙烯四胺 11g(或乙二胺 8g)配方。首先将环氧树脂预热 45℃加入二丁脂后均匀搅拌，在 50℃静置排泡(或真空排泡)。再加入三乙烯四胺(或乙二胺)。均匀搅拌，观察混度变化，严格控制在 70℃时开始注模，模板调水平并有脱膜措施。简易的办法是把聚乙烯薄膜平铺在水平的磨光玻璃上，中间涂有黄油或石蜡油。然后用橡皮或棉花把气泡挤出来，必须保证平整没有气泡。在四周可用硅胶条围圈，防止渗漏，注膜后上面加盖，防止气体挥发，2h 左右达到软胶状，把聚乙烯薄膜连同掀起，环氧上表面覆盖在涂有硅油脱膜剂的曲面上成型，约 24h 就达到完全固化，制成曲面的贴片材料。

对黏结的要求是：

①黏结强度高　即胶层开始破坏时传递的应变值高。

②能在室温下固化并形成薄而均匀的胶层。

③黏贴应力小。

为此，通常采用胺类固化剂的室温固化环氧树脂作为黏结剂。黏结强度还取决于结构物表面的处理，对于金属结构物，一般可采用砂纸打磨并用丙酮仔细清洗，如要求更高的黏结强度(如测量大变形时)可对金属表面进行喷砂处理。经过打磨或喷砂的金属表面都可作为贴片的反射面，其反射能力通常能满足测量要求。如果结构表面的反射能力很差或系非金属结构物，一般在配置黏结胶时加入 30% 的铝粉，使胶层本身具有反射能力。在黏结时，应保证胶层的厚度尽量薄，且黏结温度尽量与测量温度相近，尽量减少不必要的附加应力。

(3)贴片法的应用

①光弹性应变计　用环氧树脂制成一定几何形状的标准等厚薄片。将其黏结在被测结构物(或构件)的表面。被测体受力后，其表面的变形将真实地传给应变计。通过反射式光弹仪观测应变计干涉条纹的数值和位置的改变。从而确定被测定的主应力(主应变)的大小及方向，与电阻应变计相比稳定性更好。

②拉压应力计　把环氧树脂的简支梁，受纯弯曲荷进行冻结试验，做成应力计，应力计背面涂上反光层。两端通过刚度大，无变形托架固定于结构物的二点。当结构物因受荷载或受温度变化引起拉(压)应力时，根据叠加原理，将使应力计的拉压区条纹发生变化，利用偏振片和 1/4 滤片，就可以观测到条纹变化的数值，从而确定结构物两点之间的拉(压)应力大小。

3.5.2　全息干涉法

自从 20 世纪 60 年代激光器问世以来，为科学技术及工业部门提供了优良的光源，激光技术也很快地得到了广泛的应用。1964 年确证激光全息实际是可行的，1966 年开始把激光器用作光弹性仪的光源，并用于动荷及散光光测技术。随后激光全息干涉法迅速发展起来，进而在光弹性试验中也引用了全息干涉法。全息干涉法是利用全息照相获得物体变形前后的光波波阵面相互干涉所产生的干涉条纹图，以分析物体变形的一种干涉量度方法，是试验应力分析方法的一种。原理是依据光的干涉原理，利用两束光的干涉记录被摄物体的信息。激光束被分光镜一分为二，其中一束照到被拍摄的景物上，被称物光束；另一束直接照到感光胶片即全息干板上，称为参考光束。当物光束被物体反射后，其反射光束也照射在胶片上，就完成了全息照片的摄制过程。因此当底片上的物体重现时，在观看者的眼里显得异常逼真，它产生的视觉效应，完全与观看实物时一模一样。

(1)激光的特点及产生的原理

激光器的出现，在光学的领域中带来一次划时代的突破，给光学以至整个科学领域的发展带来极为深远的影响。目前，激光已在材料加工、精密测量、远距离测距通信、医疗、信息处理等科学技术领域中得到迅速的发展和广泛的应用。在光学的理论和技术方面也产生重大的变革。激光光源的重要特点在于：高单色性，它比以前最好的单色光源——氪灯要纯上万倍；高方向性，几乎是一束平行光；高强度，它能把能量在空间和时间上高度集中起来，亮度很高；高相干性，是位相一致的光波被放大、振荡而输出，干涉性很好。另外，能从激光光源直接获得偏振光。这些性质都正是光弹性技术所需要的。

激光的特点来源于激光形成的原理，通俗讲，激光器就是光的放大器，其放大原理与电学放大原理一样，如图 3-10 所示。激励源可以是某一种能源，如强光照射、放电

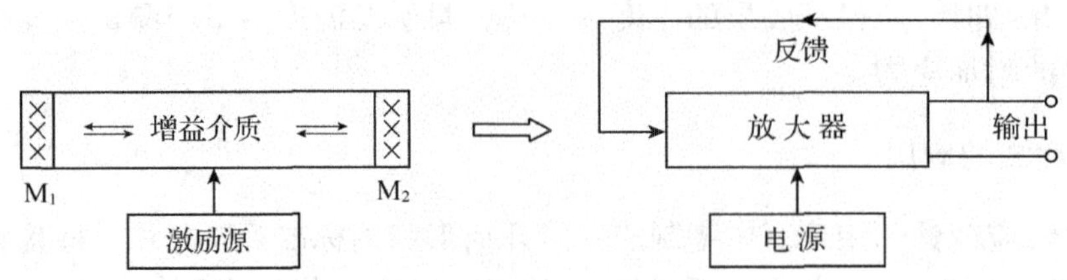

图 3-10 激光形成原理图示

激励、注入大电流、化学反应、超音速绝热膨胀、电子束轰击等。M_1、M_2 为反射镜。增益介质如氦氖气体、红宝石等。

光的放大实质是采用某些外部激发，使腔内增益介质实现放大作用。光在 M_1、M_2 之间来回不断放大。即相当电学中反馈作用(输出一部分或全部再回到放大器)，那么从 M_2 中小孔射出的激光就被放大了。在此过程中，关键是“使腔内增益介质实现放大作用”。原子内部的电子可以通过光与外界交换能量。从某一能量运动状态、运动状态改变为另一种能量的运动状态。原子发射或吸收光，光被看成一个一个带有能量的光子，光子的能量为 ε

$$\varepsilon = h\gamma \tag{3-56}$$

式中 h——普朗克常数；

γ——光的频率。

运动状态的改变通常有以下 3 种情况：

①自发发射 高能量级的原子发射出某一能量的光子，回到低能级。它们各自独立、分别地自发发射出一个个能量相同又彼此无关的光子。

②受激吸收 低能级的原子吸收到恰好能量。$\varepsilon = E_2 - E_1$ 的光子，而跃迁到高能级。

③受激发射 高能级的原子受到能量 $\varepsilon = E_2 - E_1$ 的光子时，也会在这种光的刺激下发射一个与入射光子一样的光子，而跃迁到低能级。这样就起到增加入射光强度的作用。

在热平衡状态下，这些粒子(原子或分子)按一定规律分布。高能级的粒子密度比低能级的小，称为粒子正常分布。而在受到外界能源的激励，破坏了热平衡之后，就会产生相反的现象。高能级的粒子密度大大增加，大于低能级的粒子密度，称之粒子反转分布。这种工作物质就是增益介质。当光在增益介质中来回一次，所产生的增益足以补偿光的这次来回中的损耗，那么光的放大就得以实现。

(2)全息干涉法的特点与分类

全息干涉法是利用全息照相获得物体变形前后的光波波阵面相互干涉所产生的干涉条纹图，以分析物体变形的一种干涉量度方法，是试验应力分析方法的一种。它具有下述的优点：

①全息干涉计量可以测里任意形状或表面状况的三维表面 对实物进行直接测量，无需进行表面光学处理。

②是一种非接触的光学测量方法 对于小结构模型的变形和振动测量不会带来附加质量的影响。因此，可以提高测量精度。此外，可以用于恶劣或特殊条件，如测量高、

低温环境中的结构表面变形。

③全息干涉计量精度高　由于利用光学干涉精度在半波长量级，采用外差技术可以达 10^{-3} 波长，因此，对于微小的变形测量是十分有效的，一般情况下，测量绝对位移达微米量级。

④全场记录　可获得全场的位移场，振幅分布等物理量。

⑤应用范围广　对各种荷载、力学状态下测试几乎都适用，如位移场、应力场、振型、振频、振动节线、断裂强度因子、疲劳裂纹等。

目前，常用的全息干涉法有：

①双曝光法　在全息光路布局中，用一张全息底片分别对变形前后的物体进行两次全息照相。这时，物体在变形前后的两个光波波阵面相互重叠，固定在一张全息图中，如全息图用拍摄时的参考光照明，再现的干涉条纹图即表征物体在两次曝光之间的变形或位移。双曝光全息干涉法是简单易行的常用方法，可获得高反差的干涉条纹图。

②实时法　用全息照相记录物体未变形时的散射光的波阵面。将全息底片显影，就得到全息图。若把全息图放在原来曝光时的位置并精确复位，再用拍摄时的参考光照射它，就能再现物体原来发射的光波波阵面。这时，如果物体仍处于原来的位置，用激光照明时，由全息图再现的光波波阵面将和物体的散射光的波阵面完全重叠。值得注意的是，由全息图再现的光波波阵面是已固定在全息图中的“死”波阵面；而直接由物体散射的物光，其波阵面却随物体的变形(有位移或有应力)而变化，因而是一种“活”的波阵面。如果物体的变形很微小，则由于这两个波阵面相互干涉的结果，将产生一组干涉条纹图。物体表面位移每当有变化，可变的波阵面即随着改变，便可观察到干涉条纹图的变化。因此，通过观察表征物体的变形或位移的干涉条纹图的变化，可实时观察到物体出现的任何微小的变化。实时全息干涉法的优点是利用一张全息照片可以重复观测物体变化的过程。如果一次观测不清楚，还可以再来一次。缺点是底片的精确复位比较困难。但在大多数情况下，用此法与双曝光全息干涉法相互补充，可节省大量的时间和底片。

③均时法　用全息照相对周期变化的物体长时间曝光以获得全息记录，又称时间平均法。实际上，它是多次曝光全息干涉法的一种极限情形。正如拍摄钟摆的照片时，采用了长时间曝光法，可明显得到钟摆在两个极限位置的象。对于定常振动体，此法能将其两个极限表面之间所有的连续过程的表面信息都记录下来。把这幅全息图再现时，所有这些表面散射的光波波阵面，将叠加成干涉条纹。振动体上振幅为零处的“波节点”，显现出清晰明亮的节线；其余各点则随振幅和相位的不同，形成和等幅线极其相似的条纹分布。此法的优点是可以测量节线、振幅分布、振型和振幅值。进行全息记录时，只需采用连续波的激光器(如氦氖或氩离子激光器)，所用的技术也比较简单。缺点是不能测量振动相位，干涉条纹的反差随振蝠的增加而急剧降低，以及可测的振幅范围较窄。

(3) 全息干涉法在光弹性试验中的应用

光弹性和全息干涉两种技术结合起来，产生全息光弹。既可得到光弹性信息——等色线、等倾线；又可得到全息干涉的信息——等和线。为解决平面应力问题提供了一个良好的方法。

一般采用二次曝光法。第一次曝光，物光和参观光的总光场的光强 I_1，模型加上适当的荷载、第二次曝光、物光和参考光的总光场的光强为 I_2。这样，全息底片上二次曝光总的光强 $I=I_1+I_2$，当关掉物光，仅用参考光束再现时，全息底片的透射光波包含有均匀光强和一对干涉图案的虚像和实像。分析虚像，可以得到描述应力光图的光强方程：

$$I'=K_0+K_1\cos\frac{\pi}{\lambda}\cdot h\cdot(A'+B')\cdot(\sigma_1+\sigma_2)\cos\frac{\pi}{\lambda}h\cdot c\cdot(\sigma_1-\sigma_2)+K_2\cos^2\frac{\pi}{\lambda}\cdot h\cdot c(\sigma_1-\sigma_2) \tag{3-57}$$

式中 $c=c_1-c_2$——力学–光学常数；

A',B'——与模型光学和材料性能有关的常数，$A'=c_1-\frac{\mu}{E}(n_0-n)$，$B'=c_2-\frac{\mu}{E}(n_o-n)$；

h——模型厚度。

因为主应力和$(\sigma_1+\sigma_2)$相等的各点在应力模型上相应各点的厚度变化相等，那么$(\sigma_1+\sigma_2)$的等值线也就是等厚线。式(3-57)得到的应力光图包括等色线和等厚线两组干涉条纹。根据这两组干涉条纹，可以直接分离模烈任一点的主应力。这是全息光弹性最基本的特点。

3.5.3 散斑干涉法

漫反射表面被激光照明时，在空间出现随机分布的亮斑和暗斑，称为散斑。散斑随物体的变形或运动而变化，就可以高度精确地检测出物体表面各点的位移，这就是散斑干涉法。散斑干涉计量技术是继全息干涉方法之后又一新的计量技术，和全息干涉法比较，散斑干涉法对防振要求低。双光束散斑干涉法的测量灵敏度和全息干涉法相当，单光束散斑干涉法的测量灵敏度则较低一些。用散斑干涉法比较容易获得分离的位移分量及其微分。此法的缺点是只能测量物体表面的平面部分。将全息干涉和散斑干涉两种方法联合起来，互相补充，可以通过一张双曝光照片获得分离的三维位移分量的全场分布。

当激光照射物体的粗糙表面时，表面各单元面积上散射出许多独立子波(点光源)就会发生干涉，呈现出颗粒状的干涉图像，称为激光散斑效应。被激光照射的粗糙表面的物体所出现的散斑，实际上并不在物体上，而是呈现在物体表面的空间，人用眼睛看到散斑是由视网膜上的干涉引起的。正如用照相机拍照，散斑在底片上相干而产生一样，如果用全息底片在物体表面的空间记录下散斑，称为客观散斑；如果用透镜将空间的散斑成像在透镜后面的成像平面上，称为主观散斑。不论哪一种，散斑分布都是随机的，这种随机的散斑结构称为散斑场。

散斑干涉计量就是将物体表面空间的散斑记录下来，当物体运动或受力而产生变形时，这些随机分布的散斑也随之在空间按一定规律运动，因此，能利用记录在底片上的散斑图分析物体运动或变形的有关信息。

(1) 散斑测量原理

当测量物体变形时，通常在被测物体受力前，将散斑记录下来；受力后，物体发生变形位移，再将散斑记录在同一张底片上，即可得到双曝光的散斑图，如图 3-11 所示。

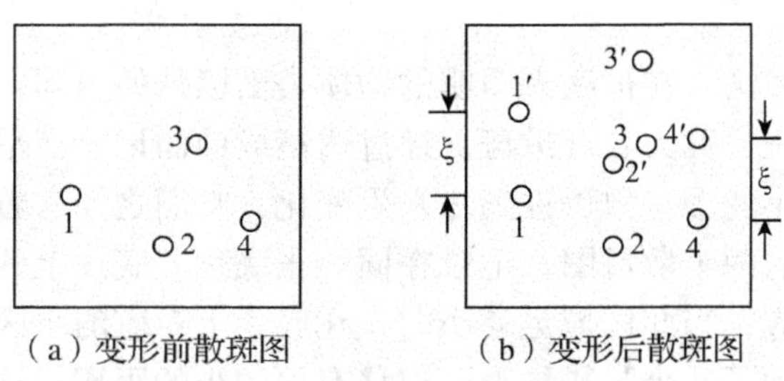

（a）变形前散斑图　（b）变形后散斑图

图 3-11　双曝光的散斑图

以单光束散斑干涉为例说明一束相干光照明变形或运动的物体表面，用二次曝光形式或其他方法进行记录，底片就记录到在准平移区内，散斑图上每个斑都是成对出现的。因此，在屏幕上出现了经典的双孔衍射的杨氏干涉条纹。杨氏条纹的方向和斑对的连线垂直，这意味着该点的位移方向 AB 与条纹方向相垂直，条纹的间距 $\Delta=\frac{\lambda L}{d_i}d_0$ 为斑对的距离，即斑点的位移，如果图像的放大倍数为 $M=\frac{D_i}{D_0}$，那么相应的物表面位移表达为

$$d_0=\frac{\lambda L}{M\Delta} \tag{3-58}$$

这样，该点的平面位移和方向即可求得，上述测试方法称逐点分析法。

(2) 散斑测量的特点

①散斑干涉测量是非接触测量　对被测物体没有附加质量的影响。

②散斑测量系统光路比较简单　散斑照相一般不需要在隔振台上进行，对光源功率也要求不高。

③对试件没有特殊要求　不需要模型转化，一般可以在实际物体上进行测试。

④在散斑图分析时，通过一张散斑图，可以得到不同方向位移分量，全场等值线图，并且可以得到不同灵敏度的结果。

⑤散斑干利用非测量范围比较大　测量精度比较高。

⑥利用非相干光(白光)记录散斑　这为曲面大面积实物测试提供了有利条件。

⑦散斑条纹分析　可以利用电子存储器和电视显示技术。

(3) 散斑干涉法的分类

①双光束散斑干涉法　在相干光照明下，把待测表面漫反射所形成的散斑场，和固定且不变形的另一表面的漫反射所形的散斑场叠加，构成一个新的散斑场。在待测表面发生变形的过程中，这个叠加而成的散斑场将发生如下变化：变形体表面沿法线方向每移动 1/2 波长的距离，斑的明暗变化就形成一个循环。当物体表面有不均匀的离面位移

时，凡是位移为 1/2 波长及其整数倍的地方，散斑仍是原来的状态。变形前后斑的亮度分布的细节完全相同的区域，称为相关部分；反之，则称为不相关部分。故可以采用适当的方法，把相关部分的干涉条纹显示出来，从而了解物体表面的全场变形状况。双光束散斑干涉法用于测量板的变形和振动，用于轮胎的无损检验以及用于测量人的耳膜在各种声响下的振动等。

②单光束散斑干涉法　在被激光照明的物体表面以外的空间，形成随机分布的散斑场。分布在空间的散斑，称为客观散斑；通过透镜成像而记录在平面上的散斑，称为主观散斑。物体发生微小变形，散斑也随之发生变化，它们之间有着确定的关系。把物体表面变形前后所形成的两个散斑图，记录在同一张底片。底片上的每个小区域，和物体表面的小区域一一对应；当此区域足够小时，在底片上对应的小区域内的两个散斑图几乎完全相同，只是错动了一个与物体表面位移有关的小的距离。这时各个斑点都成对出现。其错动的距离和方位，代表所对应的物体表面小区域的移动。用光学信息处理的方法，对所记录的底片进行分析，就可以得到物体表面的位移或位移的微分的分布。既可以直接记录客观散斑，也可以通过透镜记录主观散斑。通常采用的信息处理的方法，有逐点分析法和全场分析法两种。单光束散斑照相已广泛用来测量物体表面的平动、倾斜和应变，如孔周的应变集中，蜂窝夹层板的变形，平面问题的应变和断裂力学试验中的位移场等。利用侧向散射光所形成的散斑，可以测量透明试件内部任一截面的位移和变形。

③非相干光散斑法　在激光散斑干涉法的发展过程中，形成了一种非相干光散斑法，或称白光散斑法。同激光散斑干涉法相比，非相干光散斑法有很多优点。激光散斑干涉法只能测量物体的平面部分，而非相干光散斑法却可以通过控制照相的景深，对三维物体表面进行有层次的照相，可以逐次测量三维物体各截面的位移和变形；激光散斑干涉法不能测量热变形，而且受激光器的能量限制，不便测量大面积的物体，而非相干光散斑法则没有这些限制；单光束散斑干涉法的测量灵敏度和散斑的大小有关，非相干光散斑法可以人为地控制所制作斑点的大小，使得测量灵敏度可以在较大的范围内变化。非相干光散斑法已用于测量雷达天线的热变形、大的混凝土构件的变形和裂纹尖端位移场等。

3.5.4　云纹法

云纹法，又称叠栅干涉法(莫尔纹法)，是一种试验应力分析方法。它把栅片牢固地粘贴在试件(模型或构件)表面，当试件受力而变形时，栅片也随之变形。将不变形的栅板叠加在栅片上，栅板和栅片上的栅线便因几何干涉而产生条纹，即云纹(又称叠栅条纹)，通过对云纹进行分析，从而确定试件的位移场或应变场。其最大优点在于实用范围广，适于弹性、塑性、蠕变，静载、动载，常温、高温等，较简便、易行。由平行等距黑线组成的栅是云纹法所用的元件。黑线称为栅线，相邻两栅线的间距称为节距，节距的倒数为栅线密度，和栅线垂直的方向称为主方向。节距相等的两块栅，称为等节栅；节距相异的，称为异节栅。

如果将两个完全相同的栅重叠起来，当其栅线完全重合时，则从亮的背景方向看去，就像一个栅一样，出现均匀间隔的亮场。但当两栅的栅线发生相对转动或任一栅中栅线带距增大或减小时，则一个栅的不透明部分将遮盖另一个栅的透明部分，形成比原来宽得多的不透明暗带，同时在两个透明部分重合的地方，将形成透明的亮带。

这些明暗相间的条纹称为云纹，显然，由此而产生的云纹图象和栅线的转动角及带距的变化存在着几何关系。因此，如将一个栅记 MG，称为试件栅，固定或刻制在试件测试区域上。用另一个栅记 RG 称为基准栅与 MG 重叠，当 MG 发生变形，而 RG 不变，那么就会产生云纹，根据云纹图像中的云纹位置及云纹间的间距或转角，反过来使可求出试件的应变或位移，所以说云纹法实际上是一种几何干涉的方法，分析两种基本变形的云纹效应。

①均匀拉伸，压缩情况的云纹效应　物表面未变形，光线一半被里栅线档住，一半透过。在后面形成一个光强被减弱的光；当物表面均匀拉伸(或压缩)之后，MG 的 P 变成 P'，那么相互错动的栅线，就会产生黑白间距为 δ 的干涉条纹，在基长 δ 的范围内，RG 为 mP，MG 为 $(m\pm1)P'$ 即

$$\delta=mP=(m\pm1)P' \tag{3-59}$$

在 δ 的范围内，两条云纹之间的总位移 $\Delta L=P$，因此

$$\varepsilon=\pm\frac{P}{\delta} \tag{3-60}$$

式中　P——已知；

δ——变形后条纹的间距，可测定，则均匀拉压的应变就可测定。

②纯转动情况的云纹效应　设 MG，RG 栅线是等间距的，MG 不产生线位移，仅相对 RG 转动一角度 Q，这时产生的云纹效应是亮条纹穿过 MG，RG 的交点，且平分两个栅线形成的菱形纯角。

云纹与栅线几乎垂直，纯转动的转角由下式可求

$$Q=\frac{P}{\delta} \tag{3-61}$$

(1)云纹法的特点

①设备简单，一般只需要栅片、光源、照相机。

②可测 f 很大的变形，一般到构件破坏之前均能测量。

③只要在不影响条纹观察清晰的温度范围内均可以进行测量。

④具有全场显示及没有加强效应的优点。

⑤云纹条纹物理解释明确，比较容易实现图像自动化处理，大大提高实用价值。

⑥对微小应变测量缺乏足够的灵敏度和精确度，目前测量应变可达 10^{-4} 左右。

(2)云纹法的分类

云纹法按所测试件表面的位移是试件平面内的位移分量，还是试件平面外的位移分量，分为面内云纹法和离面云纹法两种。

①面内云纹法　用面内云纹法测量试件变形，需要两块栅：一块将栅线印制在试件的表面，随试件一起变形的试件栅；另一块是不随试件变形的参考栅(或称分析栅)。将这两块栅互相接触重叠，就会因干涉而形成云纹。如进行非接触式测试，须通过透

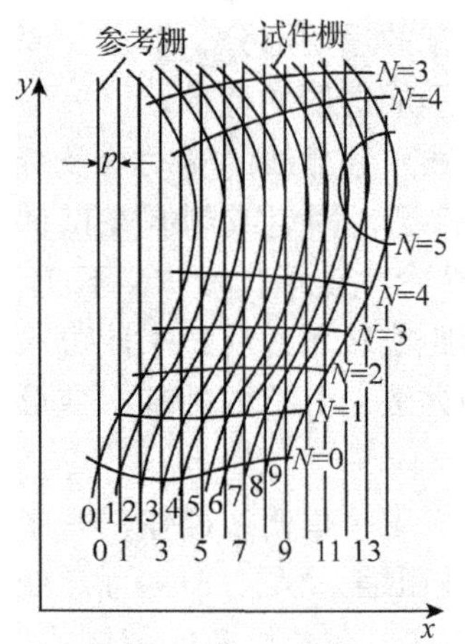

图 3-12　虚线表示参考栅主方向的等位移线

镜。使一块栅成像于另一块栅的平面上，形成干涉条纹。

图 3-12 所示参考栅的节距为 p，和它等节的试件栅，在试件受载前，位置和参考栅重合，在试件受载后，有任意的二维变形，即各点有不均等的栅线转角及节距变化。如图可见，任一亮条纹所经过的各栅线交点处，其栅线序数的差值为常数，与式(3-59)符合。还可看出，在 $N=0$，1，2…诸条纹上的试件栅各点，分别有沿参考栅主方向(与栅线方向垂直)的位移 0，$1p$，$2p$。沿参考栅的主方向取为 x 轴，并以 u 表示 x 方向的位移，则

$$u=Np,\ N=0,\ 1,\ 2,\ \cdots \tag{3-62}$$

随着两组平行栅之间的栅线夹角逐渐增大，所形成的干涉条纹会不断增密。栅线夹角大于 30°时，条纹因过密而变成灰色背景，目力已难以分辨。利用这种现象，通常可采用由两组互相正交的平行栅线构成的正交栅作为试件栅，参考栅则可用平行栅。当它转至某适当位置时，只能和试件栅的某一组栅线形成易辨认的干涉条纹。再将参考栅转动 90°，则可与试件栅的另一组栅线形成清晰的干涉条纹。设试件栅为正交栅，其中一组栅线在变形前平行于 x 轴，变形后与主方向沿 y 轴的参考栅相干涉，以 N'表示条纹级数，则可得出 y 方向的位移 v 为

$$v=N'p,\ N'=0,\ 1,\ 2,\ \cdots \tag{3-63}$$

上面得到的两幅云纹图，分别表示沿参考栅主方向的位移场，即 u 位移场和 v 位移场。每一条纹表示沿参考栅主方向的等位移线。相邻的条纹，其位移相差一个节距。

由式(3-62)和式(3-63)求偏导数，可得

$$\frac{\partial u}{\partial x}=p\frac{\partial N}{\partial x},\ \frac{\partial u}{\partial y}=p\frac{\partial N}{\partial y},\ \frac{\partial v}{\partial x}=p\frac{\partial N'}{\partial x},\ \frac{\partial v}{\partial y}=p\frac{\partial N'}{\partial y} \tag{3-64}$$

小变形时的应变分量为

$$\varepsilon_x=\frac{\partial u}{\partial x},\ \varepsilon_y=\frac{\partial v}{\partial y},\ \gamma_{xy}=\frac{\partial u}{\partial y}+\frac{\partial v}{\partial x} \tag{3-65}$$

由式(3-64)和式(3-65)得

$$\varepsilon_x=p\frac{\partial N}{\partial x},\ \varepsilon_y=p\frac{\partial N'}{\partial y},\ \gamma_{xy}=p\left(\frac{\partial N}{\partial y}+\frac{\partial N'}{\partial x}\right) \tag{3-66}$$

大应变时的各应变式，还须包括式(3-65)中偏导数的高次项。

根据上面的应变式，试件各点应变的大小也可用作图法求出。图 3-13a 的云纹图表示位移场 u。计算图上 A 点应变状态的步骤如下：通过 A 点做平行于 x 轴和 y 轴的直线，根据其和各条纹相交的位置和相应的条纹级数，分别绘出位移曲线(图 3-13b 和 3-13c)。测出这两条曲线上对应于 A 点的切线倾角 θ 和 θ'，其正切就分别等于$\frac{\partial N}{\partial x}$，$\frac{\partial N}{\partial y}$。按照同样的步骤，从表示位移场 v 的云纹图可得出$\frac{\partial N'}{\partial y}$，$\frac{\partial N'}{\partial x}$。将这些偏导数值代入式(3-65)，就可算出 A 点的应变状态。由于条纹级数的递增或递减将确定位移曲线斜率的

正负，也即将确定应变的正负(表示伸长或缩短)，因此为了确定应变的符号，在上述步骤中还须另加确定条纹级数的方法。

上面所说的是采用等节参考栅和试件栅的云纹法。这种方法在栅线密度为每毫米数十条线的通常情况下，只适用于测量塑性变形或较大的弹性变形。

如要测量较小的应变，又要条纹不致过稀，以免影响位移(对 x 或 y)的求导，则需采用高密度的栅线，或利用准直相干光通过栅线时所产生的衍射效应，可使低密度的栅线倍增为高密度的栅线。

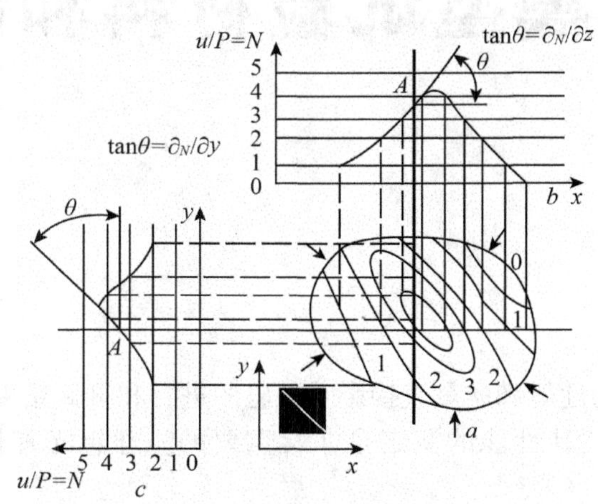

图 3-13　对位移求导作图法

②离面云纹法　无需在试件表面复制栅线，使实验程序大为简化。此法主要有影子云纹法、反射云纹法两种。

a. 影子云纹法。将平行光斜射于参考栅，使参考栅的栅线和它在试件表面的栅线的影子(相当于试件栅)相互干涉，得到等高线云纹图的方法(图 3-14)。此法可测定物体表面的等高线，以及板、壳变形后的挠度分布等。显然，它比用机械仪表逐点测量的方法简便得多。

b. 反射云纹法。如图 3-15 所示，右边微曲柱面上有平行栅线，可通过图左边平板右侧的抛光表面将物光反射。在平板变形前后，分别拍摄由抛光面所反射的两张栅线的像(负片)，作为参考栅和试件栅。将它们重叠起来，就会形成云纹图，其条纹即表示平板弯曲后的等斜率线。沿不同方向求其导数后，可得出曲率和扭率，并可算出平板的弯矩和扭矩分布。

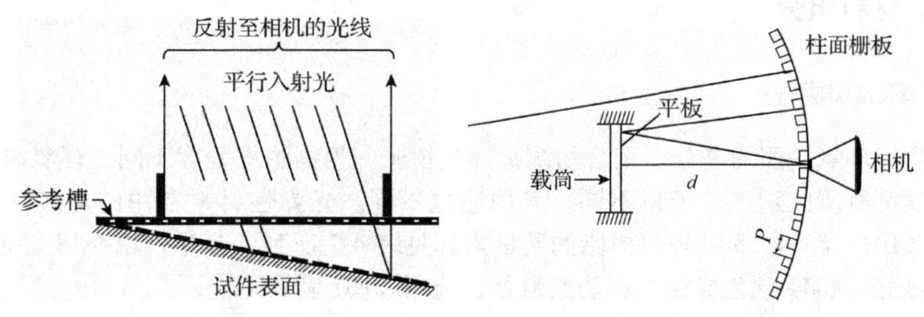

图 3-14　栅线影子云纹示意图　　图 3-15　反射云纹法装置简图

第4章

光弹模型试验材料和制作

光弹性模型材料的性能和质量直接影响试验的进行和测试精度。因此，掌握光弹性模型材料的制造工艺及其性能的测定是非常重要的。理想光弹性材料主要包含以下特点：

①材料必须透明、均质，未受力前是各向同性的，受力后具有暂时双折射特性。

②材料的光学灵敏度高，质量系数较大，能形成清晰的条纹图案。

③初应力及残余应力小，且易于消除。

④力学蠕变和光学蠕变效应小，这在一定荷载作用下，条纹几乎不随时间而增加，时间、边缘效应很小。

⑤应力与应变，应力与条纹级数都有线性关系，且比例极限高。

⑥制造过程简易，易于机械加工成各种形状，价格低廉。

⑦尽可能满足各种试验的要求，如变弹性模量、耐高温性能、光弹性特点等。

4.1 光弹模型的试验材料

4.1.1 材料组分

(1)环氧树脂

凡含有环氧基团的高分子聚合物统称环氧树脂。根据浓缩程度不同，环氧树脂的颜色和黏度都有所区别。分子量不同，其用途也不同。光弹性材料常用的环氧树脂牌号#618、#6101、#634，3种环氧树脂的质量指标见表4-1所列。其中，以#618颜色最浅，流动性最好；#634颜色最深，流动性最差；选用#6101者居多。

表 4-1　三种环氧树脂的质量指标

产品	软化点(℃)	环氧值(当量/100g)	有机氯值(当量/100g)	无机氯值(当量/100g)	挥发分(10℃，3h)	黏度(cP)
#618	液态	0.48~0.54	≤0.02	≤0.001	≤2	≤2 500
#6101	12~20	0.41~0.47	≤0.02	≤0.001	≤1	稍高
#634	21~27	0.38~0.45	≤0.02	≤0.001	≤1	更高

注：$1cP=10^{-3}Pa\cdot s$。

(2)固化剂

固化剂的作用是使环氧树脂由线型高聚物固化成为立体网状结构。光弹性环氧树脂材料的固化剂分为室温固化剂与高温固化剂两种。常用的室温固化剂是胺类固化剂，如乙二胺、二乙烯三胺和三乙烯四胺等，其中乙二胺产生的固化反应热量大，会产生较大的固化初应力，一般不常用。高温固化剂常使用有机酸酐固化剂，如顺丁烯二酸酐，又名马来酸酐或失水苹果酸酐，常简称顺酐。分子式为 $C_4H_2O_3$，相对分子质量为 98.06。无色结晶，有强烈刺激气味，凝固点 52.8℃，沸点 202℃，易升华，易吸潮。主要由苯或碳四馏分中的正丁烷或丁烯氧化而制得。其含量、熔点及杂质见表 4-2 所列。

制造光弹性薄片材料(厚度小于 2mm)或曲面光弹性贴片材料使用室温固化剂。制造光弹性板材和三维光弹性模型，如果使用室温固化剂，则由于固化反应热量大，温度场不均匀，散热也慢，会产生较大的初应力，故选用高温固化剂。

表 4-2　顺丁烯二酸酐的质量指标

纯度	含量(%)	熔点(℃)	杂质含量(%)			
			水不溶物	灼烧残渣	氧化物	合计
分析纯	>99.5	52~53	0.005	0.005	0.05	0.06
化学二级	99.5	52~53	0.005	0.005	0.05	0.06
化学三级	>98.5	51~53	0.01	0.01	0.2	0.22

(3)增塑剂

单纯添加固化剂固化了的环氧树脂材料，性质较脆，给机械加工带来困难。为了提高其塑性，通常再添加一定量的增塑剂，如邻苯二甲酸二丁酯是良好的增塑剂。它是一种无色、透明液体。不溶于水，化学纯的含量在 99.5%，挥发分在 0.3% 以下。添加增塑剂还可以起到稀释环氧树脂的作用。

4.1.2　原料配比

(1)室温固化的原料配比

表 4-3 列出原料配比和用其制成的光弹性材料的性质。

表 4-3 原料配比及制成的光弹性材料的性质

种类	环氧树脂	固化剂	增塑剂	固化温度与时间	f_σ(MPa·cm/条)	E(MPa)	μ	最大线形应变(%)	质量系数K(条/cm)
1	#618 100g	二乙烯三胺 8g	邻苯二甲酸二丁酯 5g	20~40℃、24h	1.85	4 630	0.390	0.8	2.50
2	#618 100g	三乙烯四胺 11g	邻苯二甲酸二丁酯 5g	20~40℃、24h	1.86	4 600	0.390	0.7	2.47

(2)高温固化的原料配比

根据高分子反应原理，100g 环氧树脂中顺丁烯二酸酐的适用量按下式计算

$$M = E_v \cdot M_r \cdot k \tag{4-1}$$

式中 M——顺丁烯二酸酐用量；

E_v——环氧树脂的环氧值，表示 100g 环氧树脂中所含有的环氧基的物质的量；

M_r——顺丁烯二酸酐的分子量，顺丁烯二酸酐的分子量约为 98；

k——根据经验选定的常数，一般取 $k=0.75\sim0.85$。

例如，对于 100g 的#618、#6101、#634 环氧树脂，按式(4-1)计算出的顺丁烯二酸酐的适用量为 35.2~45g，30.2~39.1g，27.9~37.5g。在 100g 环氧树脂中增塑剂邻苯二甲酸二丁酯的常用量为 5~10g。

鉴于下述原因，有时可考虑不使用增塑剂邻苯二甲酸二丁酯。

①邻苯二甲酸二丁酯虽能与环氧基反应，但主要起外塑化作用，即填充了环氧树脂的立体网格间隙，增加了大分子的柔顺程度，改进了材料的脆性。由于它不参与环氧树脂的固化反应，根据化学热力学理论，它将从材料中缓慢地发挥出来。从而引起材料性质的不均匀，并增加了材料的时间边缘效应。

②邻苯二甲酸二丁酯的密度比较小，与环氧树脂混合时会漂浮在混合液的表面上。搅拌不均时，将在固化的环氧树脂中产生亮带状“云雾”。

在不加增塑剂的情况下，可以通过改变固化温度的方法来提高材料的塑性。

环氧树脂混合液的固化时间是相当长的，为了缩短固化时间，在上述用量中可以加入 0.1g 的催化剂——二甲基苯胺，这一用量可以使混合液的胶凝时间缩短 2d 左右。混合液加入二甲基苯胺后色泽变成暗红色，但固化后将会变淡。

在实践中，也常采用改变固化剂和增塑剂用量的办法，获得不同弹性模量 E 的材料。对于室温下使用的光弹性材料，固化剂的含量对室温材料弹性模量 E 影响甚微。增塑剂含量的增加，对应的室温材料弹性模量会减小，当增塑剂含量超过 30 份时，则材料脱模困难。冻结使用的光弹性材料，当固化剂含量增加，对应冻结材料弹性模量 E 随之也增加。当固化剂含量超过 40 份时，对应冻结材料弹性模量 E 反而降低。当增塑剂含量增加，对应的冻结材料弹性模量 E 会减小。当增塑剂含量超过 20 份时，材料冻结应力性能大大降低。如果固化剂用量不够，则材料固化不完全，材料性能不稳定，材料的时间边缘效应随固化剂用量的增加而增大。

4.1.3　材料的主要性质

(1)常温下的材料性质

①材料条纹值f_σ　材料条纹值是光弹性材料的一个重要性质，它表示材料的灵敏度。材料条纹值$f=\lambda/C$，它只与材料的应力-光性系数 C 和光源波长 λ 有关，而与模型的形状、尺寸及受力方式无关。所以可通过应力有理论解的试件(如轴向拉伸、纯弯曲或径向受压圆盘的试件)标定出来。标定时，对应一定的外载，测出试件已知应力点的条纹级次 n 利用式(4-2)和式(4-3)便可计算出f_σ

$$\sigma_1-\sigma_2=\frac{nf_\sigma}{d} \tag{4-2}$$

$$f_\sigma=\frac{(\sigma_1-\sigma_2)d}{n} \tag{4-3}$$

a. 用轴向拉伸试件标定。常用的试件尺寸如图 4-1 所示，根据光弹性试验测得对应拉力的条纹级次对应的应力理论值为

$$\sigma_1=\frac{P}{bd},\ \sigma_2=0 \tag{4-4}$$

$$f=\frac{P}{bn} \tag{4-5}$$

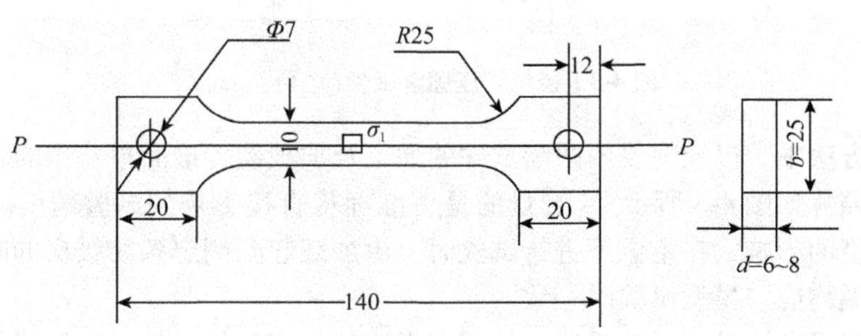

图 4-1　轴拉试件(单位：mm)

b. 用纯弯曲试件标定。常用的试件尺寸如图 4-2 所示，根据光弹性试验测得在对应弯矩 M 下试件纯弯曲段上边缘和下边缘的“条纹级次”的平均值。对应的应力理论值为

$$\sigma_1=\frac{6M}{dh^2},\ \sigma_2=0 \tag{4-6}$$

$$f=\frac{6M}{h^2n} \tag{4-7}$$

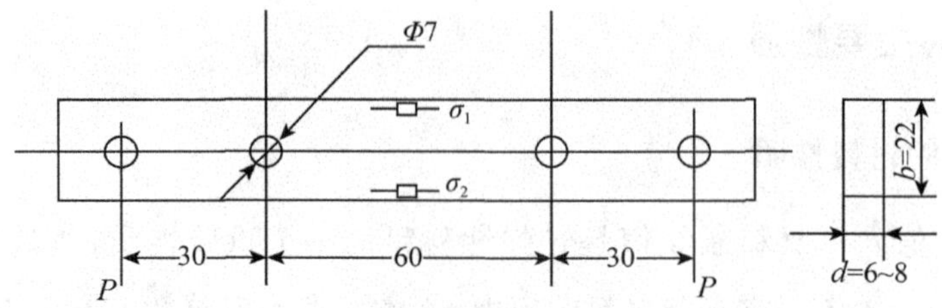

图 4-2 纯弯曲试件(单位：mm)

用径向受压圆盘试件标定。常用的试件尺寸如图 4-3 所示，测试方法是使用单色光光源或水银光配有滤波片，载荷 P 的大小选择使圆盘中心的条纹级次达 3～4 级为宜，受载 15min 时，用 Tardy 补偿法测，取圆盘中心点的条纹级次 n，对应的应力理论值为

$$\sigma_1=\frac{2P}{\pi dD},\ \sigma_2=-\frac{6P}{\pi dD} \tag{4-8}$$

$$f=\frac{8P}{n\pi D} \tag{4-9}$$

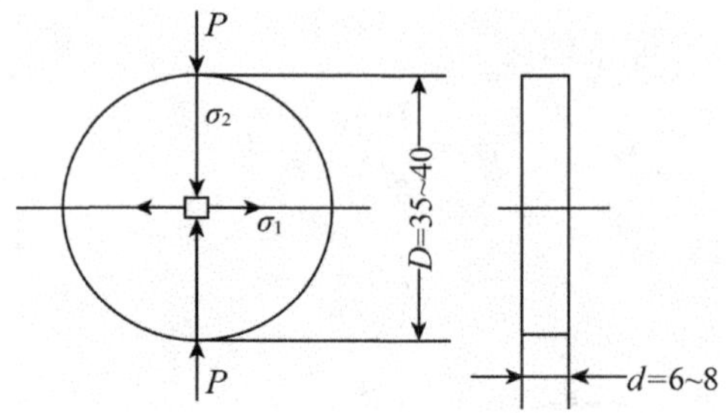

图 4-3 径向受压圆盘试件(单位：mm)

这 3 种方法中，以径向受压圆盘试件的加工及加载装置最简单，用的较普遍。圆盘的加载装置照片如图 4-3 所示。f 测量的是否准确将直接影响到试验精度。为考虑材料的蠕变和温度的影响，在室温下进行试验时，由加载起到测定条纹级次的时间间隔以及测定时的室温均应与模型试验时一致。

②弹性模量和泊松比　泊松比 μ 使用卡板连接的宽拉伸试件以杠杆仪加力测取，如图 4-4 所示。根据杠杆变形仪测出横向变形，就可以计算出材料的泊松比。如#634 环氧树脂材料的 $\mu=0.350$。

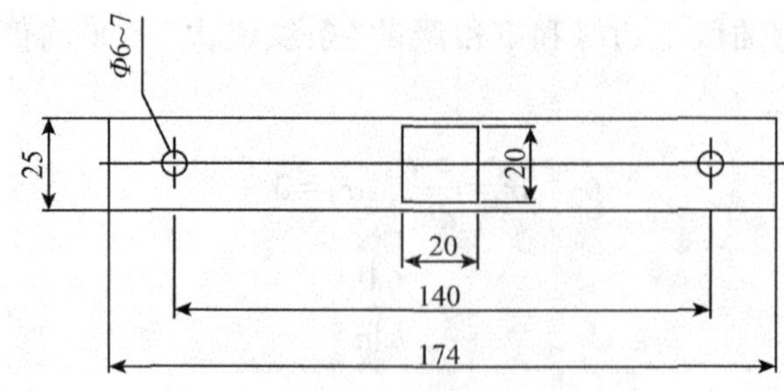

图 4-4 宽拉伸试件(单位：mm)

③光学比例极限　光学比例极限 σ_p 是指轴向拉伸时，条纹级次与应力呈线性关系的最大拉应力。为了便于测量，偏离线性关系 2%（$AB/AC=2\%$）时的应力值作为名义光学比例极限。图 4-5 所示为名义光学比例极限的确定。#634 环氧树脂光弹性材料在室温下的光学比例极限为 $\sigma_p=31\sim32\text{MPa}$，相当于 1cm 厚的模型上产生 25~27 级等差线。

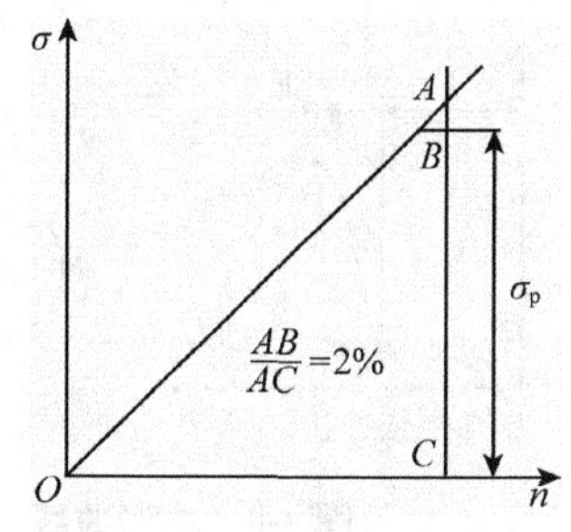

图 4-5　名义光学比例极限的确定

④相对光学蠕变量　在恒定载荷下，条纹级次随时间而增加的百分率称为相对光学蠕变量 φ。使用单色光源，加载使试件中段的条纹级次为 7 级左右，加载后 0.5min 和 t min 分别测取对应的条纹级次，求得对应 t min 时的相对光学蠕变量

$$\varphi_t=\frac{n_t-n_{0.5}}{n_{0.5}}\times100\% \tag{4-10}$$

试验表明，蠕变现象在加载后最初几分钟比较显著，经 30min 后，就逐渐缓慢。#634 环氧树脂材料的光学蠕变曲线如图 4-6 所示。

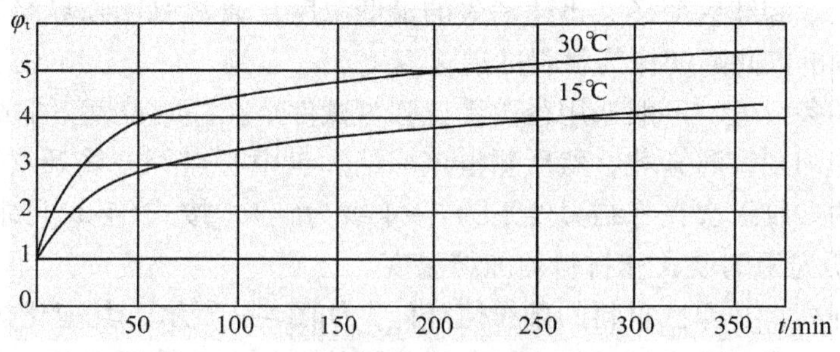

图 4-6　光学蠕变曲线

（2）冻结温度下的材料性质

测定模型材料热光曲线的试验装置如图 4-7 所示，将圆盘安放在电热箱中，电热箱左和右各有一个透明玻璃门，并将电热箱安置在光弹仪圆偏振光暗场的试件位置。

①热光曲线与冻结温度　热光曲线反映光弹性材料的人工双折射性能随温度而变化的规律，用图 4-8 所示的条纹级次和温度关系曲线表示。试件采用径向受压圆盘，其直

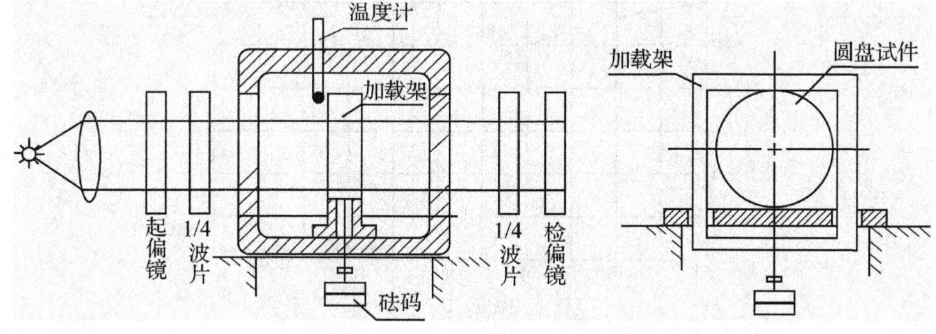

图 4-7　测定热光曲线的试验装置

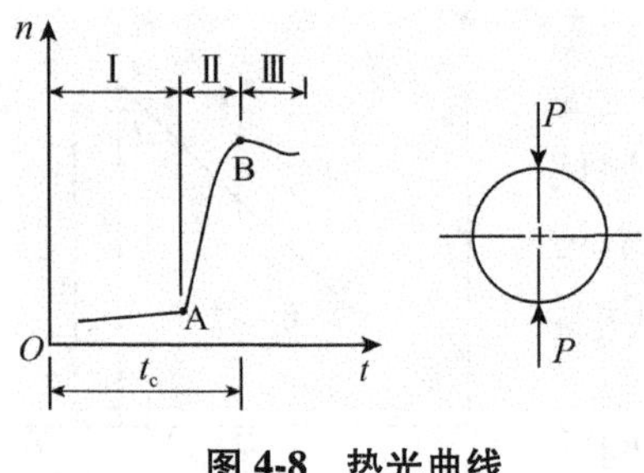

图 4-8 热光曲线

径为 30~40mm，厚度为 5~8mm，加载大小按材料在高弹态下圆盘中心点条纹级次为 3~4 级为宜。

热光曲线的测量步骤如下：在室温下加载，用 Tardy 补偿法测取圆盘中心的条纹级次；然后卸载并升温，取温度间隔 $\Delta t = 10℃$，到达指定温度后恒温 15min，加载 10s 时用补偿法再进行测数；然后卸载并继续升温，按这种方法测定出一组数据(n 和 t)。

第Ⅰ阶段称为玻璃态，特点是弹性模量 E 大，蠕变小。

第Ⅱ阶段称为过渡态，特点是在较小的温度范围内材料的 E 和 f_σ 大幅度降低，蠕变大。

第Ⅲ阶段称为高弹态(或橡胶态)，特点是材料呈完全弹性，E 和 f 比第Ⅰ和第Ⅱ阶段的小得多。

图 4-8 中，A 点称为玻璃化温度，B 点称为临界温度，临界温度时材料在加载后变形迅速达到最大。卸载后变形又迅速消失的最低温度，通常取比临界温度高 5℃ 作为冻结温度 t_c，一般也以此温度作为材料的退火温度。

②冻结材料条纹值　一般选用径向受压圆盘试件，在冻结温度下加载，在载荷不变的条件下缓缓冷却到室温卸载，然后测量该冻结圆盘中心点等差线条纹级次(载荷大小以使圆盘中心的条纹级次在冻结温度下为 3~4 级为宜)。按式(4-3)可求得冻结材料条纹值 $f_{\sigma t}$，应注明光源的波长和材料的冻结温度。

随着温度升高，光弹性材料的条纹值降低，如图 4-9 所示，其变化规律在不同温度范围内是不同的。我们所指的材料冻结条纹值是使试件在冻结温度下加载，在承载情况下逐渐降至室温，根据卸载后所保留的条纹计算材料条纹值 $f_{\sigma t}$。

为了标定材料冻结条纹值 $f_{\sigma t}$，通常是在冻结模型的同时，再冻结一个径向受压圆盘。卸载后，在室温下测定圆盘中心点的条纹级次按公式计算 $f_{\sigma t}$。

③冻结材料弹性模量和泊松比　一般可采用宽型拉伸试件，预先在其表面用刮脸刀片刻划标距为 20mm 的纵向和横向细线痕。试件冻结应力后，在无载的情况下，用光学

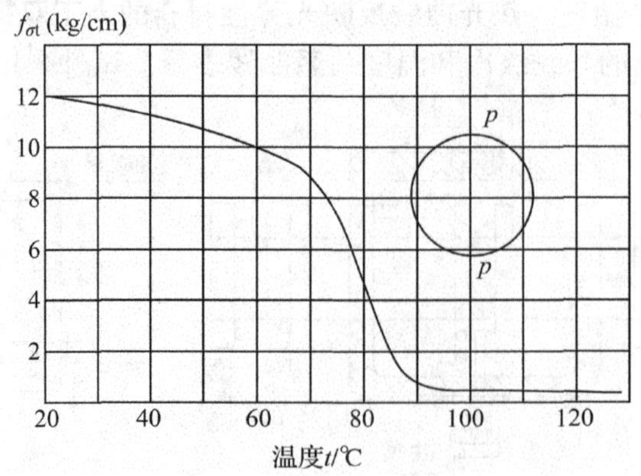

图 4-9 材料冻结条纹值

放大仪器精确测量冻结后的标距尺寸，从而得到冻结材料弹性模量 E_t 和泊松比 μ 值。为避免在冻结温度下试件销孔处截面断裂，建议利用夹板通过螺钉将试件夹紧，靠摩擦来传力。

④冻结温度下材料的光学比例极限　与测量室温下的光学比例极限方法相同，#634 环氧树脂光弹性材料在 110℃下的光学比例极限 $\sigma_{pt}=0.88\text{MPa}$，相当于 1cm 厚的模型上产生 28 级次等差线。

⑤材料的质量系数　材料的质量系数 K 是衡量材料优劣的一个综合性指标，具体定义如式(4-11)。冻结温度下式(4-11)中的 f_σ 用 $f_{\sigma t}$ 替换。进行模型试验时，希望材料的 E 值比较大(即模型的变形比较小)而 f_σ 比较小(即材料的灵敏度比较高)，材料的质量系数越大越好。

$$K=\frac{E}{f_\sigma}\times 10^{-3} \tag{4-11}$$

4.2　光弹模型的浇筑加工方法

4.2.1　制作平面模型的模具

常用玻璃板模具如图 4-10 所示，制造尺寸为 300mm×300mm×(6～8)mm 的光弹性平板材料，常用 5～7mm 厚的玻璃，要求玻璃表面光整，在光照下表面无水纹。模具两侧边和底边所用的玻璃隔条的厚度等于平板材料所需的厚度。为防止环氧树脂混合液渗漏，用套有铅丝的橡皮管衬在玻璃隔条内侧，橡皮管的直径比隔条的厚度稍大。铅丝起定位作用。两块玻璃板用带有连接螺钉的压板夹紧(压板与玻璃间衬以纸垫或薄橡皮)，橡皮管要选择颜色浅的。

制造模具的步骤如下：

①玻璃平板与隔条的油污先后要用汽油、肥皂水清洗，最后用乙醇或丙酮擦净。

②在玻璃表面和橡皮管表面浸涂脱模剂，其作用是将玻璃表面、橡皮管表面与环氧树脂混合料隔开，防止它们之间黏结。

③待玻璃平板上的第二遍脱模剂风干后，将模具进行装配。这时，应注意调节各压板螺丝，以保证浇注出的平板厚度均匀。

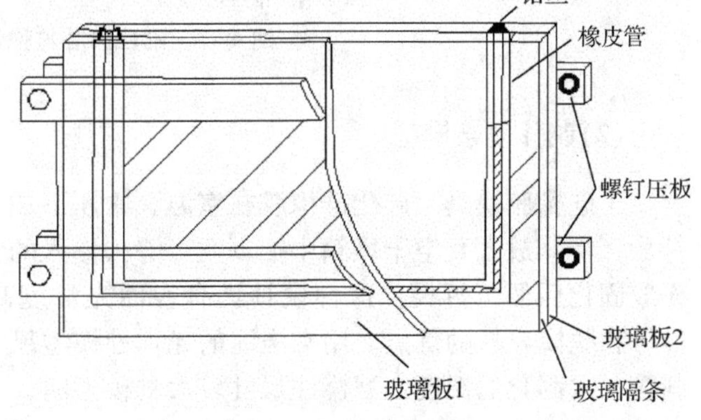

图 4-10　制板材模具

常用的脱模剂有 3 种：

①甲苯：聚苯乙烯＝100：(5～8)(质量比)的混合液　浸涂脱模剂的方法是将洁净的脱模剂盛在比玻璃平板尺寸稍大的扁形容器中，再将玻璃平板整个浸没其中然后慢慢地提起，立放在室温下使其自然干燥。第一遍风干 10～15h 后，再涂第二遍。橡皮管涂一遍即可。使用

这种脱模剂制出的平板材料表面光洁平整，但脱模剂的稠度要适当。涂膜不能太薄也不能太厚，干燥要适当，切忌在高温下烘烤，否则脱模剂开裂，将发生材料与玻璃的黏结。另外脱模剂的表面要防止粘上尘土。

②一甲基三氯硅烷：二甲基二氯硅烷：#200 汽油＝10g：20g：200mL 的混合液　脱模剂的方法是：用绸子将混合液涂在玻璃的一侧表面，在烘箱中升至 150～180℃，恒温 1h，然后降温至 90℃时，使用绸子将涂混合液的玻璃表面用力擦均匀，至亮如镜面为止；按第一步再涂第二次混合液进行同样操作；按第一步再涂第三次混合液进行同样操作。使用这种方法制成的光弹性平板材料表面的光洁度极高。同时，这种玻璃脱膜层还可重复使用。

③甲基硅橡胶或硅脂　对光弹性平板表面光洁度或平整度要求不高时，可以涂敷甲基硅橡胶或硅脂作为脱模层。

4.2.2　制作三维模型的模具

(1)制作简单模型

可用白铁皮(厚度为 0.3～0.5mm)锡焊制成，如图 4-11(a)所示。应在模具内外边界各留 5mm 左右的机械加工余量。若模型有内腔，模具的内芯必须用弹性较大的材料制成。这样，可减少环氧树脂固化时由于收缩产生较大的初应力，以及防止模型内腔的开裂。图 4-11(b)改用弹性内芯后，模型内腔不再出现裂纹。而且由于内芯具有弹性，初应力大为减小。制造弹性内芯的方法，可以在白铁皮内芯的表面上敷以一层薄海绵橡皮或室温硫化硅橡胶，也可以是使用草板纸代替白铁皮作为内芯，再在内芯外表面再蒙上聚氯乙烯塑料薄膜防漏。这种方法工艺简单，价格便宜，效果也很好。白铁皮模具的脱模剂通常使用甲苯：聚苯乙烯＝100：(8～10)溶液或涂一层硅脂。

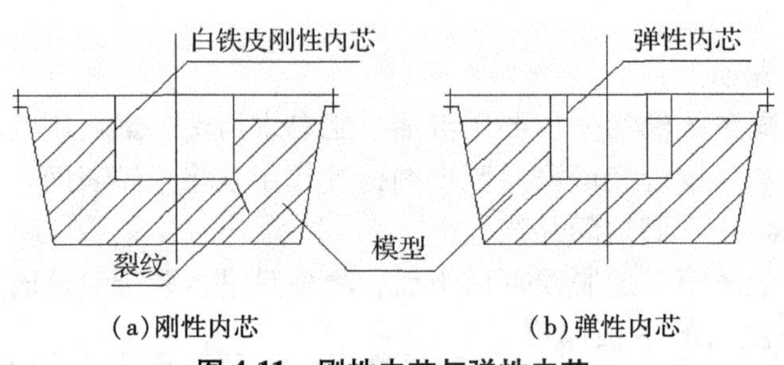

(a)刚性内芯　　(b)弹性内芯

图 4-11　刚性内芯与弹性内芯

(2)制作复杂模型

①硅橡胶模具　硫化硅橡胶在室温、常压下加入适量的交联剂和触媒剂，经充分搅拌后，将其放入真空干燥箱中抽真空。除去渗入的气泡，随后把它浇注到模具中，待硅橡胶固化后便可拆模。这种模具具有表面光洁度高、富有弹性、收缩小(收缩率约为 1%)和脱模容易的优点。用它浇注的光弹性模型尺寸精度高，初应力较小，并可提高材料第一次固化的温度。当浇注尺寸较大的模型时，可在木质或金属阳模的表面涂敷一层硅油，然后再涂敷#106 室温硫化硅橡胶(按质量配比为#107 硅橡胶：正硅酸乙酯：二

月桂酸二丁基锡=100：4：1，搅拌均匀后抽真空(真空度700~780mmHg，15min)，共涂两层，总厚5~10mm。待4~5h后，在其表面再涂一薄层快凝硅橡胶，同时在其表面贴上一层过滤纸。当过滤纸浸透后，再将环氧树脂、乙二胺、石膏按质量配比为100：8：250的混合料敷在过滤纸的表面，厚度为5~15mm。待环氧树脂材料的外壳固化后，再把阳模从铸模中取出，便可用它浇注光弹性模型。

当浇注热固化环氧树脂材料时，需预先把浇注模是升温到110℃保持约5h，以使硅橡胶完全固化，否则硅橡胶与液态混合料的接触表面产生边缘效应。

②蜡料模具　对于零件形状比较复杂、带有内腔，甚至无法用机械加工方法制造的模型，由于用白铁皮做的模具刚度偏大、易产生铸造应力的情况，近年来广泛使用蜡模模具。用这种模具浇注成的模型，初应力较小。其尺寸精度一般可在1.5%~2.0%，可以不必再进行机械加工。所配制的蜡料软化温度应尽可能高，收缩率应尽量小。一般常用蜡料的质量配比为地蜡：硬脂酸：石蜡=60：30：10。这种蜡料的软化温度约40℃，收缩率为0.22%~0.34%。

制蜡模前蜡料的准备：将称好的原料放在搪瓷容器内，在120~140℃的恒温箱中加热使其熔化(如果使用电炉直接加热则要使容器与电炉丝隔开一定距离，防止蜡料温度过高从而使之变质)。混合液经搅拌均匀后，降温至50~60℃，蜡料呈糊状，即可压注。

如果在混合蜡料中加入适量聚乙烯，可采用石蜡、地蜡和聚乙烯按质量的配比为30：60：10。其优点是制成的蜡模容易脱模和光弹性模型表面光洁度高。这种混合蜡料的制作方法是先把石蜡和地蜡加热至160~170℃，徐徐加入聚乙烯颗粒并不断搅拌。当聚乙烯熔化后在自然降温过程中继续搅拌，温度降至120~130℃时把混合蜡料浇注成毛坯。可以用木工和金属的机械加工工具对其进行加工。对于形状比较复杂的模具，可以把它分隔成几个部件，分别对每个部件进行机械加工。然后再把几个部件使用#106室温硫化硅橡胶(有填料)拼粘在一起。

③石膏模具　在石膏中调合适量的水分，经过十几分钟石膏就凝结。用它制模操作方便、价格便宜、收缩小。但石膏刚度比较大，用它浇注出的光弹性模型初应力较大。同时脱膜比较困难，表面光洁度也较差。常用的石膏分为建筑石膏(又分三级)、模型石膏、医疗石膏、高强度石膏等。一般选用建筑Ⅰ级石膏或模型石膏做模具。石膏的调水量按质量配比为建筑石膏：水=100：(50~80)；模型石膏：水=100：(60~80)。水分过多会降低石膏的强度，而且凝结时间加长；水分过少，石膏流动性差，凝结时间短，操作不便。调水后的石膏是自由浇注到模具中。

制作石膏模具的脱膜剂可以使用硅油。而用石膏模具浇注光弹性模型时，可用#107室温硫化硅橡胶在石膏模具表面涂一层作为脱膜剂，可以提高光弹性模型光洁度并可减少模型初应力。

④硫酸铵铝模具　硫酸铵铝是一种白色粉末，添加适量水分[按质量的配比为硫酸铵铝：水=100：(10~15)]，加热至80~110℃成为液态，即可自由浇注成模具，在室温下便凝结为固体。使用这种模具浇注光弹性模型时，第一次固化后，可用水洗的办法使硫酸铵铝模具溶解。因此，必然有水分浸入光弹性模型中，从而增加时间边缘效应。但这种方法操作简单、价格便宜。使用这种模具可以适当提高材料第一次固化温度。

⑤低熔点合金模具　浇注带有内部空洞或外表面具有复杂曲面的三向模型时，如选用蜡料等模具，其尺寸精度达不到要求，可采用低熔点合金模。一般是使用石膏模作为过渡模具，用它翻制低熔点合金模具。材料第一次固化后，把低熔点合金熔化。如模型表面还残留合金，可用硫酸洗净。为防止环氧树脂材料发热，应调节硫酸溶液浓度并控制洗净速度。低熔点合金价格较贵，它适用于对精度要求较高的小模型或芯模。

使用低熔点合金模具，并采用材料的二次固化方法，既能保证模型的尺寸精度，又能减小模型的铸造初应力。

4.2.3　模型浇注加工的设备

(1)电热鼓风干燥箱——烘箱

制作光弹性模型、材料退火以及模型冻结过程都要求严格的温度控制在烘箱上，一般可以选取功率为5~30kW的烘箱，均附有恒温自动控制装置，一种常用的结构是双金属片式，另一种是水银点接触温度计式。

①使用圆图自动平衡记录调节仪改制成烘箱的自动控温装置，烘箱中放入感温元件(热敏电阻)，当烘箱温度变化时，引起感温元件电阻的变化，通过“圆图自动平衡记录仪”把阻值的变化转换成指针的转动，用以表达烘箱中温度的数值。按照所要求的烘箱温度控制曲线，在圆图自动平衡记录调节仪的金属圆盘上绘制成螺旋线形状的控温曲线，也是以“断开”“接通”的形式对烘箱电源加以控制，以达到烘箱自动控制温度的要求。

②使用附加一套轮系装置的水银点接触温度计，该装置是用微型电机，通过传动比可变化的传动元件带动水银点接触温度计顶部的磁铁帽转动，进而控制温度的升降速度。传动元件可以采用尼龙滑轮或钟表齿轮，使用时根据所要求的升温或降温速度，确定轮系的传动比，选取合适的轮系。连接轮系的传动带(通常采用橡皮筋)交叉安装时即可使温度计顶部的磁铁帽反转，达到降温目的。这种装置的优点是结构简单、可靠，操作方便，价廉。

(2)油浴加热装置

环氧树脂若直接置于热源上，往往因受热不均，温升过快，或传热不良，以致加热物质受热不均匀。此时可采用油浴加热法。所谓油浴加热法，是将容器置于油(一般为丙三醇)，让热浴物质的温度缓慢升高到一定程度，从而达到改善容器热传递性能，使容器质底均匀的方法，如图4-12所示。

(3)真空装置

真空装置主要是利用机械的方法使环氧树脂混合液形成负压，将混合液中的气体尽量排除，如图4-13所示。

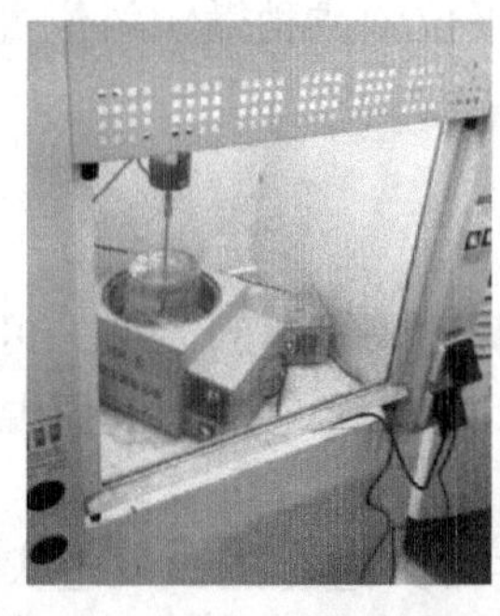
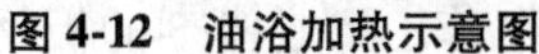

图 4-12　油浴加热示意图

图 4-13　真空装置

4.2.4　光弹模型的固化工艺

(1) 环氧树脂混合液的制备

①按想要浇注的模型体积乘以混合液的密度(约等于 1.25g/cm^3)计算出混合液的总质量，再按质量配比计算出各原料的质量。

②将环氧树脂倒入不锈钢或搪瓷容器中，放入电热箱中加热至 120℃，恒温 2~3h，让挥发物散出，然后自然降温至 60~65℃，在电热箱中恒温。

③将瓶装固化剂顺丁烯二酸酐瓶盖松开(让瓶盖与空气相通)，将其放在水中加热至 60~65℃，待基本全部熔化后倒入玻璃容器中(注意这种药品有挥发性，它对人眼和呼吸道有刺激，所以操作人员需要戴口罩和防护眼镜)，然后用平板玻璃盖上开口端，放入 60℃电热箱中恒温。

④依次将邻苯二甲酸二丁酯和经熔化后恒温的顺丁烯二酸酐缓缓倒入 55~60℃的环氧树脂中，如图 4-14 所示。利用搅拌机慢速搅拌，使混合料恒温在 55~60℃。对于 5kg 的混合料一般搅拌 1.5~2h。混合液容器放在油浴中恒温，油盆下面放有电炉，用以调节混合液的温度。

⑤搅拌完毕后，将混合液放入 50℃电热箱中恒温 1h，以排除气泡，或放入真空干燥箱中抽真空 10~20min。

⑥将 45~50℃混合液按图 4-15 所示的底浇注法缓缓注入经过预热的模具中，浇注的流量和速度使用注入混合液的管卡子来调节，这样做可以防止混合液注入模具中产生

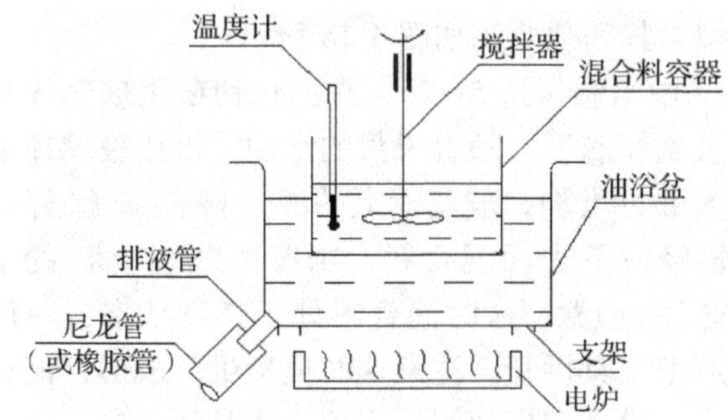

图 4-14　油浴加热示意图

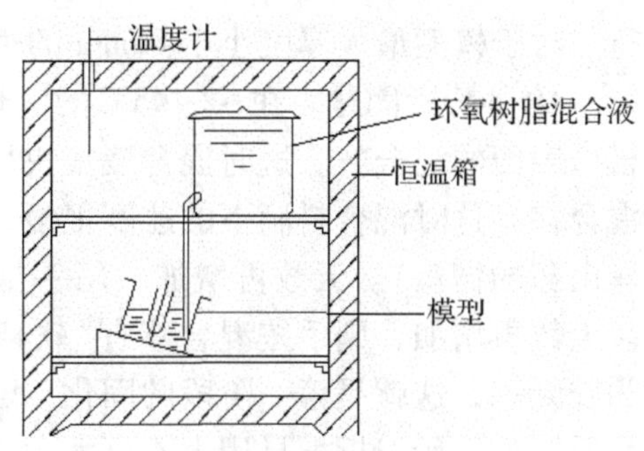

图 4-15　底浇注法

气泡。浇注完毕后，根据模型形状可以把模型底部放到水平位置或稍微倾斜位置，以利于排出混合液中的气泡。

（2）环氧树脂混合液的固化

①一次固化法　对于厚度小于10mm的平板材料和形状比较简单的模型，可采用一次固化法。混合液固化曲线建议使用图4-16所示的曲线。先在55～60℃下恒温，以后升至105℃再恒温一段时间，在室温下拆模。

按一次固化法制成的平板模型材料存有初应力，需要对其进行退火。退火的方法是：先将平板四边切去3～4mm，去除毛刺，对使用甲苯-聚苯乙烯脱模剂的板材要依次用酒精和丙酮擦去平板表面的脱模剂，再把平板放到干净的玻璃上。其间涂一薄层硅油或变压器油，平板上表面蒙一张软纸。退火曲线如图4-17所示。按一次固化法制成的三维模型也存有初应力，可将模型放入变压器油中按图4-17进行退火，则其初应力基本可以消除。

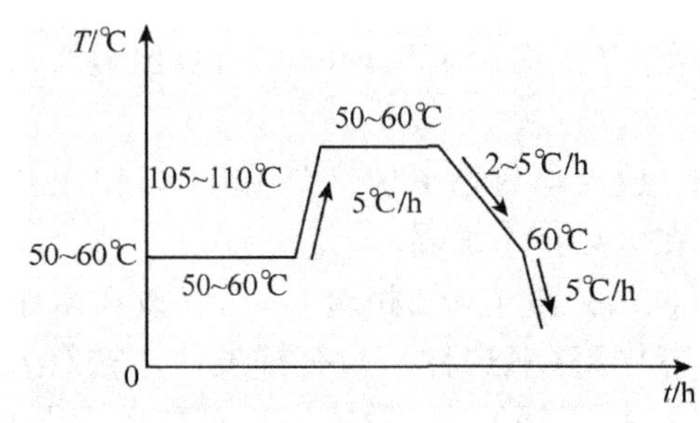

图4-16　一次固化温度曲线

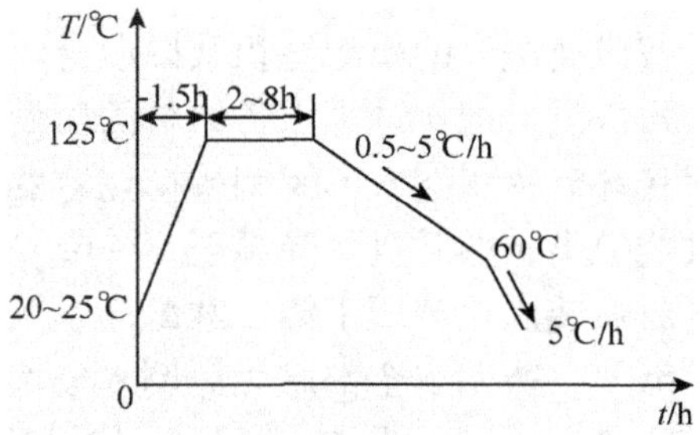

图4-17　退火温度曲线

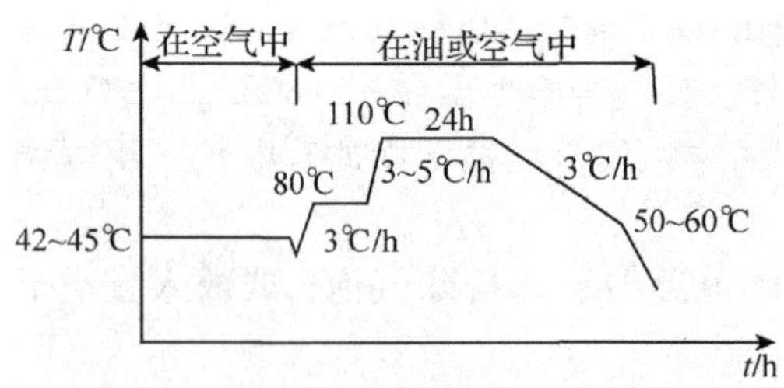

图4-18　二次固化温度曲线

②二次固化法　对于形状复杂，尤其是模型各部位之间几何形状或尺寸变化比较大的过渡部位，很容易产生初应力。这是因为混合液在固化过程中是发热反应，不希望模型内部在固化过程中各部分的温差太大。否则造成各部分固化的速度不同。所以要求混合液在升温阶段有较慢的升温速度，故提出两次固化法，即把固化全过程分成两个阶段进行。对于模型最大厚度小于80mm的模型，其固化曲线如图4-18所示。

a. 第一阶段固化。在42～45℃的电热箱中恒温保持5～7d，在固化初期用玻璃棒沾上模型表面的混合料。这时混合液很快从玻璃棒滴下。随着天数的增加，再用玻璃棒沾上混合料。这时混合料滴下的速度很慢，天数再增加，玻璃棒上的混合料会拉丝（好像拔丝山药的糖丝）。天数再增加，用手指轻轻按下表面混合料，则有按“软块糖”的手感。天数再增加，则手按混合液有“软橡皮”的感觉。这时混合料处于弹性状态，一般称为胶凝态，这就是第一阶段的固化。随后把模具拆开，注意这时模型虽已成形，但材料性质较脆，所以拆模具用力不可太大，以免模型产生裂纹。锯掉飞边及浇冒口，用乙醇棉球清洁模型表面。

b. 第二阶段固化。将模型放在空气或变压器油中进行第二阶段固化。从室温开始升温，经过 80℃和 105~110℃的两次高温阶段的固化。模型固化后体积收缩率约 4%，而混合料胶凝时约占其一半。由于在第二阶段固化过程中，模型基本上处于无约束状态，所以第二阶段固化也相当于一个退火过程，所以模型浇注初应力较小。

(3)环氧树脂光弹性材料的"云雾"现象

所谓"云雾"是指光弹性切片材料在光弹仪圆偏振光暗场下呈现的不规则的云带状亮线。环氧树脂光弹性材料的"云雾"是不能用退火法消除的。严重的"云雾"将使等差线条纹发生锯齿状的错动，等倾线也被干扰。因此，消除"云雾"是提高光弹性材料质量的重要工作。

下面简要介绍有关云的产生原因及减少"云雾"的措施：

①原材料的纯度不高　工业用的环氧树脂除含有挥发物外，还有机械杂质。建议将环氧树脂在 120℃下恒温 2~3h，通过搅拌和抽真空，使挥发物逸出。然后，用细铜网过滤。尽管使用分析纯的顺丁烯二酸酐，为避免会产生沉淀物，常用的办法是在 60~65℃下水浴加温，弃去沉淀物，保留洁净的无色液体。

②搅拌混合物的温度过高和搅拌不均匀　混合液在搅拌过程中产生固化反应热，如搅拌温度过高，会使混合液温度升高，从而使固化反应加速，造成材料的过热，并使材料的温度不均匀。如果在 55~60℃下搅拌速度不要太快，并适当延长搅拌时间，使浇注模型前混合液的固化反应热慢慢地大量放出，并使材料得到均匀的混合。这样，材料的"云雾"就可以减少。

③模型内部温度不均匀　为了降低模型内部的温度和减小温差，一般使用比较低的固化温度，同时把模具放在烘箱中进行浇注。

④过量的固化剂会引起离析或聚集现象，从而形成"云雾"。

⑤材料在胶凝前的约束必须尽量小，否则部分的初应力可能冻结在高分子的结构中，也会形成"云雾"。

4.3　光弹模型的机械加工方法

使用精密浇注方法(如应用硅橡胶模具浇注)做出的光弹性模型虽然形状和尺寸比较精确，但模型表皮材料会产生物理和光学性质的改变。此外，有些模型虽然经过退火，但在某些表皮仍产生一些初应力。为此，可以通过机械加工的方法对模型进行精密加工。环氧树脂光弹性模型机械加工的特点主要由以下几点：

①环氧树脂光弹性材料比有机玻璃硬，韧性稍差，略带脆性，容易崩裂。

②材料传热性差，切削热不易很快散出。如果温度过高，材料甚至可以烧焦，同时加工应力也会冻结在模型中。在机械加工过程中，光弹性材料温度应控制在 50~60℃。

③材料在机械加工过程中略带黏性，机械加工刀具与该材料直接摩擦的切削热不易散出，所以刀具易磨损。

4.3.1 机械加工的一般方法

环氧树脂光弹性材料可以使用车、铣、镗、刨、钳(如钻、锯、锉)等机械加工工艺。下面以车削为重点介绍加工方法:

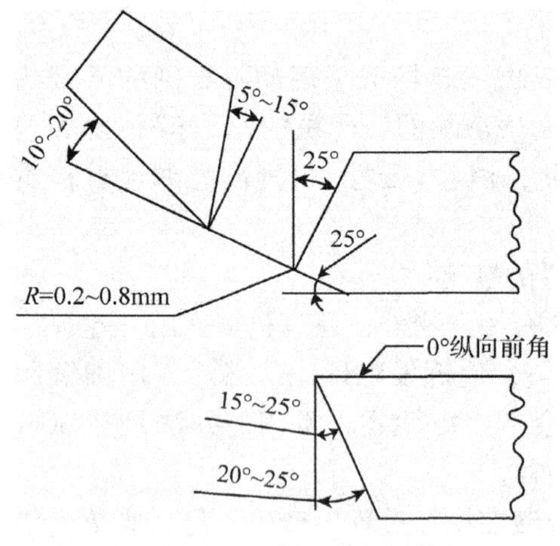

图 4-19 车刀几何形状

①刀具 刀具要锋利，为减少与被加工面的摩擦，后角应比加工金属的大些。由于环氧树脂材料对刀尖的磨损大，在正前角上磨出一定的负倒棱，用以增强刀尖强度。刀具材料可用白钢、锋钢或硬质合金等。车刀的几何形状如图 4-19 所示。车刀的刚性要大，否则将使加工精度下降，甚至由于刀具的振动，会使加工表面光洁度低，甚至导致模型开裂。对于要求精度高的弧形尺寸需使用成形刀具。

②切削量 切削量要根据模型尺寸的大小和形状的复杂程度具体选择，一般为:

a. 深度。粗车为 0.1~1mm，精车为 0.02~0.2mm。

b. 速度。一般为 50~130m/s，精车可稍快些。

c. 走刀量对加工的表面光洁度和加工应力影响很大，走刀量越小，则加工表面光洁度越高，一般精车走刀量为 0.02~0.06mm/r。

至于镗刀、刨刀、铣刀、钻头的几何形状可参考车刀形状，为减小钻头与加工面的摩擦，建议把钻头导角减小为 90°~105°。加工直径稍大的孔时，建议采用分级钻孔，先钻小孔，然后逐级扩大。钻孔过程中应经常退出钻头，及时排屑。走刀量要小，钻孔时采用压缩空气冷却效果比较好，也可使用机油冷却。为了防止出刀时孔边崩裂，建议在模型下面垫一块塑料板。铣切时最好在刀盘上装一把单刀，因为它对模型施加的压力和产生的切削热较小。无论采用什么刀具加工，当刀具离开模型时，都易产生崩边现象，所以吃刀和退刀的方向要细心安排。

③冷却方法 采用压力为 0.2~0.4MPa 的空气冷却效果较好。为了防止粉尘飞扬，要有防尘保护措施，也可使用机油冷却，不宜用肥皂水冷却，因为水分易使材料产生时间边缘效应。

环氧树脂光弹性模型表面机械加工的质量好坏，可以通过切削的屑的形状和松软程度来判别。如果切削深度、切削速度和走刀量选择不当，则刀屑和铣屑如同冰糖渣，说明加工应力大，表面光洁度低。如果刀屑和铣肩是连续的小条，而且又松、又软，说明加工应力小，表面光洁度高。

4.3.2 平面模型的加工工艺

为减小加工应力，手锯下料时要用粗齿钢锯。锯料速度要慢，否则光弹性模型材料发热，从而产生加工应力。

对于形状比较简单的平面模型可以在铣床、钻床上加工，再配合钳工成型。对于形状复杂，尤其是非对称平面模型，如应用机床加工既费时，又难以保证形状与尺寸的精度，建议先用 3~5mm 厚的钢板做一对样板(用两个定位销定位，另用两个螺栓固紧)应用线切割使钢板精密成型。然后把光弹性平板材料夹在两样板之间。在铣床上进行初加工，边缘留 1~2mm 加工余量。最后再用钳工(锉)成型，这样做加工应力很小。

如果模型在加工过程中产生比较大的初应力，可以在模型精加工以前，安排一次退火，可以使加工应力基本消除。

4.3.3　三维模型的加工工艺

(1)切片方法

①手锯切片　在已冻结应力的模型上划出切片位置线(切片厚度要考虑模型的尺寸、形状和测试仪器的类型，一般厚度 $d=1\sim5$mm，等差线条纹级次 $n=2\sim5$)，并留有加工余量 1.5~2mm，再用比较粗锯齿的手钢锯切片。为减小摩擦生热的温度，用两把锯轮换使用，用机油冷却，为防止有冻结应力产生，温度应控制在 60℃以下为佳。

②锯片铣刀切片　在铣床上用锯片铣刀切片，锯片铣刀在转动过程中摆动要小，否则铣刀与被切模型接触面摩擦生热，以致把模型已冻结的应力退掉甚至把接触面烧焦。模型在铣床上的装卡要稳固，否则模型与铣刀摩擦加大的同时，切片根部也容易产生裂纹。如果切片深度很大，建议不要把切片全部切下来。可以留一部分尺寸，然后用手锯把切片切下来。

(2)磨片方法

①砂纸的选择　水砂纸根据粗、细按粒度的牌号分为：#220、#240、#280、#320、#400、#600、#800、#1000、#1200、#1500、#2000、#3000、#5000。牌号的数字表示每平方厘米面积的颗粒数。光弹性切片一般选用水砂纸的牌号#220~#800，如果切片要在偏光显微镜下进行测试则再增用几个细号等级。在此强调指出，切片在磨光过程中，必须按次序连续使用#220，#240，#280……不能跳跃牌号。否则最终磨出的切片上，还会留有划痕。

②切片磨光的方法　用胶带把整张水砂纸四边固定在平板玻璃板上(厚度约 5mm)。另外，用双面胶带或黏结性不强的 502 胶水把经粗磨一面的切片粘在玻璃板上，玻璃板的另一面粘上一个金属手把。在磨片的过程中，用螺旋测微计可以及时检查切片厚度的均匀性。

4.3.4　光弹模型的黏结工艺

当模型由几部分或由不同弹性模量的材料所组成时，可以通过黏结的办法，将各部分粘为一个整体。常用的室温固化黏结剂按重量的配比为，环氧树脂：乙二胺：邻苯二甲酸二丁脂=100：6：(5~10)。其黏结工艺如下：

①将模型被黏结面用砂纸磨粗后再用酒精或丙酮擦净。

②将环氧树脂及模型在 30~40℃下预热。

③预热后随即在室温下涂黏结剂，并进行黏结，黏结剂只需涂一薄层。

④检查黏结缝有无空隙或气泡。如果所用的黏结材料量多，则需把调匀的黏结剂先进行抽真空，以排出黏结剂中的气泡，然后再使用。

⑤将黏结后的模型置于恒温箱中，并向黏结面加一定压力，在 50℃以下，恒温 3~4h，使黏结剂固化。

使用乙二胺作为固化剂时，黏结剂的放热峰值高，黏结应力较大。如果选用三乙烯四胺作为固化剂，则使其放热峰值降低，黏结应力减小。对于弹性模量相同的模型，在 50℃下进行黏结不会产生显著的黏结应力。但黏结模型经"冻结"后，皆产生了黏结拉应力。不同材料黏结的模型，在 50℃下进行黏结也不会产生太大的黏结应力，但"冻结"后产生了较大的黏结应力。

4.4　光弹模型的 3D 打印加工工艺

4.4.1　3D 打印技术的起源与发展

作为一项新型技术，增材制造(additive manufacturing，AM)开始在各个领域展现出前所未有的巨大潜能，并吸引了众多国家和产业巨头对此投入极大的关注和资本投入。增材制造，俗称三维打印(three-dimensional printing，3DP，以下称 3D 打印)或者快速原型制造(rapid prototyping，RP)，它基于离散-堆积(discrete-collecting)原理，它是一种以数字模型文件为基础，将金属粉末、流体材质、塑料凳各种类型的可粘合材料，通过计算机程序控制，使用逐层堆叠材料的方式来构件物体的立体成型技术。

3D 打印技术大致可分为 3 个阶段：

第一阶段(1892—1988 年)，是初期阶段。J. E. Blanther 关于分层制造法构成地形图的研究，采用分层制造方法，申请美国专利，是 3D 打印技术的先驱；1986 年，Michael Feygin 研制成功了分层实体制造，但由于材料有限，性能一直没有改善，所以没有引起业界重视。

第二阶段(1988—1990 年)，这 3 年属于快速原型技术阶段。1988 年世界上第一台商用快速成型机立体光刻机由美国 3D Systems 公司研制成功，成为现代增材制造的标志性事件。在这一阶段，开发出多种快速成型技术：材料粉末三维打印工艺、选择性激光选区烧结、熔融沉积成型、激光工程化净成形工艺等相继产生。

第三阶段(20 世纪 90 年代至今)，是直接增材制造阶段，政府和企业的研发投入增多，3D 打印的设备、材料、产品大量涌现，产业不断壮大。目前，欧美等发达国家都充分关注并花费大量财力物力来研究 3D 打印技术，拓展其应用。3D Systems 公司(美国)，可以支持 123 种不同材料实现 3D 打印，是世界 3D 打印的领军企业；美国康奈尔大学打印出人体器官；德国柏林工业大学建有 3D 试验室，Fabbster(德国)3D 打印制造企业，生产出了面向个人用户的 3D 打印机；Easy Clad(法国)公司 2012 年发布了大框架快速成型机；英国工程和自然科学研究委员会(EPSRC)成立了增材制造研究中心。目前，3D 打印在消费(电子、食品、服装、家具等)产品、汽车工业、航空航天、生物医学工程、建筑工程、微纳制造、军工、地理信息、艺术设计、教育等使用领域不断拓宽，并取得了一定的成果。

4.4.2　3D 打印材料的分类与应用

随着 3D 打印技术的推进，逐渐发展出了熔融沉积成形(fused deposition modeling，FDM)、选择性激光烧结(selective laster sintering，SLS)、激光选区熔化成型技术(selective laster melting，SLM)、光固化成型技术(stereo lithography appearance，SLA)、分层实体造型(laminated object manufacturing，LOM)、三维打印等十几种 3D 打印技术。常用 3D 打印材料分类及技术应用分类见表 4-4 所列。

表 4-4　3D 打印材料分类及应用

种类	具体材料	3D 打印技术种类	材料应用领域
高分子材料	光敏树脂	光固化成型技术、三维打印、选择性激光烧结	工业设计、机械制造、模具、艺术品设计、建筑装饰
金属材料	钛合金、铝合金、不锈钢	选择性激光烧结	航空航天、汽车、医疗、电子、模型、电子
无机非金属材料	陶瓷、原砂、石膏、水泥	光固化成型技术、三维打印	建筑、国防、电子、医疗、铸造
复合材料	金属基复合材料、非金属基复合材料	分层实体造型	航空航天、汽车、建筑、装饰、模具

材料是 3D 打印技术的物质基础，也是当前制约 3D 打印技术发展的主要瓶颈。目前，3D 打印材料主要包括工程塑料(ABS、PLA 等)、光敏树脂、橡胶类材料、金属材料、陶瓷材料等，除此之外还有彩色石膏材料、人造骨粉、细胞生物材料及砂糖面粉巧克力等食品材料也在 3D 打印领域得到广泛应用。

(1)3D 打印工程塑料

工程塑料是指用作工业零件或者外壳材料的工业用塑料，它是强度、耐冲击性、耐热性、硬度及抗老化性均优的材料。作为当前应用最广泛的一类 3D 打印材料，工程塑料占商用 3D 打印材料的 90% 以上，应用于熔融沉积成形(FDM)设备，主要包括热塑性材料和热固性材料。目前，常见的工程塑料主要有以下几类：丙烯腈-丁二烯-苯乙烯共聚物(acrylonitrile butadiene styrene，ABS)类材料、聚碳酸酯(poly carbonate，PC)类材料、尼龙类材料、聚砜(poly sulfome，PSU)等。

①ABS 材料　是当前比较热门的热塑性 3D 打印材料，形状通常呈现丝状，而且它还具有强度高、韧性好、热熔性好与冲击强度高等优点，通过熔融沉积(FDM)3D 打印的首选过程塑料。它的优点在于打印出的部件机械强度好且稳定性高。同时，它可以支持可熔性支撑 3D 打印材料一起使用，可以进行多种颜色选择，如象牙白、白色、黑色、深灰、红色、蓝色、玫瑰红色等。

②PC 白色工程塑料　具有更好强度、耐热性、抗冲击性等优点，因此可以作为最

终零部件使用于超强工程制品的应用。使用 PC 材料制作的样件，可以直接使用，目前只有白色，但是其强度比 ABS 材料高出 60%。

③尼龙玻纤　是一种白色的粉末，与普通塑料相比，其拉伸强度、弯曲强度有所增强，变形温度为 110℃，热变形温度及材料的模量有所提高，材料的收缩率减小，但表面粗糙，冲击强度低。

④PSU 类材料　是一种琥珀色的材料，热变形温度为 189℃，是所有热塑性材料中，机械强度高，耐热性和抗腐蚀性最好的材料。

(2)3D 打印光敏树脂

光敏树脂(UV curable resion)，也称光固化树脂，由聚合物单体与预聚体组成，其中，加有光(紫外线)引发剂或称为光敏剂，在一定波长的紫外光照射下立刻引起聚合反应，完成固化，光敏树脂一般为液态，用于制作高强度、耐高温、防水等的材料，光敏树脂 3D 打印常用于光固化成型(SLA)快速成型设备等。

(3)3D 打印橡胶类材料

橡胶的种类繁多，不同的橡胶具有不同的特殊属性，而不同橡胶的各种独特属性正好与 3D 打印的个性化设计思路一致，可以赋予 3D 打印制品独特的性能，因而受到了广泛的关注。目前，橡胶类材料在 3D 打印中应用非常泛，有机硅橡胶的使用最为普遍，有机硅橡胶是指分子主链以 Si-O 键为主，侧基为有机基团(主要是中基)的一类线形聚合物。其结构中既含有有机基团，又含有无机结构，这种特殊的结构使其成为兼具无机和有机的高分子弹性体。橡胶类产品具有良好的低温和高温性能，非常优异的耐气候性，优异的拒水性能，抗油性和抗腐蚀性。

(4)3D 打印金属材料

3D 打印所使用的金属粉末一般要求纯净度高、球形度好、粒径分布窄、氧含量低，目前可以分为铁基合金、钛及钛基合金、镍基合金、钴铬合金、铝合金和不锈钢等。

①铁基合金　是 3D 打印金属材料中研究较早、较深入的一类合金，较常用的铁基合金有工具钢、316L 不锈钢等。铁基合金使用成本较低、硬度高、韧性好，同时具有良好的机械加工性，特别适合于模具制造。

②钛及钛合金　以其显著的比强度高、耐热性好、耐腐蚀、生物相容性好等特点，然而钛合金属于典型的难加工材料，加工时应力大、温度高，刀具磨损严重，限制了钛合金的广泛应用。而 3D 打印技术特别适合钛及钛合金的制造，一是 3D 打印时处于保护气氛环境中，钛不易与氧、氮等元素发生反应，微区局部的快速加热冷却也限制了合金元素的挥发；二是无需切削加工便能制造复杂的形状，且基于粉材或丝材材料利用率高，不会造成原材料的浪费，大大降低了制造成本。

③镍基合金　是一类发展最快、应用最广的高温合金，其在 650~1 000℃高温下有较高的强度和一定的抗氧化腐蚀能力。

④钴铬合金　也可作为高温合金使用，但因资源缺乏，发展受限。由于钴铬合金具有比钛合金更良好的生物相容性，目前多作为医用材料使用。

⑤铝合金　密度低，耐腐蚀性能好，抗疲劳性能较高，且具有较高的比强度、比刚度，是一类理想的轻量化材料。3D 打印中使用的铝合金为铸造铝合金。

⑥不锈钢　以其耐空气、蒸汽、水等弱腐蚀介质和酸、碱、盐等化学侵蚀性介质腐蚀而得到广泛应用。具有性价比高、强度大等优点，适用于打印尺寸较大的物品。

(5) 3D 打印陶瓷材料

陶瓷材料具有高强度、高硬度、耐高温、低密度、化学稳定性好、耐腐蚀等优异特性。由于陶瓷材料硬而脆的特点使其加工成型尤其困难，特别是复杂陶瓷件需要通过模具成型，加工成本高、开发周期长，难以满足产品不断更新的需求。3D 打印用的陶瓷粉末是由陶瓷粉末和某一种黏结剂粉末组成的混合物。黏结剂分量越多，烧结越容易，但是后期处理过程中零件收缩越大，影响精度；另外，陶瓷粉末在激光直接快速烧结时液相表面张力大，在快速凝固过程中会产生较大的热应力，从而形成较多微裂纹。目前常用的 3D 打印陶瓷材料有：

①采用喷雾造粒技术制备粒径控制在 10～150μm 的氧化铝粉体，再通过激光选区烧结技术打印出具有良好的力学性能氧化铝陶瓷。

②磷酸三钙陶瓷以 100g 磷酸三钙粉体为原料，与乙醇混合后球磨 6h，浆料经两次干燥后采用喷墨沉积打印技术将素坯成型，同时于 1 250℃空气气氛煅烧 2h 制备高质量磷酸三钙陶瓷。

③多孔氮化硅陶瓷以粒径为 7. 2μm 的高纯硅粉为原料，糊精为黏结剂，采用造粒工艺制备了粒径小于 200μm 的氮化硅粉体。在纯度大于 99. 999% 的氮气保护下，采用 3D 打印和阶梯升温模式反应烧结得到多孔氮化硅陶瓷。

4. 4. 3　3D 打印技术的分类与应用

一般而言，3D 打印技术与激光成型技术类似，也是采用分层加工，堆叠成型来完成一个三维实体的打印。从技术细节上看，3D 打印技术根据成型原理、成型材料等方面可以分为以下几类。

(1) 熔融沉积成型

熔融沉积成型技术是一种将各种热熔性的丝状材料（蜡、ABS 和尼龙等）加热熔化成形的方法，是 3D 打印技术的一种。其原理：喷头在计算机控制下做 x-y 联动及 z 向运动，丝材在喷头中被加热到温度略高于其熔点，通过带有一个微细喷嘴的喷头挤喷出来。热熔性材料的温度始终稍高于固化温度，而成型的部分温度稍低于固化温度。热熔性材料挤喷出喷嘴后，随即与前一个层面熔结在一起。一个层面沉积完成后，工作台按预定的增量下降一个层的厚度，再继续熔喷沉积，直至完成整个实体零件（图 4-20）。

FDM 具有打印技术污染小，材料种类很多，成本相对较低，后处理过程比较简单等优点，大多数 FDM 设备具备以下特点：

①设备以数控方式工作，刚性好，运行平稳。

②x、y 轴采用精密伺服电机驱动，精密滚珠丝杠传动。

③实体内部以网格路径填充，使原型表面质量更高。

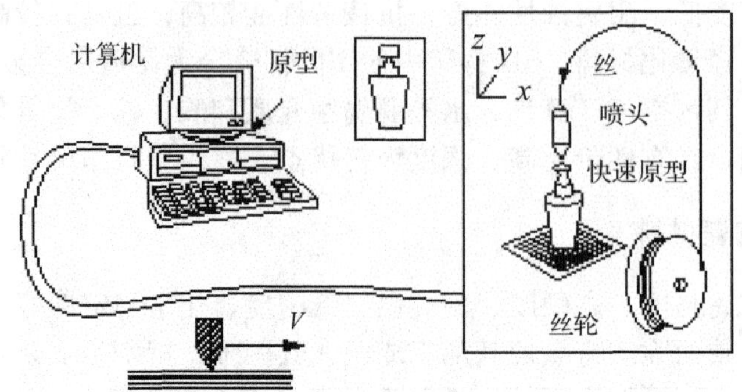

图 4-20 熔融沉积快速成型制造原理图

④可以对 STL 格式文件实现自动检验和修补。

⑤丝材宽度自动补偿，保证零件精度。

⑥挤压喷射喷头无流涎、高响应。

⑦精密微泵增压系统控制的远程送丝机构，确保送丝过程持续和稳定。但也有只适用于中小型模型件的制作，成型零件的表面条纹比较明显，厚度方向的结构强度比较薄弱，成型速度慢、成型效率低等缺点。

(2)选择性激光烧结

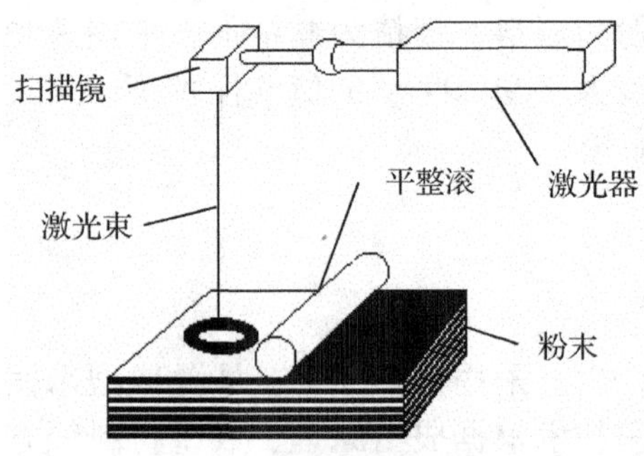

图 4-21 选择性激光烧结原理图

选择性激光烧结技术采用红外激光器作能源，使用的造型材料多为粉末材料。加工时，首先将粉末预热到稍低于其熔点的温度，然后在刮平棍子的作用下将粉末铺平；用高强度的 CO_2 激光器在刚铺的新层上扫描出零件截面；材料粉末在高强度的激光照射下被烧结在一起，得到零件的截面，并与下面已成形的部分黏结；当一层截面烧结完后，铺上新的一层材料粉末，选择地烧结下一层截面，不断循环，层层堆积成型(图 4-21)。全部烧结完后去掉多余的粉末，则就可以得到一烧结好的零件。

SLS 工艺最大的优点在于材料选择范围广、材料价格便宜，成本低、材料利用率高，如尼龙、蜡、ABS、树脂裹覆砂(覆膜砂)、聚碳酸脂、金属和陶瓷粉末等都可以作为烧结对象。由于粉床上未被烧结部分成为烧结部分的支撑结构，因而无需考虑支撑系统(硬件和软件)，因此，该类成型方法有着制造工艺简单，成型速度快等特点。

(3)激光选区熔化成型

激光选区熔化成型技术过程原理和 SLS 基本相同。该技术突破了传统制造工艺的变形成形和去除成形的常规思路，可根据零件三维数模，利用金属粉末无需任何工装夹具和模具，直接获得任意复杂形状的实体零件，实现“净成形”的材料加工新理念，特别适用于制造具有复杂内腔结构的难加工钛合金、高温合金等零件。其工作原理是零件的三维数模完成切片分层处理并导入成型设备后，水平刮板首先把薄薄的一层金属粉末均匀地铺在基板上，高能量激光束按照三维数模当前层的数据信息选择性地熔化基板上的粉末，成型出零件当前层的形状，然后水平刮板在已加工好的层面上再铺一层金属粉末，高能束激光按照数模的下一层数据信息进行选择熔化，如此往复循环直至整个零件完成制造(图 4-22)。

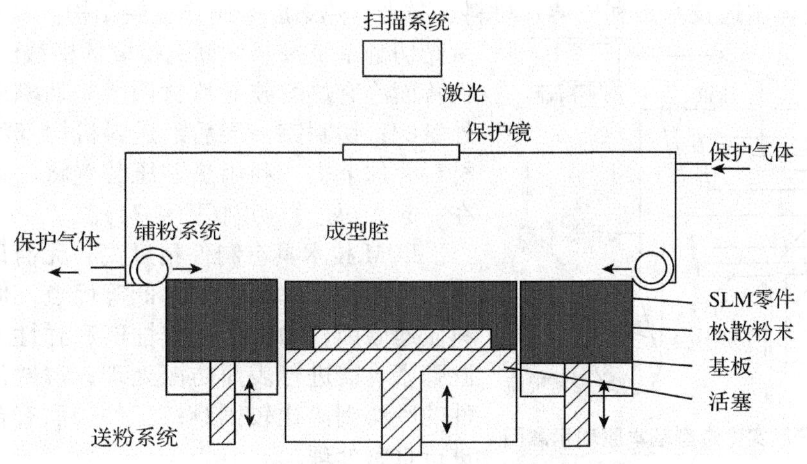

图 4-22 激光选区熔化成型基本原理示意图

SLM 技术成型精度高、性能好、不需要模具，属于典型的数字化过程，但是也存在着球化和翘曲变形等缺点。

(4)光固化成型

光固化成型技术是以光敏树脂为原料，用特定波长与强度的激光聚焦到光固化材料表面，使之由点到线，由线到面顺序凝固，完成一个层面的绘图作业，然后升降台在垂直方向移动一个层片的高度，再固化另一个层面，最终层层叠加构成一个三维实体(图 4-23)。

SLA 具有成型过程自动化程度高、制作原型表面质量好、尺寸精度高以及能够实现比较精细的尺寸成型，成熟度高，加工速度快，产品生产周期短，无需切削工具与模具

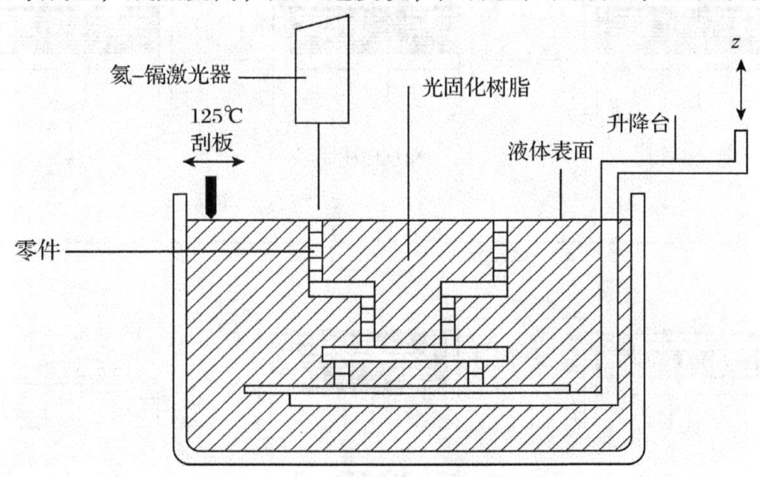

图 4-23 光固化成型基本原理示意图

等特点，但是也存在着设备造价高昂，使用和维护成本过高，工作环境要求苛刻，成型件强度、刚度、耐热性有限等不足。

(5)分层实体造型

分层实体制造技术是利用薄片材料、激光、热熔胶来制作叠层结构。其成形原理为激光切割系统按照计算机提取的横截面轮廓数据，将背面涂有热熔胶的片材用激光切割出模型的内外轮廓；切割完一层后，送料机构部将新的一层材料叠加上去，利用热贴压装置将已切割层黏结在一起，再进行切割(图 4-24)。

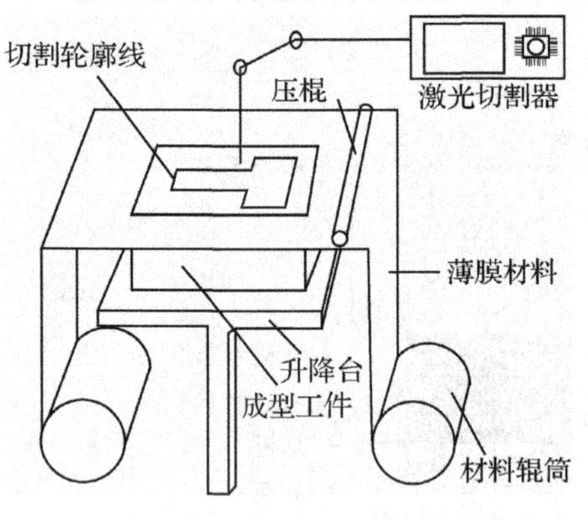

图 4-24　分层实体造型基本原理示意图

LOM 技术具有制件精度高，无需设计和制作支撑，制作效率高、成本低等优点，但是由于材料质地原因，加工件抗拉性能和弹性不高；易吸湿膨胀，需进行表面防潮处理；薄壁件、细柱状件的废料剥离比较困难；工件表面有台阶纹，需进行打磨处理。

(6)三维打印

三维打印(3DP，3D 打印)成型是一种以数字模型文件为基础，运用粉末状金属或塑料等可黏合材料，通过逐层打印的方式来构造物体的技术。

3D 打印技术的具体工艺过程是：上一层黏结完毕后，成型缸(升降台)下降一个距离，供粉缸上升一定高度，推出若干粉末，粉末被铺粉辊推到成型缸，铺平并被压实。喷头在计算机控制下，按下一个建造截面的成型数据有选择地喷射黏结剂以建造层面。铺粉辊铺粉时，多余的粉末被积粉装置收集，如此循环往复地送粉、铺粉和喷射黏结剂，直到完成一个三维粉体的黏结成型(图 4-25)。

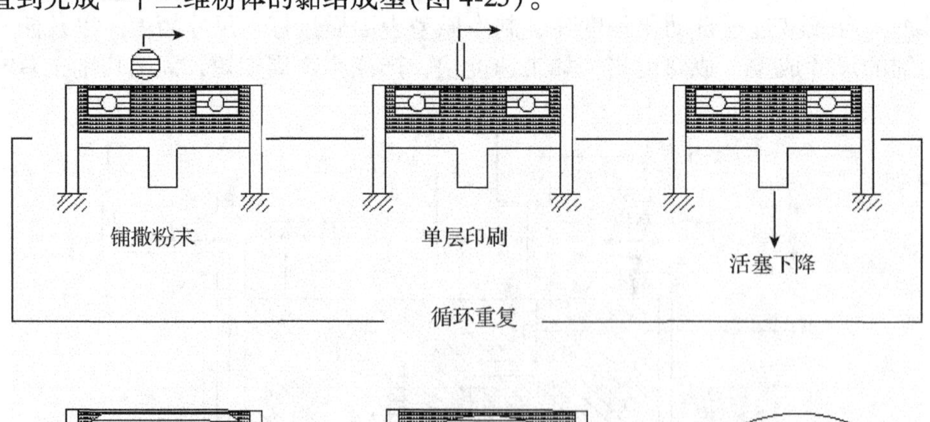

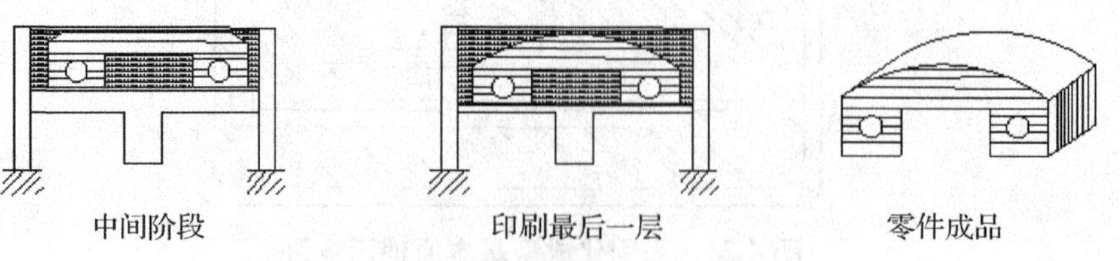

图 4-25　三维打印基本原理示意图

3DP 技术主要优点在于成型速度快，材料价格低，颜色丰富，制作过程不需要支撑，但是制件强度较低，只适合做概念模型。

4.4.4　3D 打印技术在建筑和土木工程领域的应用

近年来，3D 打印技术在建筑和土木工程领域也得到了极大的发展。3D 打印建筑设计理念是 2012 年在 3D 打印展上提出的，3D 打印建筑应用计算机软件设计出立体的制作模型，然后通过特定成型设备(即 3D 打印机)用液化、粉末化、丝化的固体材料体逐层叠加打印出设计画所绘制的建筑实体。意大利学者发明了世界首台大型建筑 3D 打印机。这台打印机的底部有许多喷嘴，可以喷射出镁至黏合物，并在黏合物上喷撒砂子，从而逐渐铸成石质固体，再通过一层层地黏合物和砂子的结合，最终形成石质建筑物，进而通过使用建筑材料可以成功打印出高 4m 的建筑物。如图 4-26 所示，即为大型建筑 3D 打印机打印出来的工程建筑物。

美国南加州大学工业与系统工程教授比洛克·霍什内维斯一直在研究一种新工艺。这种新工艺使打印技术在不到 20h 的时间内建造一幢面积 2 500 平方英尺(1 平方英尺 = 0.093m^2)的建筑。该项目获得美国宇航局和美国军方的支持和资助。霍什内维斯相信他的项目可以帮助全球大约 10 亿急需改善住房条件的人提供足够住房。他把该工艺称为“轮廓工艺”，并且很希望在将来某天看到成为现实(图 4-27)。

“轮廓工艺”的概念在设计上很简单，但是实施起来相当复杂。该工艺由一个巨型的三维挤出机械构成。它的操作很像我们见到的打印机操作原理，不过有一个明显不同的地方：它挤出是混凝土。在“轮廓工艺”系统的挤压头上使用齿轮传动装置来为房屋创建基础和墙壁。它的原理跟使用泥造砖极其相似，建成的建筑能够抵挡地震和其他自然灾害。霍什内维斯称使用该工艺不仅造价便宜、快速建造，而且对环境友好，建设造价和材料大幅度降低。

2013 年 1 月，荷兰建筑师简加普·鲁基森纳斯(Janjaap Ruijssenaars)用 3D 打印技术建造了一栋世界首个 3D 打印建筑。他的 3D 打印建筑项目是 Europan 竞赛的参赛部分，该竞赛允许超过 15 个国家的建筑师在两年的时间内建造建筑以参与评奖。简加普·鲁基

图 4-26　3D 打印机打印出的工程建筑物图

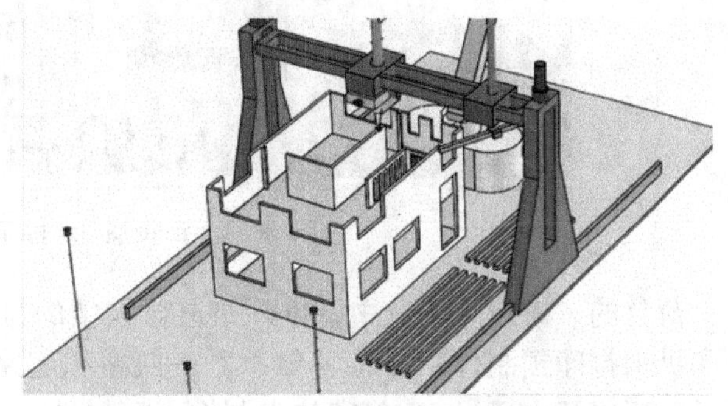

图 4-27　轮廓工艺打印出来的工程建筑物示意图

森纳斯与意大利发明家 Enrico Dini(D-Shape 3D 打印机发明人)一同合作，他们打印出了一些包含沙子和无机黏合剂的 6m×9m 的建筑框架，然后用纤维强化混凝土进行填充。这次需要用到的 3D 打印机——D-Shape 也十分庞大，可以使用砂砾层、无机黏结剂打印出一幢两层小楼。最终的成品建筑会采用单流设计，由上下两层构成，称为“莫比乌斯环屋”(图 4-28)。天花板延伸成为地板，建筑内部则可以延伸成为外墙。

图 4-28 莫比乌斯环屋

图 4-29 世界上首座利用 3D 打印技术制造的混凝土桥

2017 年 10 月 17 日，世界上首座利用 3D 打印技术制造的混凝土桥在荷兰海默特正式投入使用。这座桥梁由爱因霍芬科技大学学生与 BAM Infra 建设公司合作而成。跨径 8m 的桥梁横跨水沟，虽是供单车通行，但可承载 2t 的重力(图 4-29)。

2014 年 8 月 21 日，在上海青浦也相继出现了一批 3D 打印工程建筑，10 幢 3D 打印建筑在上海张江高新青浦园区内正式交付使用，作为当地动迁工程的办公用房(图 4-30)。这些“打印”出来的建筑墙体是用建筑垃圾制成的特殊“油墨”，按照计算机设计的图纸和方案，经一台大型的 3D 打印机层层叠加喷绘而成，10 幢小屋的建筑过程仅花费 24h。

图 4-30 上海青浦 3D 打印工程建筑

荷兰的一家建筑企业中，也开始进行大楼的打印，在其施工过程中主要是运用 3D 打印机来打印预制件，并将其像积木一般垒积起来以完成相应的打印作业，如图 4-31 所示。西班牙也通过 3D 打印技术制作了阿尔科文达斯桥(混凝土桥)，通过 2 周多可以打印完所有 8 个节段。拼装完成后，采用平板汽车整体运输至现场，借助 2 台汽车吊进行整体吊装，如图 4-32 所示。

图 4-31　规模化打印工程生产示意图

图 4-32　西班牙阿尔科文达斯桥

4.4.5　3D 打印技术在光弹模型制作的应用

传统的光弹性试验模型制作方法为机械加工木模阳模，浇筑硅橡胶阴模，取出木模后通过常规方法密封阴模后浇筑光弹性试验模型。制作周期大约在 80d，时间较长且存在成功率低的缺点。与此同时，外模具与内模芯子的制作均通过操作者木板手工订制，所需人工参与的环节多，人工成本较高。同时也存在因原材料中气泡、水分和杂质，使模型容易出现缺料、气泡和变形的现象，模型精确度与质量严重依赖于制作者经验。鉴于 3D 打印技术的快速发展以及广泛应用，本教材考虑利用 3D 打印技术成型速度快，精确度高的优势以弥补传统光弹性试验模型制作过程中所存在的不足。目前，主要有两类材料可应用于光弹性模型试验模具的制作。

(1)石蜡

石蜡具有熔点较低的物理特性，采用以石蜡为原材料直接制作结构模型，利用硫化硅橡胶进行翻模后可以直接通过加热使石蜡融化以获取光弹性模具。但此种方法制作的石蜡模型只能用于一次性制作试验模具，相比于光敏树脂为原材料的模型，费用高昂且不可重复利用。

(2)光敏树脂

利用光固化立体成型技术以光敏树脂为材料制作精确的结构模型，利用硫化硅橡胶进行翻模，待硅橡胶固化后取出光敏树脂模型。采用光弹性模型浇筑工艺浇筑光弹性模型，待其固化后进行模型处理。

综合上述光弹性模型制作方法，本文提出结合以光敏树脂为原材料的 3D 打印技术制作光弹试验模型，通过 3D 打印技术制作模型取代原有机械加工制作的木制模型，自动化程度高，模型初应力较小，能够改进光弹性模型制作过程中模具制作成本和研制周期较长的问题，从而达到降低模具制作成本及提高模具精确度的目的。各种光弹性模型制作方法优缺点汇总见表 4-5 所列。

表 4-5 各种光弹性模型制作方法优缺点

模型制作手段	制作费用	制作周期	优 点	缺 点
机械加工木制模型	较高	长	无需特殊设备，制作流程较为成熟	制作周期长，精确度及成功率低，人工成本高，模型质量严重依赖于制作者经验
以石蜡为原材料的 3D 打印模型	高	较短	通过加热使石蜡融化以获取光弹性模具，无需将阴模整体剖开取出模型，提升模型整体精确度	一个石蜡模型只能翻模一个光弹性模型，费用高昂且利用率低
以光敏树脂为原材料的 3D 打印模型	较低	较短	制作周期短，精确度及成功率高，人工成本低，保持较高的模型质量	制作流程不够成熟，硅橡胶脱模困难

4.4.6 3D 打印数据处理

(1)STL 格式简介

光固化格式是目前 3D 打印设备使用最多的通用接口格式。STL 是由 3D Systems 软件公司在 1988 年制定的一个接口协议，是一种为增材制造技术服务的三维图形文件格式，目前已成为 3D 打印上的标准格式。STL 文件仅描述三维物体的表面几何形状，没有颜色、材质贴图或其他常见三维模型的属性。STL 格式有文字和二进码两种形式。二进码形式因较简洁而较常见。

(2)3D 打印数据处理流程

3D 打印的过程涉及一系列的数据处理环节，主要流程如图 4-33 所示。首先，需要构建光弹性试验的三维模型；其次，通过 STL 文件中三角形面片的位置和拓扑关系对 3D 模型进行快速分层和切片处理。切片处理完成后将生成切片轮廓信息进行轮廓填充。最后，将切片生成的指令文件拷贝或直接发送给 3D 打印设备，装好打印材料，调节好各项打印参数，通过打印机控制按钮发生打印指令。至此，数据传输完成，等待 3D 模型最终成型即可，具体的例子将在第 6 章中介绍。

图 4-33 3D 打印数据处理流程示意图

第 5 章

有机玻璃模型试验材料和制作

有机玻璃作为一种稳定的均质材料，越来越多地运用于结构模型试验中。因此，了解有机玻璃材料特性、加工工艺以及加载方法，对全面掌握有机玻璃模型试验是非常必要的。

5.1 有机玻璃的材料特性

5.1.1 概述

有机玻璃(polymethyl methacrylate，PMMA)，是塑料板材的一种，又称亚克力、中宣压克力、亚格力。有机玻璃的化学名称叫聚甲基丙烯酸甲酯，是由甲基丙烯酸甲酯聚合而成的高分子化合物，是一种开发较早的重要热塑性塑料，分为无色透明、有色透明、珠光、压花有机玻璃四种。有机玻璃具有较好的透明性、化学稳定性，力学性能和耐候性，易染色，易加工，外观优美等优点。

1927 年，德国一家公司的化学家在两块玻璃板之间将丙烯酸酯加热，丙烯酸酯发生聚合反应，生成了黏性的橡胶状夹层，可用作防破碎的安全玻璃。当他们用同样的方法使甲基丙烯酸甲酯聚合时，得到了透明度极好，其他性能也良好的有机玻璃板，它就是聚甲基丙烯酸甲酯。1931 年，该德国公司建厂生产聚甲基丙烯酸甲酯，首先在飞机工业得到应用，取代了赛璐珞塑料，用作飞机座舱罩和挡风玻璃，这就是有机玻璃最初的由来。目前，有机玻璃应用广泛，在商业、轻工、建筑、化工、广告装潢、沙盘模型等领域得到十分广泛的应用，如橱窗、隔音门窗、采光罩、电话亭、标牌，广告牌和灯箱的面板等，可以说有机玻璃材料已经进入了人们生活的方方面面。

5.1.2　物理性质

(1)密度比玻璃低

有机玻璃的密度大约在1.15~1.19g/cm^3，是玻璃(2.40~2.80g/cm^3)的一半、金属铝(属于轻金属)的43%。

(2)机械强度较高

有机玻璃的相对分子质量大约为200万，是长链的高分子聚合物，而且形成分子的链很柔软，因此，有机玻璃的强度比较高，抗拉伸和抗冲击的能力比普通玻璃高7~18倍。有一种经过加热和拉伸处理过的有机玻璃，其中的分子链段排列得非常有次序，使材料的韧性有显著提高。用钉子钉进这种有机玻璃，即使钉子穿透了，也不产生裂纹。这种有机玻璃被子弹击穿后同样不会破成碎片。因此，拉伸处理的有机玻璃可用作防弹玻璃，也用作军用飞机上的座舱盖。

(3)熔点较低

有机玻璃的熔点约130~140℃(265~285°F)，比玻璃的熔点(约1 000℃)低很多。

(4)透光率较高

有机玻璃是目前最优良的高分子透明材料，透光率达到92%，比玻璃的透光度高。

石英能完全透过紫外线，但价格高昂，普通玻璃只能透过0.6%的紫外线。有机玻璃能有效滤除波长小于300nm的紫外光，但300~400nm之间滤除效果较差。部分制造商在有机玻璃表面进行镀膜，以增加其滤除300~400nm紫外光的效果和性质。在照射紫外光的状况下，与聚碳酸酯相比，有机玻璃具有更佳的稳定性。

有机玻璃允许小于2 800nm波长的红外线(IR)通过。更长波长的IR，小于25 000nm时，基本上可被阻挡。存在特殊的有色有机玻璃，可以让特定波长IR透过，同时阻挡可见光(应用于远程控制或热感应等)。

(5)熔融加工温度范围较宽

有机玻璃的耐热性并不高，它的玻璃化温度虽然达到104℃，但最高连续使用温度却随工作条件不同在65~95℃改变，热变形温度约为96℃(1.18MPa)，维卡软化点约113℃。可以用单体与甲基丙烯酸丙烯酯或双酯基丙烯酸乙二醇酯共聚的方法提高耐热性。聚甲基丙烯酸甲酯的耐寒性也较差，脆化温度约9.2℃。聚甲基丙烯酸甲酯的热稳定性属于中等，优于聚氯乙烯和聚甲醛，但不及聚烯烃和聚苯乙烯，热分解温度略高于270℃，其流动温度约为160℃，故尚有较宽的熔融加工温度范围。

聚甲基丙烯酸甲酯的热导率和比热容在塑料中都属于中等水平，分别为0.19W/(cm·K)和1 464J/(kg·K)。

5.1.3 化学性质

(1)耐化学试剂及耐溶剂性

有机玻璃可耐较稀的无机酸，但浓的无机酸可使它侵蚀，可耐碱类，但温热的氢氧化钠、氢氧化钾可使它侵蚀，可耐盐类和油脂类，耐脂肪烃类，不溶于水、甲醇、甘油等，但可吸收醇类溶胀，并产生应力开裂，不耐酮类、氯代烃和芳烃。它的溶解度参数约为18.8J/cm^3，在许多氯代烃和芳烃中可以溶解，如二氯乙烷、三氯乙烯、氯仿、甲苯等，乙酸乙烯和丙酮也可以使它溶解。PMMA对臭氧和二氧化硫等气体具有良好的抵抗能力。

(2)耐候性

有机玻璃具有优异的耐大气老化性，其试样经4年自然老化试验，重量变化小，拉伸强度、透光率略有下降，色泽略有泛黄，抗银纹性下降较明显，冲击强度还略有提高，其他物理性能几乎未变化。

上文所提到的抗银纹性，是指聚合物在抵抗张应力作用下，于材料某些薄弱部位出现应力集中而产生局部的塑性形变和取向，以至在材料表面或内部垂直于应力方向上出现长度为100μm、宽度为10μm左右、厚度为1μm的微细凹槽或“裂纹”的现象。

(3)燃烧性

有机玻璃很容易燃烧，极限氧指数仅为17.3。

上文所提到的极限氧指数，是指聚合物在氧和氮混合气体中，当刚能支撑其燃烧时氧的体积分数浓度，是表征材料燃烧行为的指数。

(4)可塑性

由于其较大的支链，有机玻璃的黏度较高，因此在使用热加工方法时加工速度比较慢，有机玻璃不但能用车床进行切削，钻床进行钻孔，而且能用丙酮、氯仿等黏结成各种形状的器具，也能用吹塑、注射、挤出等塑料成型的方法加工成大到飞机座舱盖，小到假牙和牙托等形形色色的制品。

5.1.4 力学性能

有机玻璃材料具有良好的综合力学性能，其力学行为表现出典型的黏弹性，主要有以下几个特征：蠕变、应力松弛、应变迟滞和应变率敏感。其力学性能依赖于温度、负荷时间、加载速率和应力水平等条件，温度、时间和应变率的影响尤为明显。有机玻璃在温度升高过程中存在玻璃态转化，达到玻璃态转化温度后，从玻璃态向橡胶态转变，均聚态有机玻璃的转化温度在100~120℃。

有机玻璃的力学性能在通用塑料中居前列，其拉伸、弯曲、压缩等强度均高于聚烯烃，也高于聚苯乙烯、聚氯乙烯等，冲击韧性较差，但也稍优于聚苯乙烯。浇注的本体聚合聚甲基丙烯酸甲酯板材(如航空用有机玻璃板材)拉伸、弯曲、压缩等力学性能更高一些，可以达到聚酰胺、聚碳酸酯等工程塑料的水平。

一般而言，有机玻璃的拉伸强度可达到50~77MPa水平，弯曲强度可达到90~130MPa，这些性能数据的上限已达到甚至超过某些工程塑料。其断裂伸长率仅2%~3%，故力学性能特征基本上属于硬而脆的塑料，且具有缺口敏感性，在应力下易开裂，但断裂时断口不像聚苯乙烯和普通无机玻璃那样尖锐参差不齐。有机玻璃的强度与应力作用时间有关，随作用时间增加，强度下降。经拉伸取向后的有机玻璃(定向有机玻璃)的力学性能有明显提高，缺口敏感性也得到改善。

另据相关研究表明，在循环载荷作用下，应变率正相关于应变软化现象；随着应变率升高，相同应变处卸载模量相应升高，升高速度与应变率负相关；随着应变率的增加，黏性下降速度表现出非单调变化趋势，先下降后上升。有机玻璃试件单调压缩至密实之前，损伤程度和应变率正相关，在循环载荷下，损伤程度和应变率负相关；对于单压加载时，高应变率下材料的弹性储能极限更小，达到弹性储能极限之前，耗散能较其他两个低应变率的更大；对于三组应变率下的循环加卸载，低应变率对应的累积耗散能增长最快；低应变率下循环载荷降低弹性储能极限，材料在受到循环载荷时较单压更容易失效；高应变率下循环载荷提高弹性储能极限，材料在受到单压时较循环载荷更容易失效。

5.2 有机玻璃模型的加工方法

有机玻璃模型的加工方法主要有机械加工、浇注成型、注塑成型、热成型等，其中，机械加工是最常用的加工方式。

5.2.1 机械加工

有机玻璃的机械加工，是指经过切割、钻孔、刨平、雕刻、黏结、研磨、抛光等工序成型。

(1)切割

①激光切割机　激光切割有机玻璃采用热融化切割，对有机玻璃的厚度有一定的限制，如果厚度超标，会造成切割速度过慢，顶部材料融化现象。激光切割有机玻璃采用电脑数控，机械系统性能稳定，标配不同功率的CO_2激光器，可以加工成任意形状；采用三向反射系统和直线导轨结构，使光刀运行平稳，雕刻/切割精度高；加工幅面大，速度快，工序简单，易操作(图5-1)。

②振动刀切割机　可以切割较薄的材料，厚度在5mm以下的有机玻璃可以使用振动刀切割机，高于这个高度需要振动刀换铣刀，振动刀铣刀切割切割表面光滑，切割厚度可以根据刀长度调节，切割形状任意，切割完成后无需打磨。

图 5-1　有机玻璃激光切割机

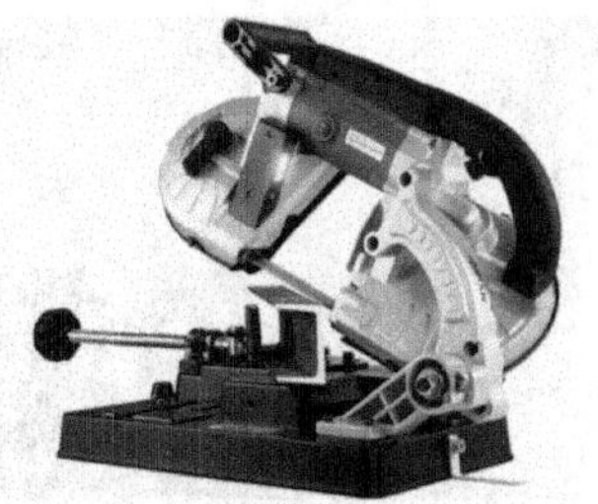

图 5-2　有机玻璃砂轮切割机

③砂轮切割机　采用轮式切割，切割形式单一，尺寸误差大，切割边缘毛糙，切割后需要进行材料打磨，适用于粗加工使用(图 5-2)。

④美工刀　切割比较费力，需要在材料上画出要切割的形状，再沿线进行切割。适用于小型有机玻璃模型的加工。

除了上述设备工具外，许多用于木工制作或轻金属加工的工具也可用于制作有机玻璃模型。

(2)黏结

有机玻璃模型的黏结主要靠的是黏结剂，目前常用的黏结剂主要有两种类型，一种是双组份的，如万能胶、环氧树脂类；还有一种是单组份的，CC13(氯仿)。一般来说，双组份的黏结剂是通过固化反应实现黏结，单组份的黏结剂是以溶剂的最终挥发而实现黏结。双组份黏结剂的特点体现在黏结效果较好，黏结后无气泡、不发白、强度大；缺点是操作复杂、难度大、固化时间长、速度慢、很难适应大批量生产的要求。一般的单组份黏结剂的特点是速度快，可满足批量产品生产的工艺要求；缺点是黏结后的制品易产生气泡、易发白耐候性差(图 5-3)。

针对不同的造型，通常有以下几种黏结工艺：

①平面黏结　是一种比较特殊的粘接方法。首先将被粘面擦拭干净并水平放置，在表面注上适量的粘接剂。将另一块有机玻璃板的一边斜放接触被涂粘接剂的有机玻璃板上，然后均匀缓慢放下，从一边将气泡赶出去而完成黏结。

②立面黏结　是应用最为广泛的一种黏结技术。首先应将需黏结的表面擦拭干净。最好使用靠模实现黏结，使黏结物不晃动，这有利于提高黏结的质量。厚度为 3mm 的有机玻璃板黏结，可垫入细金属丝，利用毛细作用完成黏结，在黏结剂固化之前抽出金属丝。或可采用把不需粘到的部位贴上胶带保护，留下涂黏结剂的部位涂上黏结剂，再斜放入有机玻璃板挤出气泡即可。

③斜面黏结　必须使用 90°角靠模，才能防止被黏面的移位。涂注黏结剂应均匀、缓慢。待完全固化后才能取下靠模。

④对接黏结　对接将两块需对接的有机玻璃板水平放在操作平台上合拢，并在底部粘一胶带，留下一条不大于 0.3mm 宽的缝隙以备涂注黏结剂。然后用注射器将黏结剂从一边均匀缓慢地从缝隙里注入，直至全部注满，待完全固化后揭去胶带即可。

图 5-3　有机玻璃黏结

(3)刨平

起伏不平的有机玻璃板断面可用电刨推刨平直，没有电刨可用砂轮机粗磨一遍，然后放在砂带机上磨平。薄形板用压力铁夹具将多片同时夹在一起，用电刨或砂带机刨平磨直。这样，既可提高工效，也保证了多片板材尺寸的一致性。对于小面积亚克力板用台虎钳子夹住推平，效果也很好。

(4)抛光

抛光的作用是把被破坏的有机玻璃板断面重新恢复其光泽亮度。已经刨平的亚克力板材，先用水砂纸进一步磨细，再用抛光机进行抛光(图 5-4)。抛光过程中，要不时地在布轮上涂擦一些抛光蜡(绿皂、白皂)以加快抛光速度。透明有机玻璃板上常有各种细小划痕，在丝印或黏结之前也要进行打磨抛光处理。有些断面必须使用火焰处理方式进行光面处理，但一般都没布轮抛光的效果理想。随着激光雕刻机的出现，对于质量要求较高的抛光面处理，可以使用激光切割机和钻石抛光机，免除了手工抛光的烦琐工序。

5.2.2　浇注成型

浇注成型一般用于加工有机玻璃板材、棒材等型材，即本体聚合方法成型型材(图 5-5)。

图 5-4　有机玻璃抛光机

图 5-5　有机玻璃浇注机

浇注成型是塑料加工的一种方法，早期的浇注是在常压下将液态单体、预聚物或聚合物注入模具内经聚合而固化成型，变成与模具内腔形状相同的制品。20 世纪初，酚醛树脂最早用浇注法成型，30 年代中期，用甲基丙烯酸甲酯的预聚物浇注成有机玻璃；第二次世界大战期间，开发了不饱和聚酯浇注制品，其后又有环氧树脂浇注制品。

浇注成型一般不施加压力，对设备和模具的强度要求不高，对制品尺寸限制较小，制品中内应力也低。因此，浇注成型生产投资较少，可制得性能优良的大型制件，但生产周期较长，成型后须进行机械加工。在传统浇注基础上，派生出灌注、嵌铸、压力浇注、旋转浇注和离心浇注等方法。

(1)灌注

此法与浇注的区别在于：浇注完毕制品即由模具中脱出；而灌注时模具却是制品本身的组成部分。

(2)嵌铸

将各种非塑料零件置于模具型腔内，与注入的液态物料固化在一起，使之包封于其中。

(3)压力浇注

在浇注时对物料施加一定压力，有利于把黏稠物料注入模具中，并缩短充模时间，主要用于环氧树脂浇注。

(4)旋转浇注

把物料注入模内后，模具以较低速度绕单轴或多轴旋转，物料借重力分布于模腔内壁，通过加热、固化而定型，用以制造球形、管状等空心制品。

(5)离心浇注

将定量的液态物料注入绕单轴高速旋转、并可加热的模具中，利用离心力将物料分布到模腔内壁上，经物理或化学作用而固化为管状或空心筒状的制品。

5.2.3　注塑成型

有机玻璃注塑成型采用悬浮聚合所制得的颗粒料，成型在普通的柱塞式或螺旋式注塑机上进行(图 5-6)，注塑成型加工需注意以下几点：

(1)塑料的处理

PMMA 具有一定的吸水性，其吸水率达 0.3%~0.4%，而注塑须在 0.1% 以下的温度，通常是 0.04%。水分的存在使熔体出现气泡、气纹，透明度降低等。所以要进行干燥处理，干燥温度 80~90℃，时间为 3h 以上。回收料在某些情况下可 100% 的使用，实际分量要视品质要求而定，回收料要避免污染否则会影响透明度和成品的性质。

图 5-6　有机玻璃注塑机

(2)注塑机选用

PMMA 对注塑机没有特别要求。因为其熔体黏度大，需要较深的螺槽和较大直径的射嘴孔。如果对制品的强度要求较高，则要用较大长径比的螺杆实行低温塑化，另外 PMMA 一定要用干燥料斗贮料。

(3)模具及浇口设计

模具温度可为 60～80℃，主流道的直径应配合内锥度，最佳的角度是 5°～7°，若要注塑 4mm 或以上制品，角度应为 7°，主流道直径达 8～10mm，浇口的整体长度不要超过 50mm。对于壁厚小于 4mm 的制品，流道直径应为 6～8mm，对于壁厚大于 4mm 的制品，流道直径应为 8～12mm。

(4)熔胶温度

熔胶温度介于 210～270℃不等，具体示材料而定。

(5)注射速度

可用快速注射，但要避免产生高度内应力，宜用多级注射，如慢—快—慢等，注塑厚件时，则采用慢速。

(6)滞留时间

若温度为 260℃，滞留时间最多不超过 10min；若温度为 270℃，滞留时间不能超过 8min。

5.2.4　热成型

热成型加工是利用有机玻璃属于热可塑性材料的性质，将其加热软化，再成型为所需要的形状。烘箱或电热器均可使有机玻璃软化，加热温度在 15～200℃，再放入欲成型的模具中，冷却后即可完成。

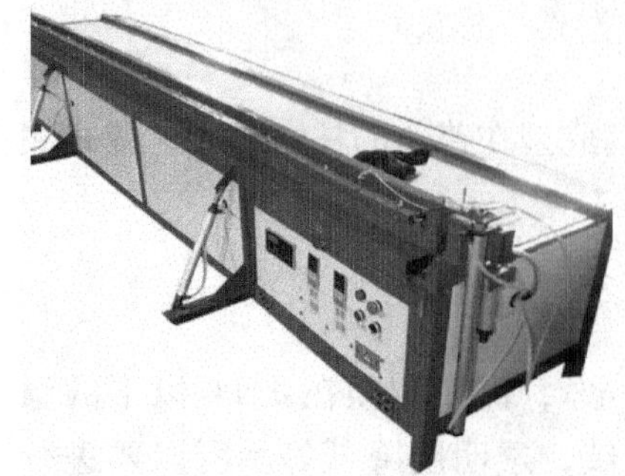

图 5-7　有机玻璃热弯机

对于热成型加工有机玻璃，目前使用最多的设备是有机玻璃热弯机(图 5-7)。有机玻璃热弯机通过对角度准确定位，采用先进的红外加热、水循环冷却系统，自动瞬间成型，具有角度准、速度快、效率高，加工工件不变形、不糊板、不起泡等优点。产品广泛应用于广告装饰业、亚克力制品业等领域，大大提高制作工艺。

5.3　有机玻璃模型试验的加载方法

5.3.1　重物加载法

重物加载法是利用物体重力产生稳定的荷载加于结构上。在实验室中可以利用的重物有标准铸铁砝码、混凝土立方试块、水等。这类试验一般采用分级加载，具有设备简单、取材方便、荷载恒定及加载形式灵活等优点。但是，荷载量不能很大，操作笨重而费工。同时，砂石等材料容易起拱，对结构产生卸载作用；且密度随着大气湿度的变化而变化，在长期试验过程中应注意荷载值不易恒定的问题。

在有机玻璃模型实验中，砝码加载是有机玻璃模型试验中最常用的加载方式，通过在模型上均匀放置一定重量的砝码，如铁砖、铁块、铁片等，可以用来模拟均布力，也可以通过垒叠一定数量的砝码，来模拟集中力，砝码加载法示意，如图 5-8 所示。

图 5-8　砝码加载法示意图

5.3.2　杠杆加载法

当需要将重物转换为集中荷载进行试验时，可以利用杠杆原理将所加重物荷载进一步放大，这种加载方法就是间接加载法，又称杠杆加载法。这种加载方法要求杠杆有足够的刚度，杠杆比一般不宜超过 5。

在有机玻璃模型试验中，杠杆加载法主要是砝码质量通过杠杆系统加在结构上，其大小要通过杠杆系统的力臂比进行换算，杠杆加载法示意如图 5-9、图 5-10 所示。

传统的杠杆加载法主要用于缩尺比例较小的一些有机玻璃模型试验中，加载量一般为 100~200kg。随着有机玻璃模型试验比例越做越大，传统的杠杆加载法，无法满足加载效率的需求，进而产生了一些改进的杠杆加载方式，加载吨位可达到 2 000~3 000kg。

图 5-9 传统的杠杆加载法示意图

图 5-10 改进的杠杆加载法示意图

5.3.3 液压加载法

液压加载器中最常见的设备是液压千斤顶，它通过油压产生较大的荷载，试验操作安全方便，具有出力大、加载效率高、便于荷载分级等特点。液压千斤顶按出力方向可划分为单作用式和双作用式两种。单作用式液压千斤顶通过一条油路施加单向、单点加载，结构简单，易实现多点同步加载，常用于建筑物迁移等实际工程。双作用式液压千斤顶则有两个工作缸和两条油路，千斤顶行程范围内通过油缸交替供油和回油施加拉、压作用，可用于结构抗震试验中的低周反复荷载试验。

图 5-11 液压加载法示意图

若多组液压千斤顶同时加载，则需要用到同步液压加载设备。同步液压加载设备由同步液压千斤顶、高压油泵、控制台、分油器、反力架、测力传感器等组成，解决了简单液压加载设备存在的荷载稳定性差、效率低、加载控制难、多点加载不同步等问题，且设备简单、购置费低、容易实现加载分级和加载控制等。

加载系统由反力架、液压设备、油泵和压力显示仪等组成。通过人工控制油泵，根据试验方案的设计，对试件进行不同荷载值的加载，主要施加集中荷载，或通过分配梁施加多点集中荷载，液压加载法如图 5-11 所示。

第 6 章

光弹模型试验在桥梁工程中的应用示例

本章介绍光弹模型试验在桥梁工程中的应用，共包括 7 个示例，涵盖了拱桥三角刚构区域，横梁区域和墩、塔、梁固结区区域，桥型有拱桥、斜拉桥、连续梁桥等；通过本章的介绍，让读者对光弹模型试验有具体的认识。

6.1 示例 1：拱梁组合体系拱桥三角刚构区域光弹模型试验

6.1.1 模型设计

(1)工程背景

某大桥由左右两幅预应力混凝土变截面连续梁和中间独立的中承式新月形拱肋 3 个受力体系组成。两幅连续梁桥之间通过在主跨跨间的横梁连成一体，再由主、副吊杆悬吊横梁，使 3 个受力体系共同承担二期恒载和活载。左右两幅桥净距 3.7m，每幅桥宽 18.4m，具有副吊杆的中间横梁悬出主梁外 1.25m，全宽 43m。整体布置如图 6-1 所示。

三角刚构区域的空间有限元分析，容易受到建模合理性的影响，对计算结果的正确性无法验证；另外，计算精度的高低将影响到细部结构的设计，在使用中可能产生混凝土开裂或者过度配筋，造成施工困难和不经济。这种局部受力难以用一般的理论解析，一般的桥梁建设中均通过试验验证来解决。为此，进行三角刚构区域的光弹模型试验研究来验证有限元分析结果的正确性。

三角刚构区域由钢筋混凝土边拱肋、钢筋混凝土主拱肋段、钢管混凝土主拱肋段、副拱肋、纵系梁组成。其中，边拱肋、主拱肋混凝土段、纵系梁刚结组成三角刚架，如图 6-2 所示。

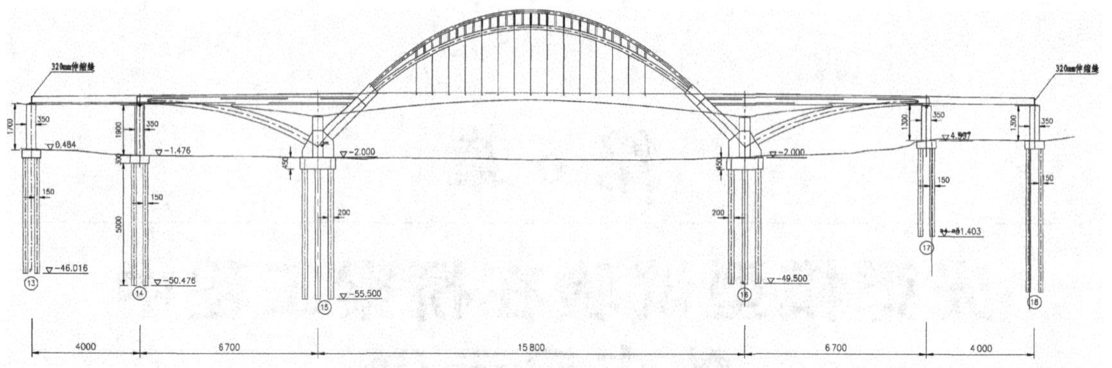

图 6-1 某大桥整体布置图(单位：cm)

①中跨主拱肋 中跨主拱肋采用悬链线，悬链线系数 $m=1.167$，理论跨径158m，矢高45m，矢跨比1∶3.511。主拱肋由拱脚钢筋混凝土拱肋段和中间钢管混凝土拱肋组成，主拱肋位于桥梁中心线处的竖直平面内。主跨拱肋根部段21.4m区段采用钢筋混凝土结构，拱肋断面由拱座处8m×5m变化到结合部3.6m×4.5m，为矩形实体断面。

②边拱肋 边拱肋采用钢筋混凝土结构，与拱座和纵系梁固结，在次边墩处设置支座支撑，边跨拱肋轴线采用悬链线，计算跨径 $L=128$m，计算矢高 $f=17.375$m，失跨比为1∶7.367，拱轴系数 $m=2$。拱肋断面为等高变宽实心矩形端面，由拱座处5.6m×3.5m变化到与纵系梁交接处的3.6m×3.5m。渐渐与纵系梁融为一体。

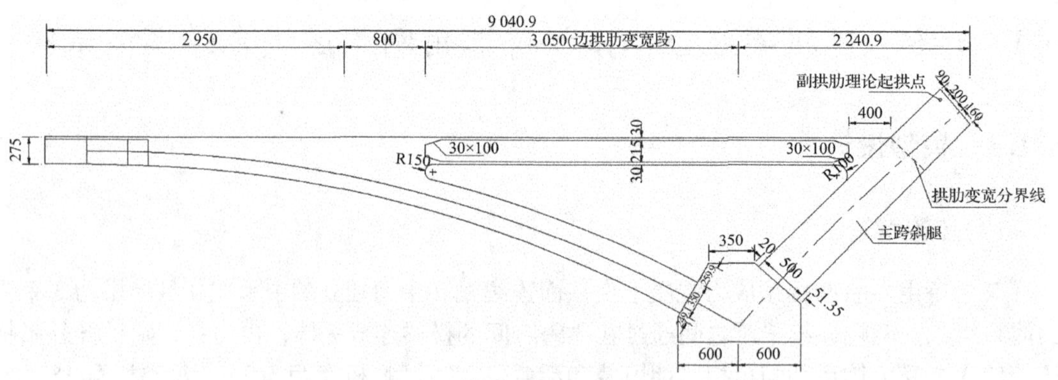

图 6-2 拱肋构成图(单位：cm)

(2)模型设计

根据实验室条件，光弹模型具有的最大烘箱尺寸为80cm×80cm×100cm(长×宽×高)，整个整体模型和加载装置要放在烘箱中进行"冻结"光弹模型试验，如果模型太大则放不进烘箱，因此，要控制模型的最大尺寸。实际结构最薄处为纵梁顶、底板，为30cm，且光弹模型试验要求模型最少厚度不能小于3mm，所以模型的最小比例为3/300=1/100。即使采用最小比例，模型长度也有9 040.9/100=90cm，无法放入烘箱。

考虑到研究目的是了解三角刚构的应力场分布情况，而且边拱肋的水平段(图 6-3 的 A 区域)受力比较简单，因此，将其去除，用 B 区域(图 6-3)作为试验区域，考虑到试验中加载面应力集中的影响，取截取截面与纵梁与边拱肋交接截面距离 8m。综合考虑，本模型比例为 1/90，模型最小的厚度为 3.3mm，满足试验要求。模型采用三维整体一次性成形，包括所有的倒角，以保证结构受力和传力的整体性。

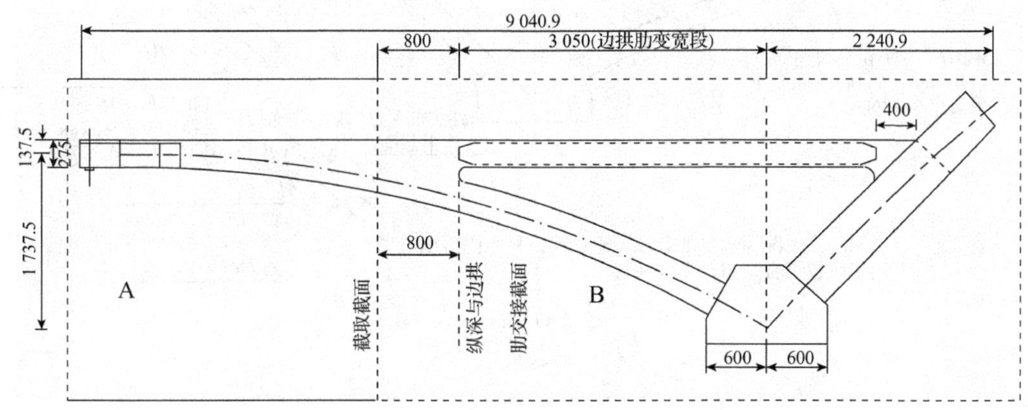

图 6-3　试验区域图(单位：cm)

(3)边界条件

采用桥梁计算专业软件 MIDAS/Civil，建立空间计算模型，如图 6-4 所示。在计算模型中，采用梁单元模拟拱肋、主梁、横撑、斜撑、边跨斜腿、中跨斜腿和拱座结构，桁架单元模拟吊杆和系杆。模型共有 739 个节点，841 个单元。

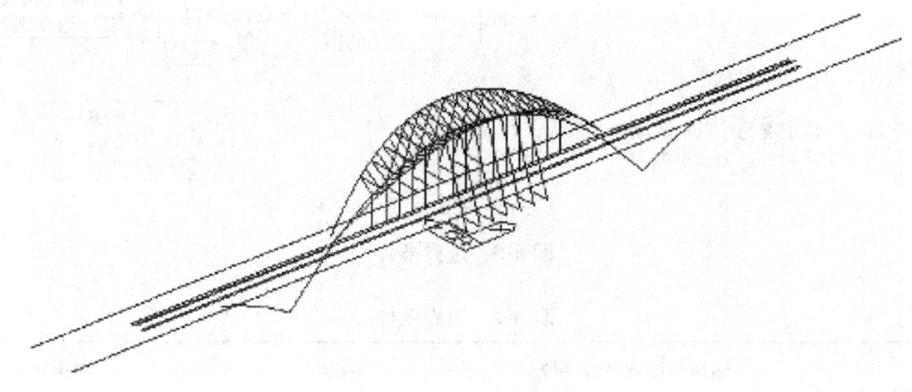

图 6-4　有限元计算模型

根据全桥杆系模型分析得到各工况下三角刚架的内力，经分析确定两个最不利工况进行三角刚架局部分析。工况 1 为按边拱肋加载端弯矩最大得到的内力，工况 2 为按主拱加载端弯矩最大得到的内力(图 6-5、表 6-1)。

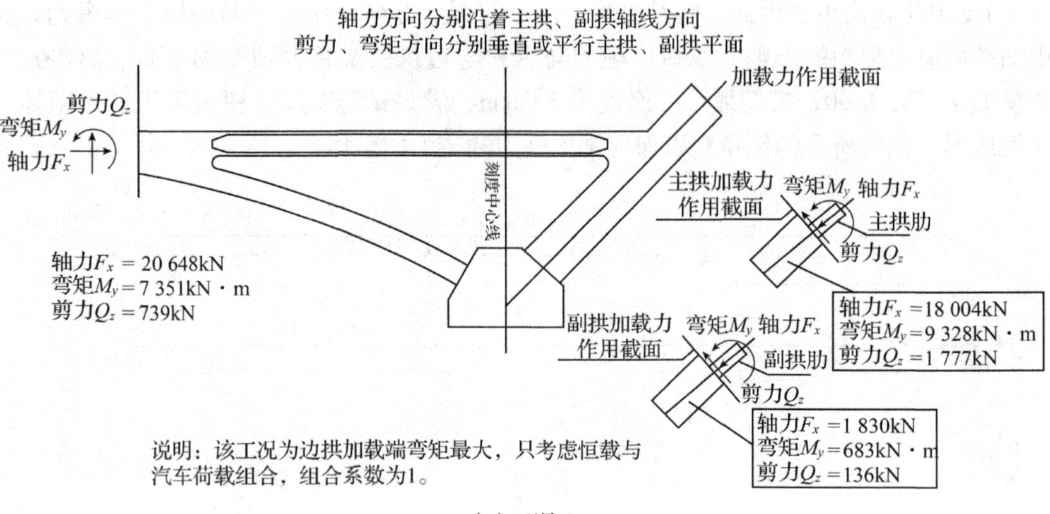

(a)工况 1

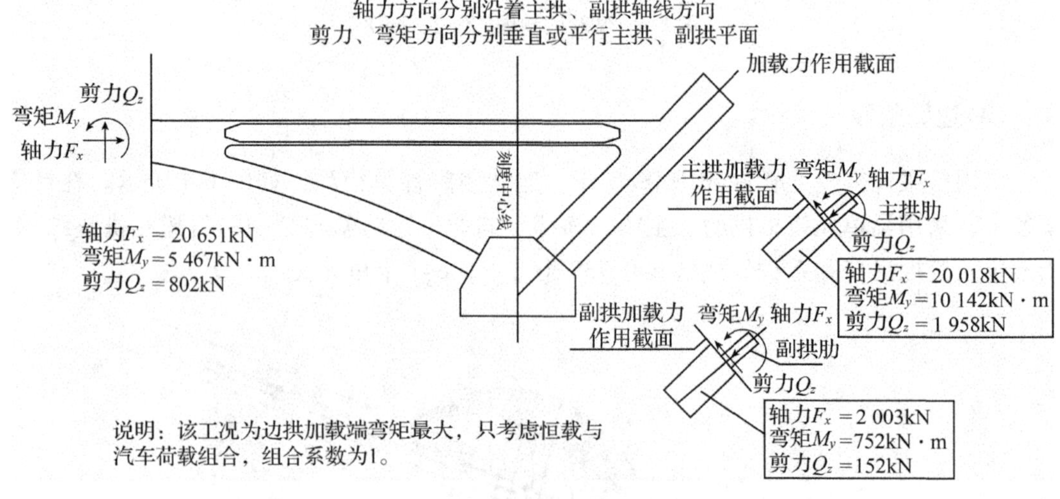

(b)工况 2

图 6-5 边界条件

表 6-1 边界条件

物理量	边拱与纵梁结合部位		主拱肋		副拱肋	
	工况 1	工况 2	工况 1	工况 2	工况 1	工况 2
弯矩 M(kN · m)	10 425	8 541	8 308	9 121	718	2 221
轴力 N(kN)	20 643	20 646	17 013	19 027	2 048	2 048
剪力 Q(kN)	632	696	1643	1824	153	169

6.1.2　模型制作与加载

(1)模型制作

本研究对象为复杂的空间结构，其中纵梁为中空的箱型结构。因此，采用硅橡胶精密注造、一次性成型的方法制作三维光弹试验模型。用有机玻璃按照图纸标注的几何尺寸、比例制作结构模型，并以此翻制硅橡胶的内模、外模。将内、外模定位，完成结构的阴模，如图 6-6 至图 6-8 所示。把配置好的环氧树脂注入阴模，在烘箱中 60℃下烘烤 3d，模型成型后，将阴模除去，再将模型置于烘箱中，保持 115℃ 1d，然后缓慢降温至室温，从而形成三维整体模型。用环氧树脂一次性注造高温固化成型如图 6-9 和图 6-10 所示，拆模后模型如图 6-11 所示。

图 6-6　精密硅橡胶内模

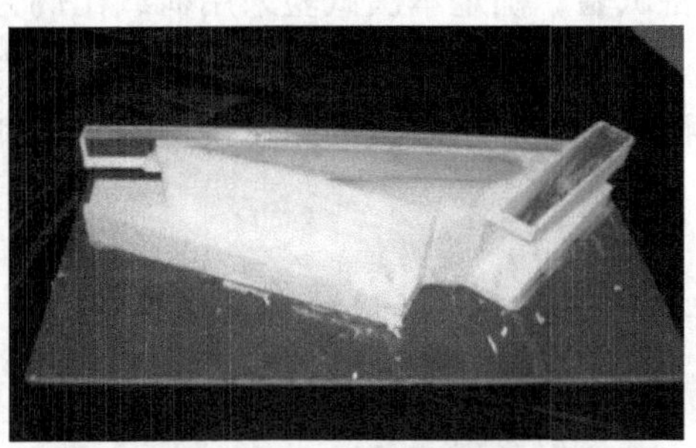

图 6-7　模型外模(局部)

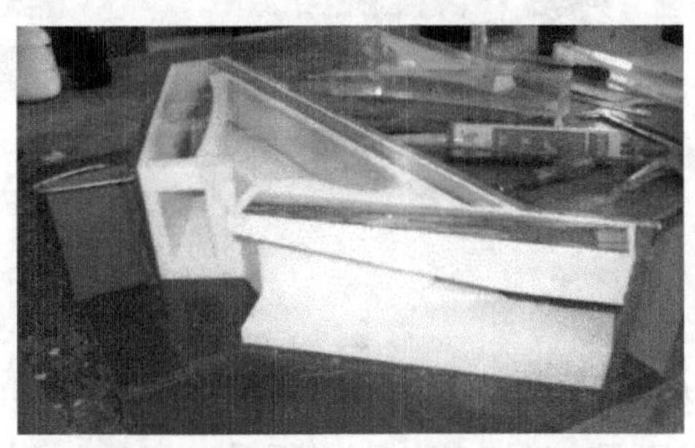

图 6-8　组合定位好的内模与外模

图 6-9　模型在烘箱内固化

图 6-10　模型固化一周后成型

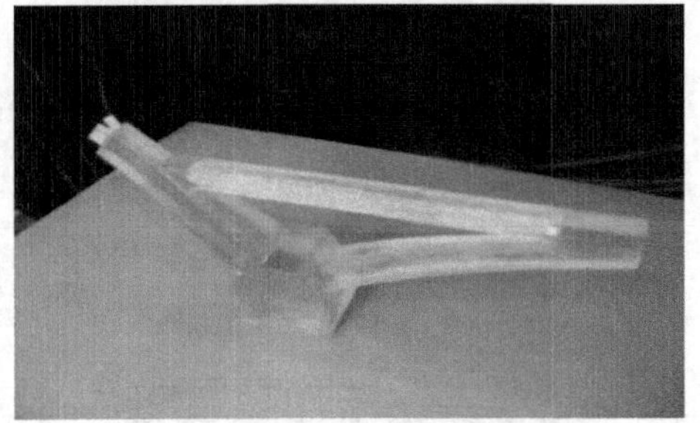

图 6-11　整体模型

(2)模型加载

实际结构中拱座底位移很小，可认为固接。试验中将拱座底部固结，根据三角刚构最不利受力工况进行加载，加载截面的力包括轴力、弯矩和剪力。弯矩采用轴力偏心的方法实现，集中力采用杠杆、滑轮、砝码实现。所有作用力施加在钢板上，再传到橡胶垫板，最后传到模型上。这样既保证加力的准确性，同时又保证模型自由变形。自重作用由采用沙袋模拟分块体加载自重荷载，如图 6-12 所示。

根据相似原理，试验中所有荷载必须采用同一荷载比例系数，试验荷载施加太大，可能导致模型变形太大，甚至破坏；试验荷载施加太小，可能不足以产生必要的光学条纹，影响测试精度。一般要求试验不产生太大的变形，并且有 3~5 级条纹。经过估算和预备试验，确定本次试验采用荷载比例为 2×10^5 : 1。试验采用“冻结”光弹模型试验方法，将模型及其加载装置放入烘箱中，当温度逐渐升到 115℃时施加试验荷载，保温 1h，再缓慢降温至室温，此时模型的变形和应力保持不变，加载如图 6-13 所示。

图 6-12 模拟自重荷载作用的沙袋

图 6-13 模型整体“冻结”光弹模型试验

(3)模型切片

根据试验目的，选择顺桥向和横桥向典型的截面进行应力场分布分析，横桥向 19 个截面，顺桥向 3 个截面，厚度为 5mm，截面及编号如图 6-14 所示，切片如图 6-15 所示。

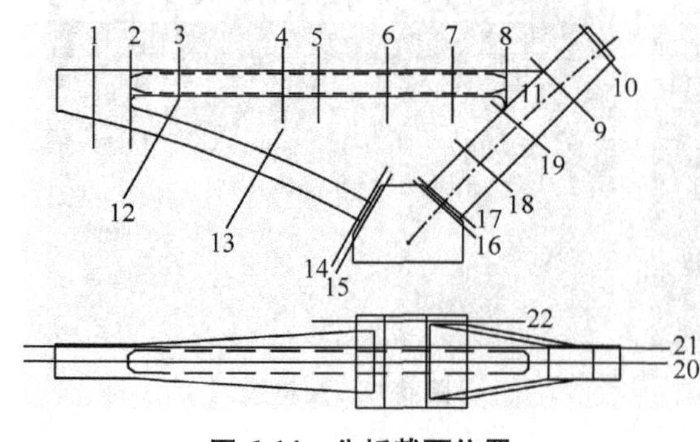

图 6-14 分析截面位置

图 6-15 部分模型切片

6.1.3 试验结果分析

按照相似原理，将模型应力换算为实际结构的应力值。将已知数值代入，即可求得本试验模化比 $K=24.6$。因此，$\sigma_H=K\sigma_m=KnF$，设定 $n=1$ 级，将 K，F 数值代入，可以求得本试验一级条纹代表 1.8MPa。

等色线是主应力差的等值线，等色线图能表明应力分布的大体规律，等色线密集处应力梯度较大，往往是应力集中区，等色线稀疏处，应力梯度较小。列出了两种工况部分典型截面等色线的对比，如图 6-16 至图 6-19 所示。可见，两工况的等色线基本分布规律一致，表明两工况应力分布规律基本一致。此外，还可以看出纵梁与边拱肋交接处、纵梁与主拱肋交接处、拱座与边拱交接处、拱座与主拱交接处和纵梁与边拱肋交接处等色线密集处应力梯度较大，为应力集中区，其他区域等色线稀疏处，应力梯度较小。

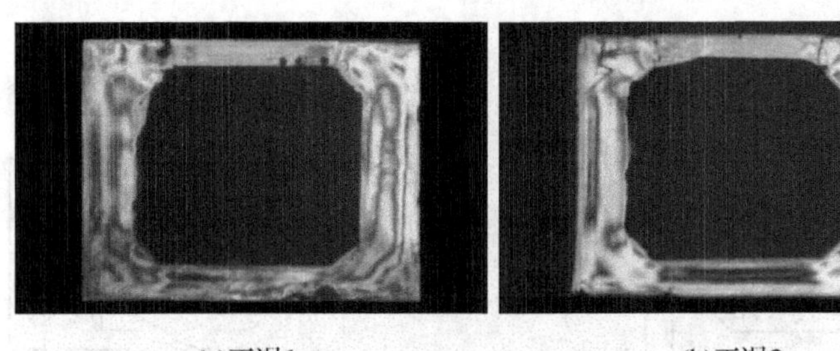

(a)工况1　　(b)工况2

图 6-16　纵梁跨中横桥向截面(5 截面)

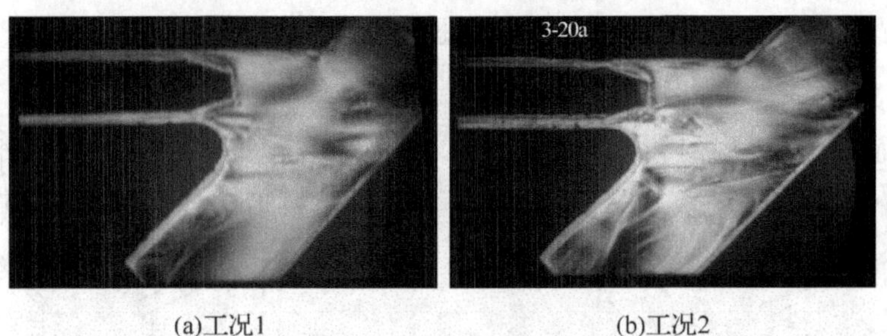

(a)工况1　　(b)工况2

图 6-17　纵梁与主拱肋交接处纵桥向截面(20 截面)

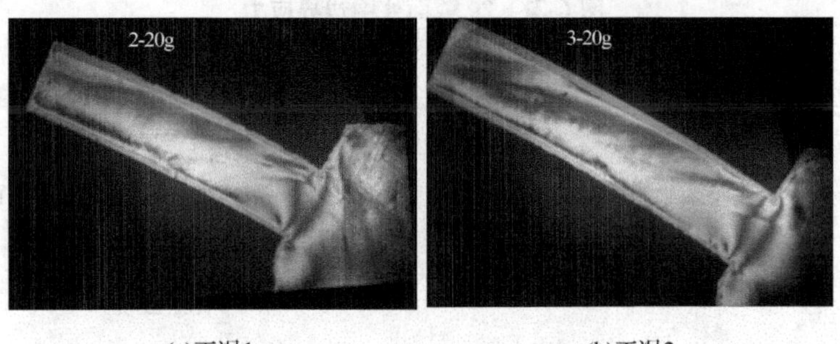

(a)工况1　　(b)工况2

图 6-18　拱座与边拱交接处纵桥向截面(20 截面)

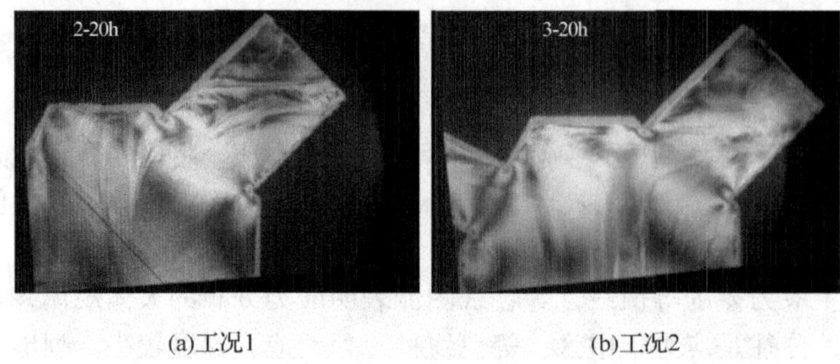

(a)工况1　　(b)工况2

图 6-19　拱座与主拱交接处纵桥向截面(20 截面)

试验截面边界应力以拉应力为正，压应力为负。这里列出两种工况部分典型截面测试周边应力的对比，如图 6-20 至图 6-23 所示。从测试周边应力图可见，纵桥向应力是主要，横桥向应力是次要。在两种工况条件下，主拱拱腹、边拱拱背均出现局部拉应力。

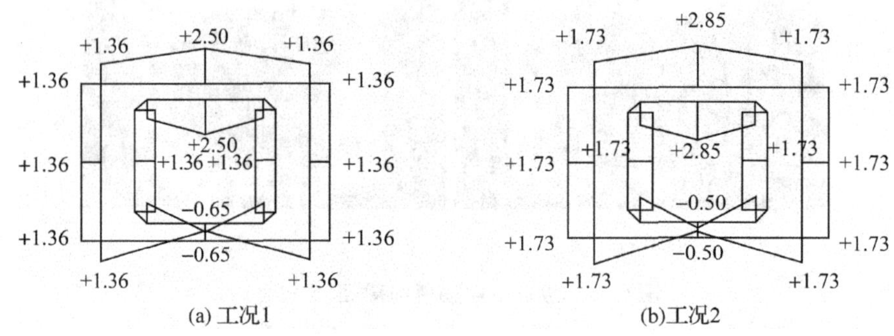

(a) 工况1　　(b)工况2

图 6-20　横桥向应力(5 截面)

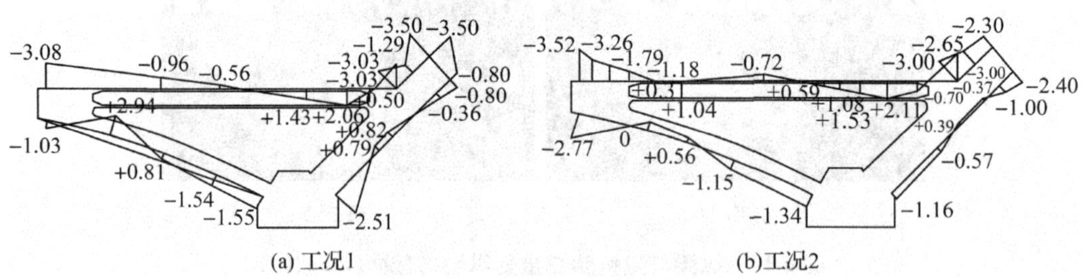

(a) 工况1　　(b)工况2

图 6-21　20 截面外围边界应力

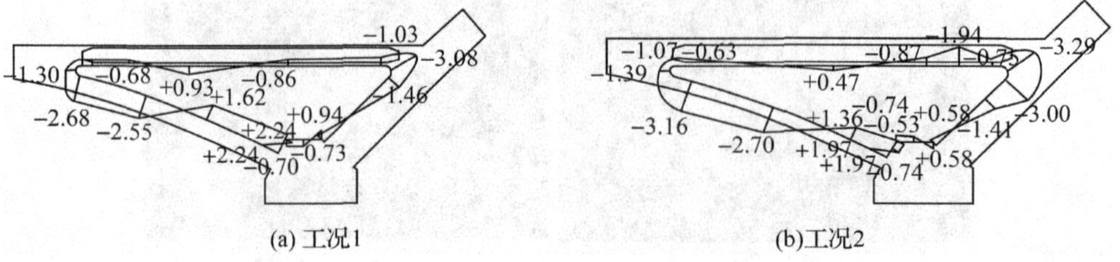

(a) 工况1　　(b)工况2

图 6-22　20 截面内围边界应力

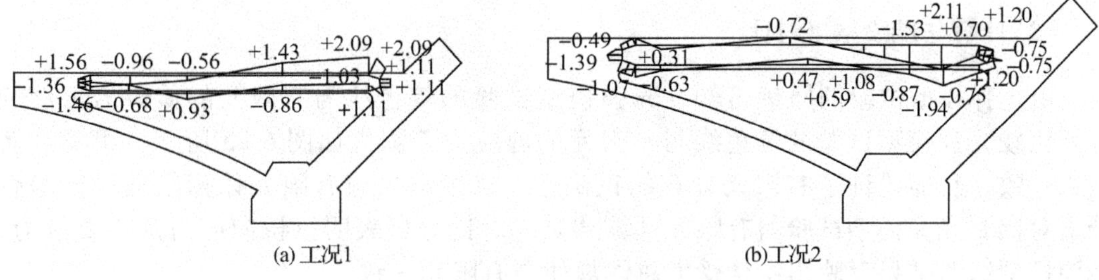

图 6-23　20 截面纵梁外围边界应力

6.1.4　与有限元计算结果的对比

(1)有限元模型

光弹模型试验的理论基础是物理光学和弹性力学，试验结果能反映结构总体的受力性能和规律，应力数值从量级上能反映结构的受力情况。但试验只能得到部分数值，而且存在一定的误差，如试验工艺中又与高分子材料有密切关系，目前通用环氧树脂是最佳选择，但该材料有一定的缺陷，如因空气中的湿度和温度的影响，会造成一定模型边界局部的压应力，即所谓的边缘效应，造成不可避免的误差，同时试验工艺中加力的边界条件可能会存在一定误差，切片的位置及厚度也会影响结果，测量的过程也存在一定误差。另外，实际结构中拱肋是插入结点混凝土中，混凝土握裹力可传递拱肋的一部分内力，而光弹试验模型无法做到，因此，这一部分试验结果与实际结构有一定误差。有限元计算从数值上讲比较精确，如模型的尺寸及加载的位置比较精确，切片的位置也比较精确，有限元计算能得到的数值较多，费用相对较低。但有限元计算也有其缺点，虽然根据圣维南原理，采用集中力加载不会影响总体的受力，但集中力加载区域应力集中明显，会产生奇异值，但实际结构会进行应力重分布，因此，有限元在这部分不能很好地反映实际情况。可见光弹模型试验与有限元计算各有各的优点和缺点，光弹模型试验成果应与有限元计算结果进行综合分析，供工程设计参考。

采用 ANSYS 建立有限元模型，钢管采用四节点壳单元 SHELL63 进行分析，混凝土部分采用 20 点的块体单元 solid95 建模，每个结点有沿 x，y，z 3 个方向的自由度。通过某些结点的重合，标准块体单元可退化为三角形棱形单元和四面体单元。应用这些单元可方便地模拟各种复杂的结构形状。如图 6-24 所示，x 方向为横桥向，y 方向为竖向，z 方向为纵桥向。在有限元模型中，拱座底处约束其 x、y 和 z 3 个方向位移。

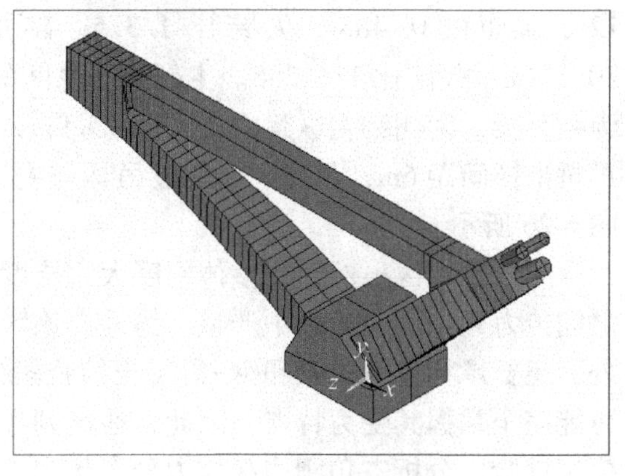

图 6-24　有限元模型

(2)计算与试验结果对比

由光弹模型试验的原理可知，光弹模型试验的等色线与有限元的剪应力云图相近。比较光弹模型试验的等色线与有限元的剪应力云图，如图 6-25 所示，可见二者基本一致，从而验证了有限元计算的正确性。试验结果与有限元计算数据进行综合分析对比，光弹模型试验与有限元计算结果的对比分析表明纵桥向应力是主要应力，光弹模型试验结果反映出结构受力总体规律与有限元一致。

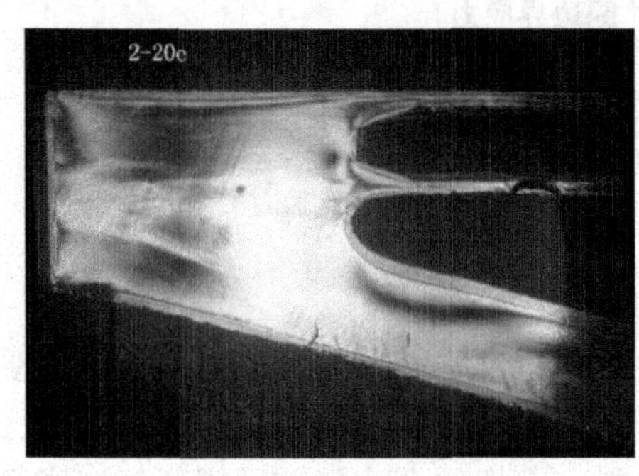

(a) 等色线

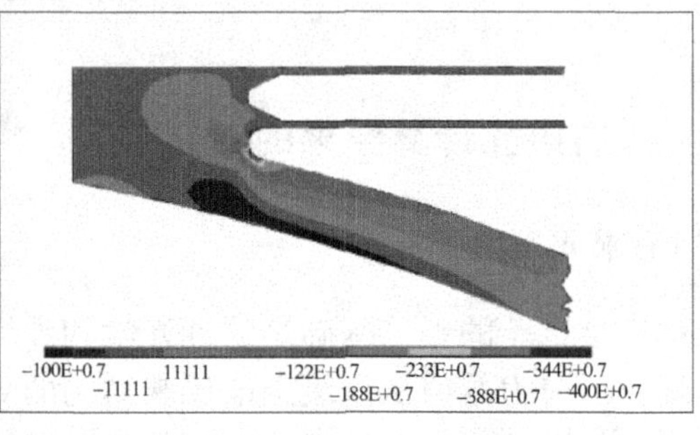

(b) 剪应力云图

图 6-25 纵梁与主拱肋交接处纵桥向截面(工况 1 的 20 截面)

6.2 示例 2：外倾式拱桥三角刚构区域光弹模型试验

6.2.1 模型设计

(1)工程背景

某大桥为 48m+168m+48m 中承式系杆拱，计算跨径 168m，主跨拱肋系统由主拱肋、副拱肋、主副拱之间的横向连杆以及拱顶横撑等构件组成。主拱跨径 168m，外倾 12°，里面矢高 48m，矢跨比 1/3.5。副拱肋轴线为空间曲线，跨径 130m，矢高 20.742m，矢跨比 1/6.268。主副拱肋之间的横向连杆采用圆钢管，间距 6m。拱桥主梁为结合梁，两侧钢主纵梁中心间距 29.9m，钢横梁间距 6m，混凝土桥面板厚度 26cm。拱桥吊杆间距 6m，吊杆上端通过吊耳与主拱肋相连，下端锚固于钢横梁，整体布置如图 6-26 所示。

三角刚构区虽然结构整体刚度大，挠度小，但是构造复杂，且受力较大、不同构件之间传力冗杂、应力集中严重。另外，该区域除了要承受主、副拱肋传递的弯矩和轴力外，还要承担异性横梁和钢-混凝土结合段传递的弯矩、位移等。故通常的分析计算不可能完全掌握其受力特点，因此，通过制作三角刚构区光弹性模型对实物受载状况进行模拟试验，分析三角刚构区应力分布状态，掌握应力分布规律，判定设计合理性及结构安全性，并对施工工艺提供指导性意见。

三角刚构区域由钢筋混凝土边拱肋、钢筋混凝土主拱肋段、钢管混凝土主拱肋段、

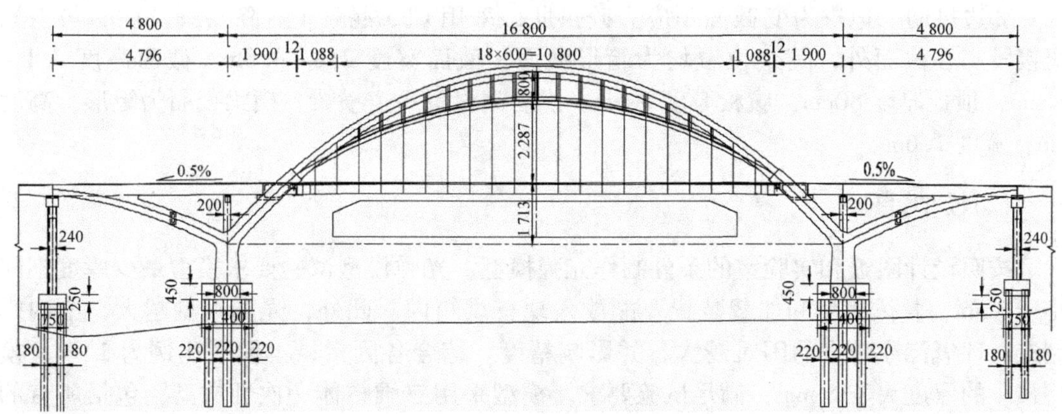

图 6-26　某大桥整体布置图(单位：cm)

副拱肋、纵系梁组成。其中，边拱肋、主拱肋混凝土段、纵系梁刚结组成三角刚架，如图 6-27 所示。

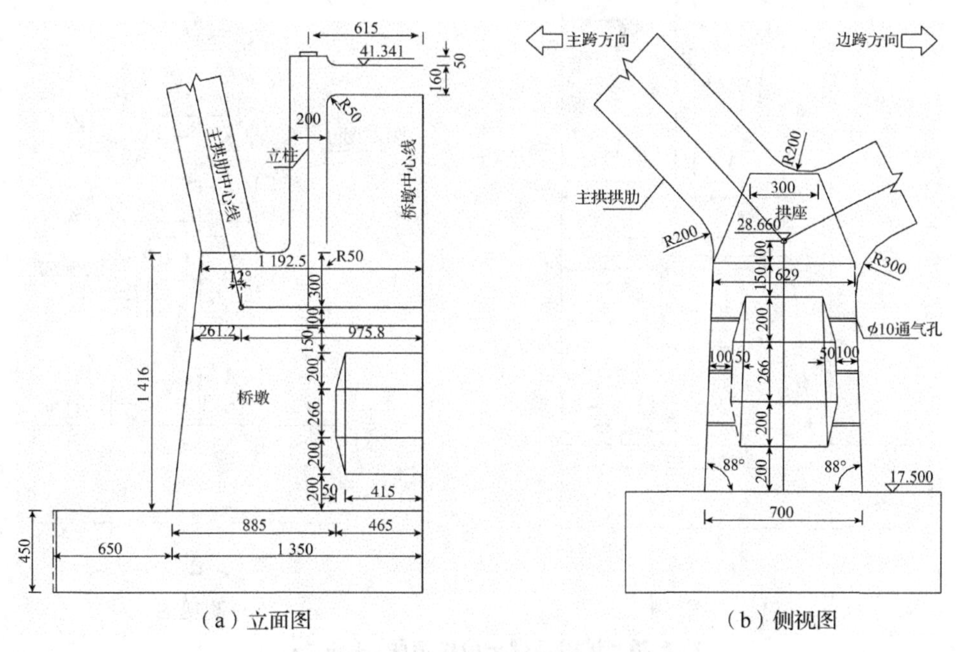

（a）立面图　　（b）侧视图

图 6-27　三角刚构区一般构造图

①主拱肋　主拱肋跨中 130m，两侧各 19m 段为钢筋混凝土结构，主拱钢结构段材料为 Q345qD，主拱肋采用矩形截面，宽 2. 2m，高 3. 4m，腹板顶板厚度为 20~40mm。主拱肋纵向加劲肋采用钢板加劲，顶、底板纵向加劲肋间距 440mm，腹板纵向加劲肋间距 400mm，加劲肋高度 170~300mm，板厚 14~20mm。横向加劲肋与拱轴线垂直，板厚 12mm。吊杆处设横隔板，横隔板板厚 24mm。主拱混凝土段材料为 C55 混凝土，拱肋采用矩形截面，宽 3. 0m，高 4. 2~4. 7m。钢拱肋与混凝土拱肋在结合部通过预应力静轧螺纹钢筋，普通钢筋，钢板及混凝土连接。

②边拱肋　边拱为变截面预应力砼拱肋，采用 C55 混凝土，除拱脚及拱肋与主梁交接段实心截面外，其余位置均为箱形截面，截面宽度 2.8～4.0m，截面高度 3.1～4.2m，顶板厚度 80cm，腹板厚度 50cm。拱肋间设置一道横梁，横梁截面为矩形，高度 3m，宽度 1.6m。

(2)模型设计

按照设计图纸和实验室的条件制作光弹模型。光弹模型试验要求模型最少厚度不能小于 3mm，整体模型和加载装置要能放入现有烘箱内。此外，光弹模型越大，给内模制造、环氧浇注带来的困难越大，并影响精度。综合各因素，本模型比例为 1/70，模型最小的厚度大于 3 mm，满足试验要求。模型采用三维整体一次性成型，包括所有的倒角，以保证结构受力和传力的整体性。三角刚构区缩尺尺寸如图 6-28 所示，主跨主拱肋和边跨拱肋的尺寸如图 6-29 所示。

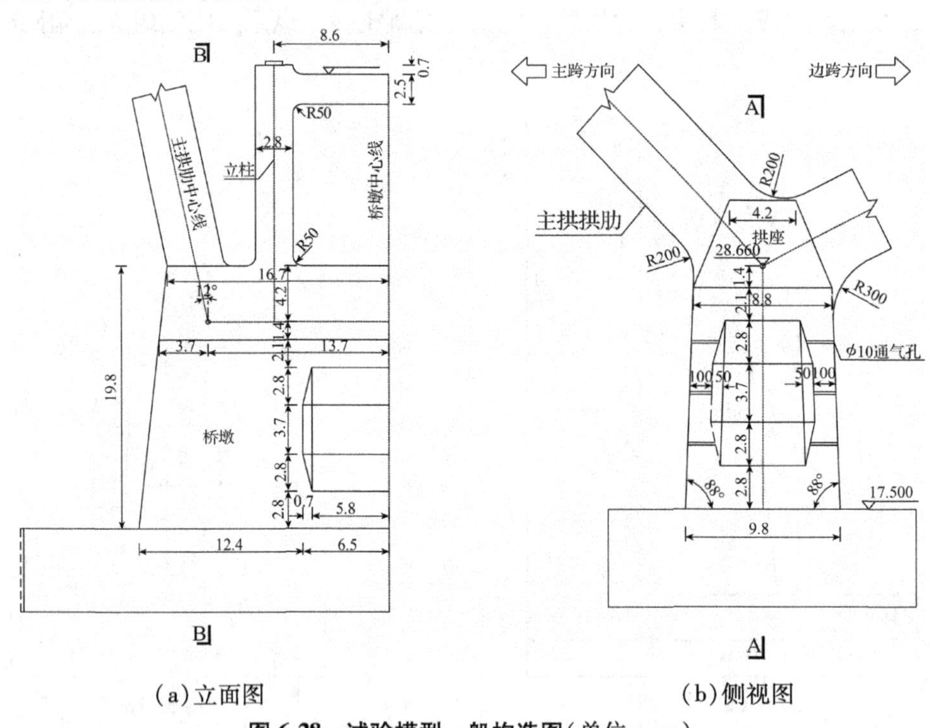

(a)立面图　　　　(b)侧视图

图 6-28　试验模型一般构造图(单位：cm)

(3)边界条件

采用桥梁计算专业软件 MIDAS/Civil 建立空间计算模型，如图 6-30 所示。在计算模型中，除吊杆及系杆采用桁架单元模拟，桥面板采用板单元模拟外，其余构件均采用梁单元模拟。不考虑桥面铺装的抗弯刚度，桥面铺装及桥面附属设施等均考虑其重量。模型共有 2 376 个节点，3 304 个单元。

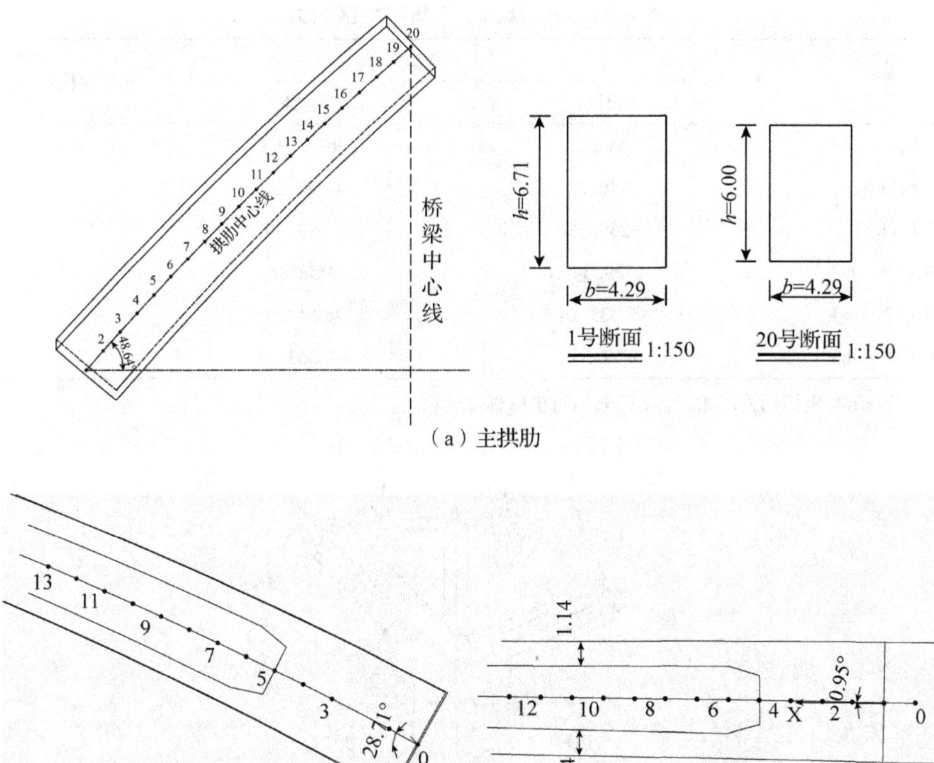

图 6-29　拱肋一般构造图(单位：cm)

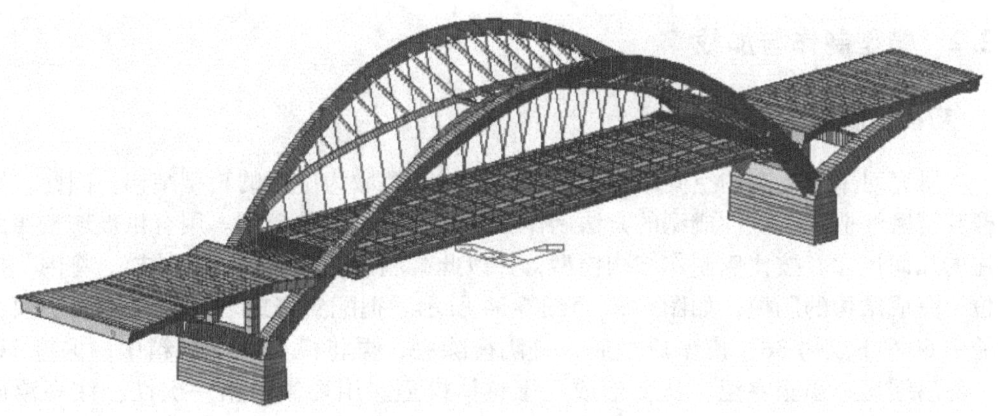

图 6-30　全桥有限元计算模型

持久状况下，主桥三角刚构区内力值见表 6-2 所列，各内力的方向符合右手螺旋法则，具体方向如图 6-31 所示。

表 6-2 持久状况下三角刚构区内力

	三角刚构区		三角刚构区竖向支座
	边拱	主拱	
F_x(kN)	−66 915	−61 289.6	21 031.97
F_y(kN)	−546.08	1 483.24	
F_z(kN)	−239.18	−663.55	
M_x(kN·m)	−29.34	−4 588.64	
M_y(kN·m)	−5 035.04	28 851.1	
M_z(kN·m)	−47.66	−1 863.31	

注："+"表示与坐标轴方向相同，"−"表示与坐标轴方向相反。

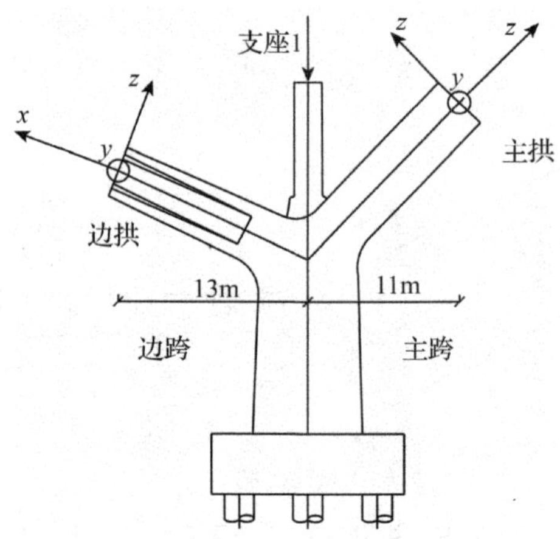

图 6-31 三角刚构区内力示意图

6.2.2 模型制作与加载

(1)模型制作

本研究对象为复杂的空间结构，其中，边拱和桥墩为中空的箱型结构。因此，采用硅橡胶精密注造、一次性成型的方法制作三维光弹模型试验模型。用有机玻璃按照图纸标注的几何尺寸、按比例制作结构模型，并以此翻制硅橡胶的内模、外模。将内、外模定位，完成结构的阴模，如图 6-32 至图 6-34 所示。把配置好的环氧树脂注入阴模，在烘箱中 60℃下烘烤 3d，模型成型后，将阴模除去，再将模型置于烘箱中，保持 115℃ 1d，然后缓慢降温至室温，从而形成三维整体模型。用环氧树脂一次性浇注高温固化成型如图 6-35 所示，拆模后模型如图 6-36 所示。

(2)模型加载

实际结构中拱座底位移很小，可认为固接。因此，试验中将拱座底部固结，根据最不利受力工况进行加载，加载截面的力包括轴力、弯矩和剪力。弯矩采用轴力偏心的方

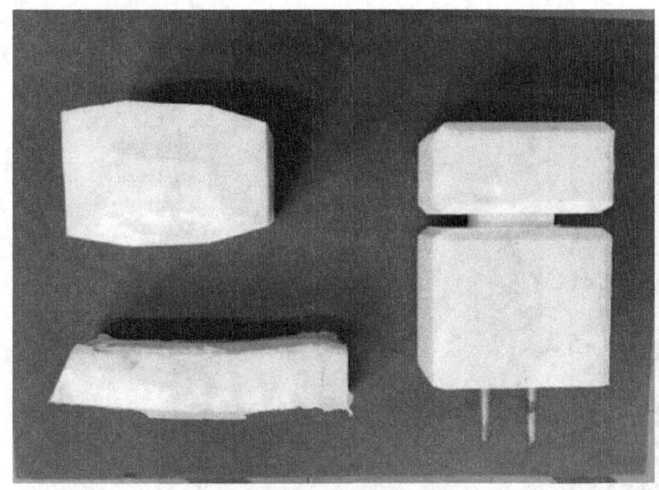

图 6-32　精密硅橡胶内模

图 6-33　模型外模(局部)

图 6-34　组合定位好的内模与外模

图 6-35　模型在烘箱内固化

法实现，集中力采用杠杆、滑轮、砝码实现。所有作用力施加在钢板上，再传到橡胶垫板，最后传到模型上。这样既保证加力的准确性，同时又保证模型自由变形。

根据相似原理，经过估算和预备试验，确定本次试验采用荷载比例为 $2\times10^5:1$。试验采用"冻结"光弹模型试验方法，将模型及其加载装置放入烘箱中，当温度逐渐升到 115℃时施加试验荷载，保温 1h，然后缓慢降温至室温，此时模型的变形和应力保持不变，加载如图 6-37 所示。

图 6-36 整体模型

图 6-37 光弹模型试验加载装置图

(3)模型切片

根据试验目的，选择顺桥向和横桥向典型的截面进行应力场分布分析，截面及编号如图 6-38 所示，由于三角刚构区重点观测拱脚附近的应力变化，为了简化计算，对于全截面切片，只取拱脚部分。

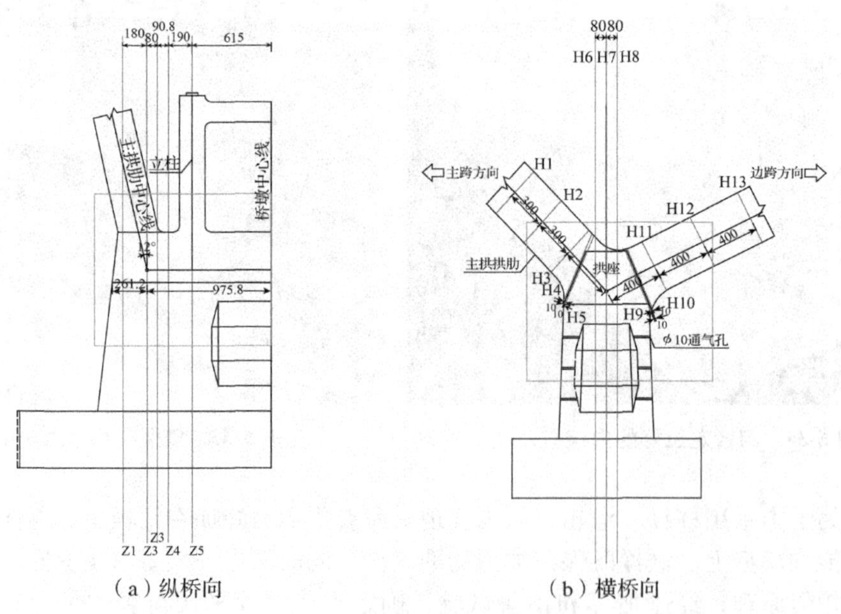

图 6-38 三角刚构区切片示意图

每种工况试验模型分别进行 Z(纵桥向)、H(横桥向)方向的切片，每级工况共有 14 个切片，切片厚度为 5mm，模型切片如图 6-39 所示。

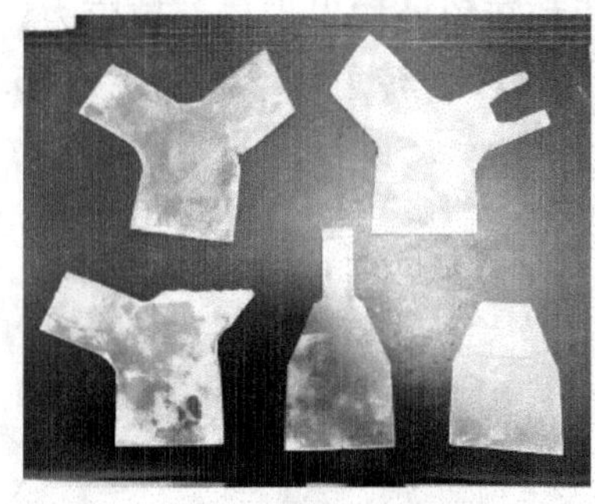

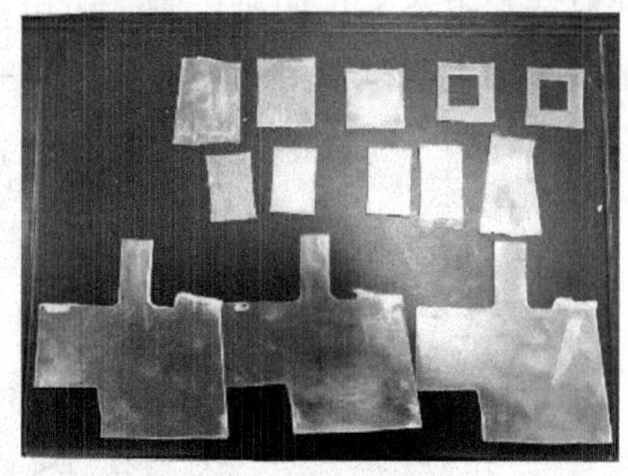

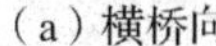

（a）横桥向　　（b）顺桥向

图 6-39　三角刚构区模型切片

6.2.3　试验结果分析

根据相似原理，将已知数值代入，即可求得各工况各荷载等级条纹代表应力值。本次试验中，模化比为 30，故一条条纹代表 2.16MPa。

等色线是主应力差的等值线，等色线图能表明应力分布的大体规律，等色线密集应力梯度较大，往往是应力集中区，等色线稀疏处，应力梯度较小。列出了典型截面等色线的对比，三角刚构区截面如图 6-40 所示。可以看出拱座与边拱交接处、主拱交接处等色线密集处应力梯度较大，为应力集中区，其他区域等色线稀疏处，应力梯度较小。

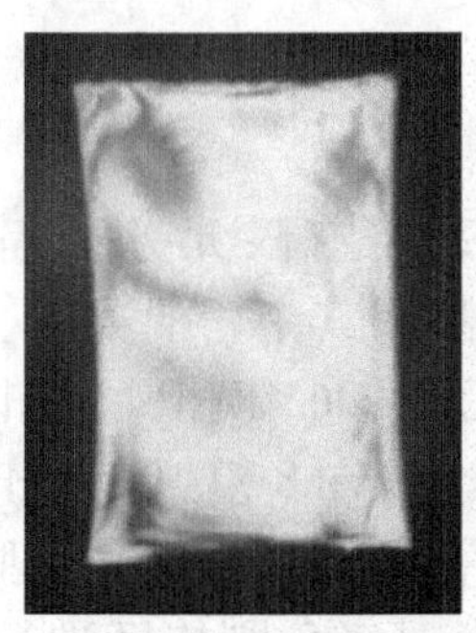

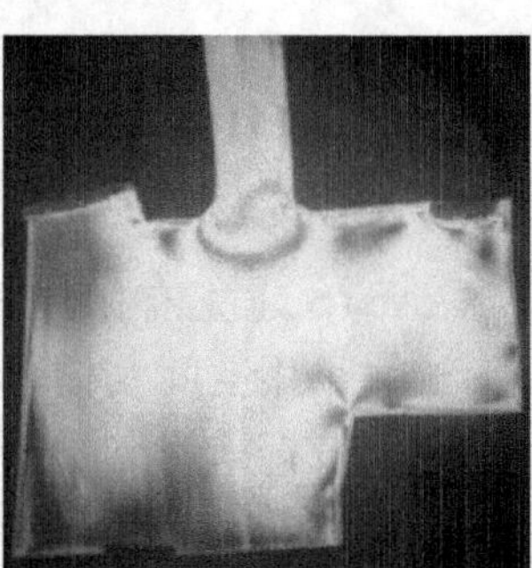

（a）H1截面　　（b）H7截面　　（c）H13截面

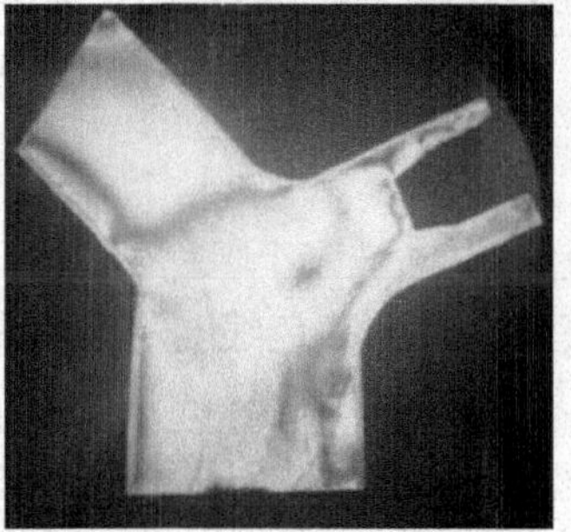

（d）Z2截面　　（e）Z5截面

图 6-40　三角刚构区截面

持久状况荷载组合下，边拱拱腹、主拱拱背和转角处均出现局部拉应力，如图6-41所示。边拱拱腹和主拱拱背最大拉应力达到+2. 81MPa，转角区最大拉应力+5. 40MPa。

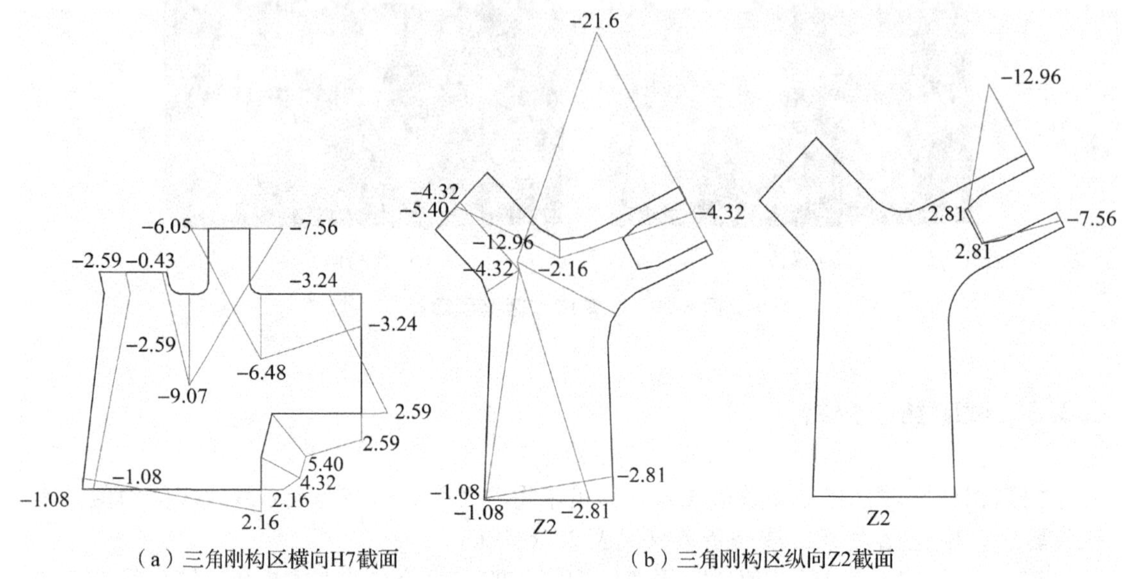

（a）三角刚构区横向H7截面　（b）三角刚构区纵向Z2截面

图 6-41　三角刚构区关键截面应力示意图（单位：MPa）

6. 2. 4　与有限元计算结果的对比

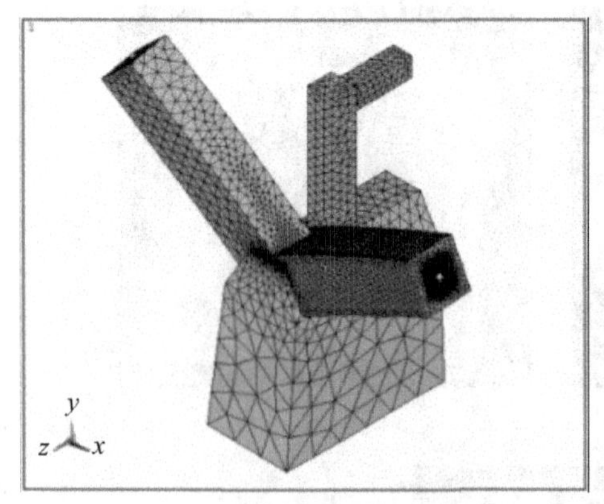

图 6-42　三角刚构区有限元模型

(1)有限元模型

如图 6-42 所示，采用有限元分析程序为ANSYS建立有限元模型，其中，混凝土主拱、边拱采用空间实体单元 Solid65 模拟，精轧螺纹钢筋拉杆采用空间杆单元 Link8 模拟。由于结构左右对称，为简化计算，根据对称性原理，此处采用主体结构的一半对三角刚构区进行局部应力分析。对于三角刚构区有限元模型，在跨中处约束横桥向位移，在桥墩底部固结。

(2)计算与试验结果对比

由光弹模型试验的原理可知，光弹模型试验的等色线与有限元的应力云图相近。比较光弹模型试验的等色线与有限元的应力云图，如图 6-43 所示，可见二者基本一致，从而相互验证了光弹模型试验和有限元计算的正确性。试验结果与有限元计算数据进行综合分析对比，光弹模型试验与有限元计算结果的对比分析表明纵桥向应力是主要应力，光弹模型试验结果反映出结构受力总体规律与有限元一致。

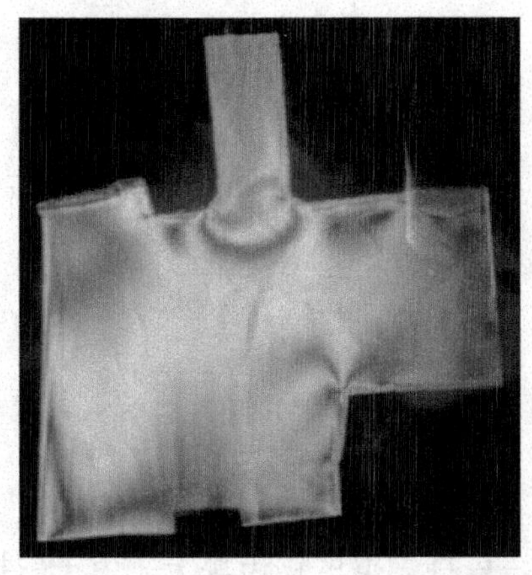

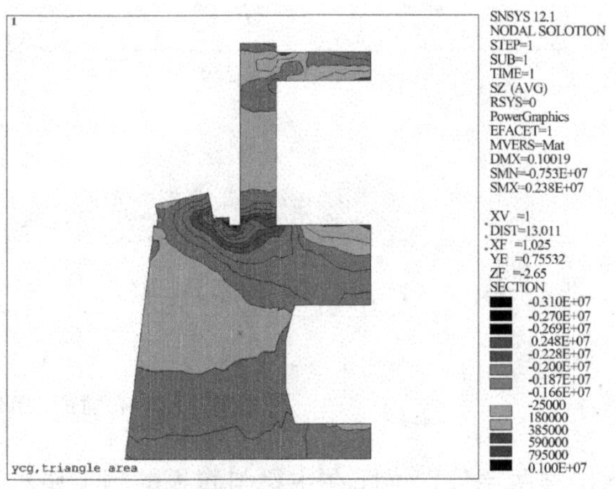

(a)三角形构区横向H7截面

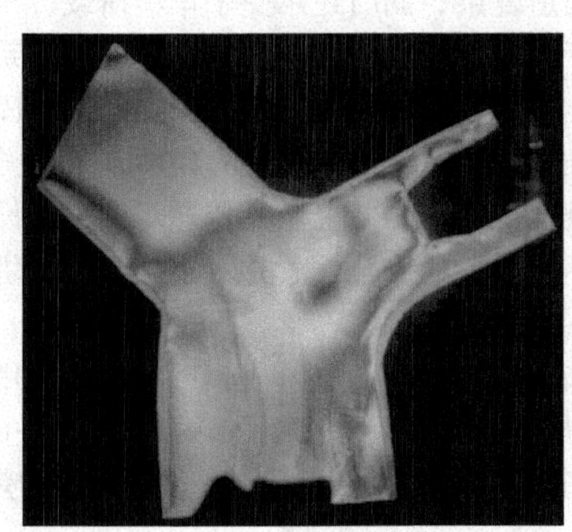

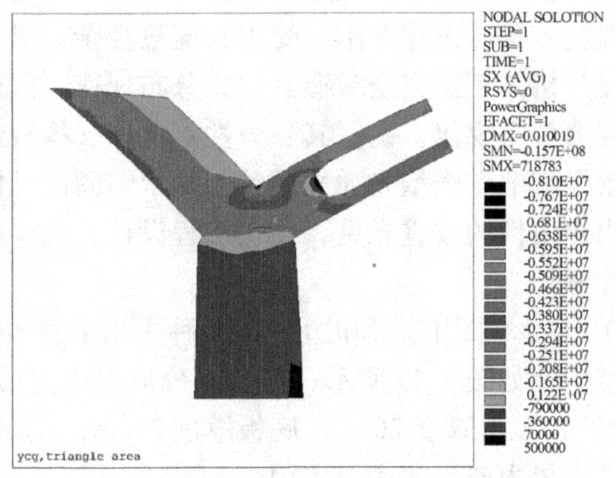

(b)三角形构区纵向Z2截面

图 6-43　三角刚构区关键截面光弹结果与有限元结果比较

6.3　示例 3：拉索主梁锚固段的光弹模型试验

6.3.1　模型设计

(1)工程背景

某城市桥梁主桥采用双塔双索面预应力混凝土斜拉桥，跨径布置为 45m+160m+272m+130m，总长 607m，该桥为单向纵坡，坡度为 2%，总体布置如图 6-44 所示。

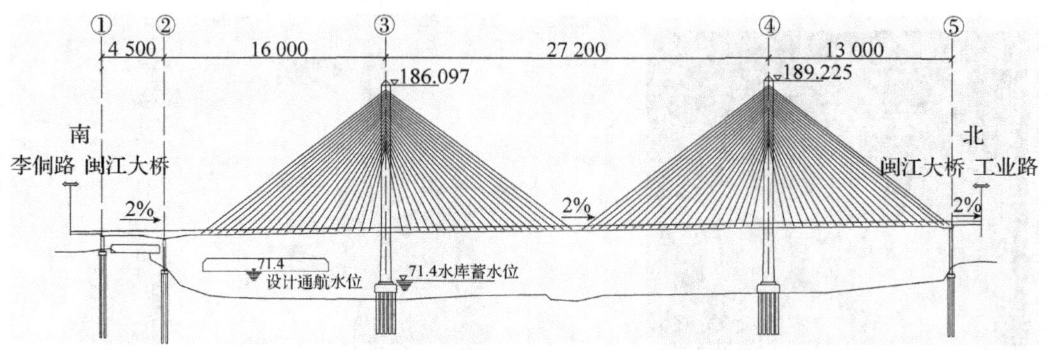

图 6-44　总体布置图(单位：cm)

斜拉索两端分别锚固在主梁斜腹板的锯齿块和主塔塔柱内壁的锯齿块上。由于斜拉索两端锚固区是斜拉桥的斜拉索、塔柱、主梁等基本构件联合受力的关键部位，历来都是重要的研究对象。因本桥斜拉索锚固区主梁端的锚固区的腹板、横梁及底板尺寸变化较大，还有预应力索及过人孔洞穿过主梁，结构构造复杂；同时还承受了车辆荷载、索力、温度、预应力等作用，受力状况较复杂。对于锚固区的受力状况分析，一般的杆系有限元分析是不能完全掌握其内力分布规律，因此，为了确保结构的安全性，掌握锚固区的应力分布规律，确保其受力性能良好、构造细节合理，避免局部应力集中现象，开展拉索梁端节点模型光弹性试验，揭示锚固区关键部位的应力状况及其传递规律，给设计提出建设性的改进意见，优化工程设计，确保结构设计的安全性，并对施工工艺提供指导性意见。

①主梁　采用箱梁和边主梁两种主梁断面相结合的方式，其中，协作跨 45m 采用箱梁结构，如图 6-45 所示；其余部分采用边主梁断面，如图 6-46 所示。梁高 2. 8m(中心高度)，顶板厚度 26cm，底板厚度 25cm，主梁全宽 24. 2m，梁两端端头设 0. 2m 风嘴用以减小风力产生的横向作用。

协作跨现浇段采用单箱四室结构，引桥侧端横梁宽度 2m，端头设牛腿结构，用于主桥南侧的现浇简支箱梁结构的支撑点，中横梁宽度 3m，协作跨悬挑部分长度 30m。

北侧锚跨设现浇段长度 18. 5m，端横梁宽度 2m，锚跨合龙段 2m，北侧锚跨最后三根尾索间距 4m，锚跨尾端 10. 25m 范围内进行截面加高设计，箱梁截面高度 4. 2m。

30cm 与 40cm 横梁的预应力索布置示意图如图 6-47 所示，钢束类型为 $15\phi_j15.24$。

②斜拉索　采用 $\phi7$ 高强平行的钢丝，两端采用冷铸锚，索外包挤彩色 PE 防护套，两端设内置式减振器。斜拉索采用密索体系，双索面扇形布置。梁上标准索距为 6m，

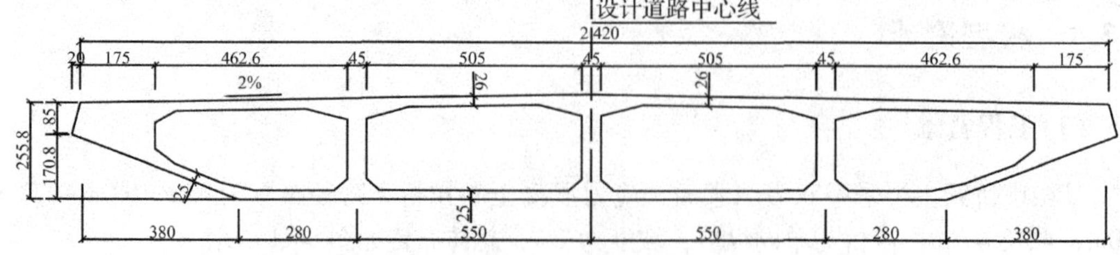

图 6-45　主桥协作跨部分主梁标准断面图(单位：cm)

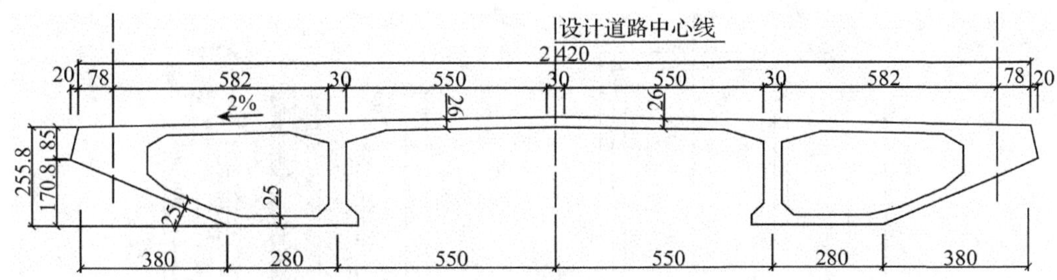

图 6-46　主桥斜拉桥部分主梁标准断面图（单位：cm）

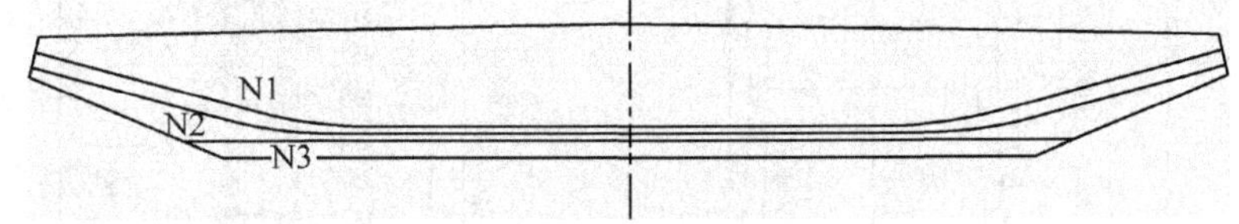

图 6-47　横梁预应力索布置示意图

索塔上标准索距为 1.5 及 2.0m；主塔为门柱式，两侧各有 21 对索，全桥共 164 根索。拉索编号如图 6-48 所示。

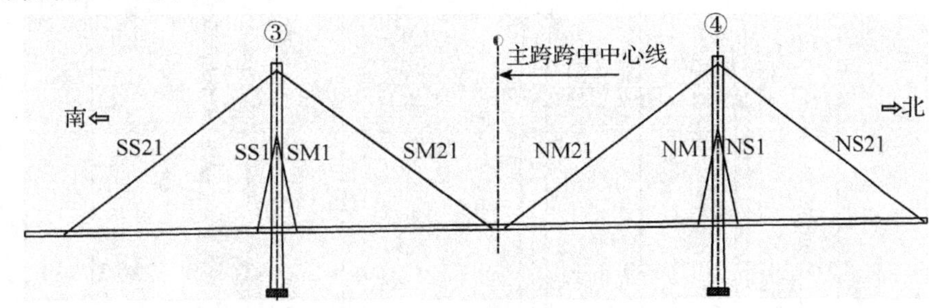

图 6-48　斜拉索编号示意图

③主塔　采用墩、塔、梁固结体系，主塔为预应力混凝土结构，单箱单室截面，整个主塔由下塔柱、横梁、中塔柱、拉索锚固区、塔尖等部分组成。斜拉索锚固在主塔锚固区塔柱内壁的锯齿块上，为了克服斜拉索的水平分力在锚固区塔柱截面产生的拉力，在锚固区截面四周布置了直径 32mm 的预应力粗钢筋。主塔如图 6-49 至图 6-51 所示。

(2)模型设计

主梁研究节段的具体位置按内力不利原则进行荷载组合设计得到。通过全桥结构受力分析确定选择在南侧底板变截面处的 S18′、S19′梁块，尾索 SS20 的锚固区，拉索主梁锚固段研究长度为 12m，如图 6-52、图 6-53 所示。为了保证边界条件的正确性，在横梁顺桥方向增加整体的箱梁结构，组成整体光弹性模型。在构造上，增加过人孔洞，为优化设计提供参考数据。整体光弹模型设计过程中模型最少厚度不能小于 3mm，且现有烘箱必须能容纳整体模型加载装置，同时综合考虑制作精度等因素后，确定本模型比例为 1/50，模型最小的厚度 5mm。

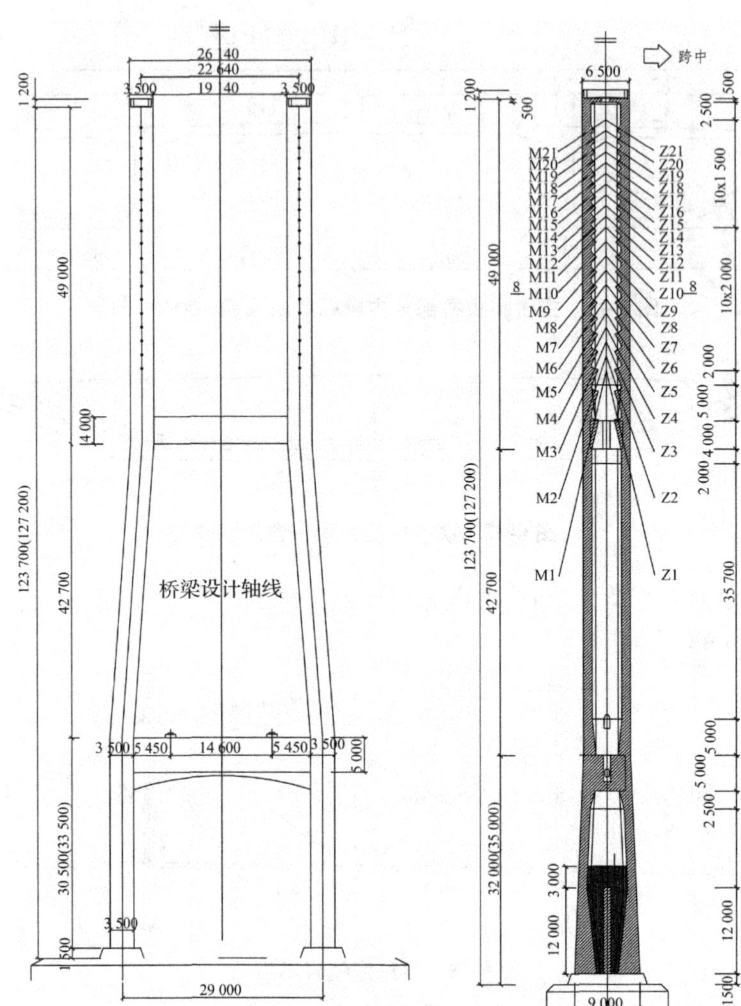

图 6-49 主塔塔柱剖面图(单位：cm)

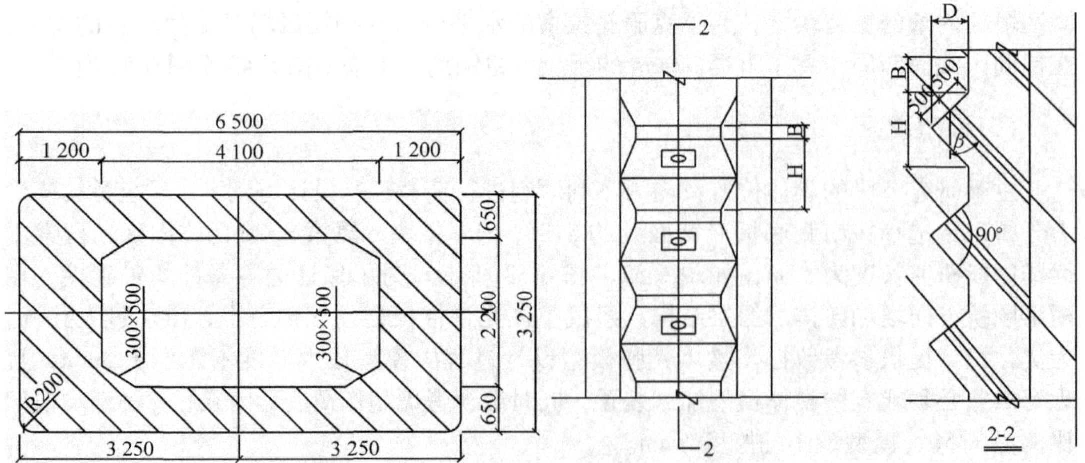

图 6-50 主塔中塔柱截面图(单位：cm)

图 6-51 锚固齿块局部大样图(单位：cm)

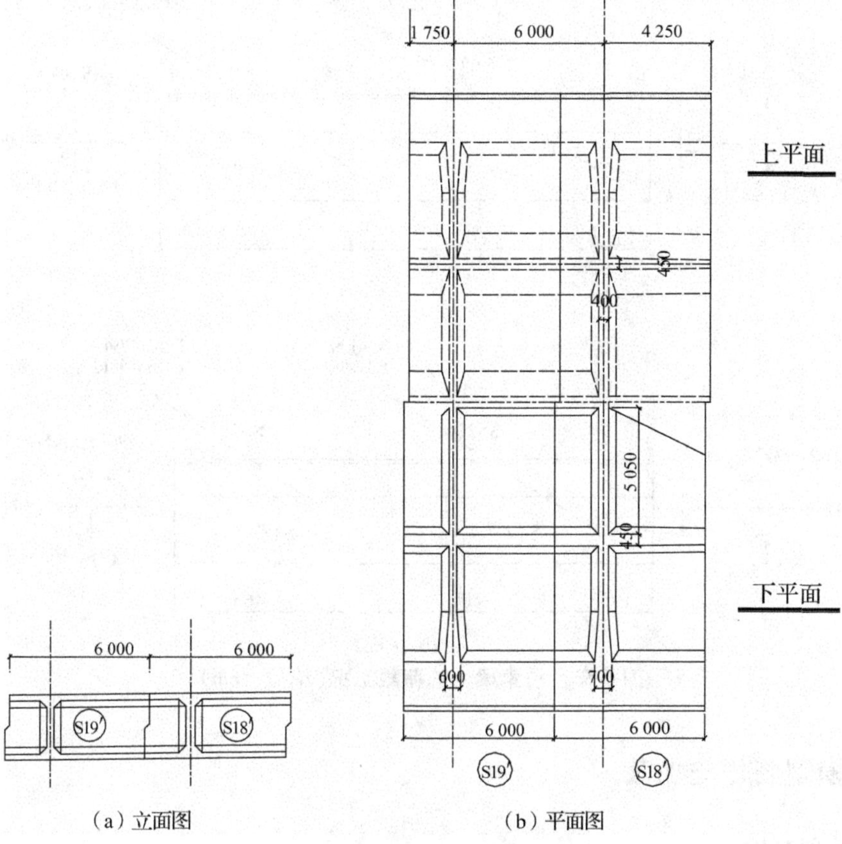

（a）立面图　　（b）平面图

图 6-52　拉索主梁锚固区研究节段(单位：mm)

(3)边界条件

荷载工况共有 2 个工况，如图 6-53 所示和表 6-3 所列。

工况 1：拉索主梁锚固区梁段轴力最大；

工况 2：拉索主梁锚固区斜拉索索力最大。

荷载组合中综合考虑恒载(包括结构自重、预应力、索力、二期荷载及收缩徐变)、车道荷载、人群荷载、温度荷载(包括整体升降温、索梁温差、桥塔日照及桥面日照)等对结构内力的影响。

表 6-3　边界条件

工况	内容	位置	轴向(kN)	剪力(kN)	弯矩(kN · m)
1	主梁轴力最大	I	−105 824	2 338	62 698
		J	−111 089	4 832	71 546
2	拉索索力最大	I	−105 824	2 338	69 712
		J	−111 089	4 832	57 050

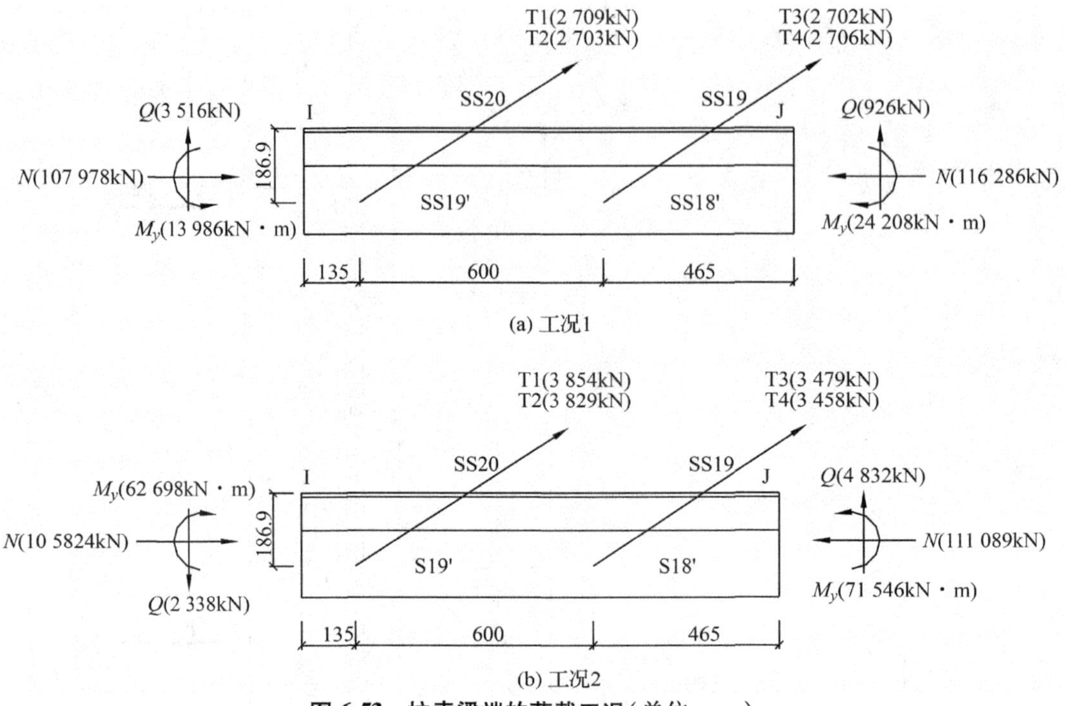

图 6-53　拉索梁端的荷载工况(单位：cm)

6.3.2　模型制作与加载

(1)模型制作

光弹模型为三维整体一次性成型，保证横梁结构及其锚块受力和传力的整体性。整体光弹模型采用精密硅橡胶内模(图 6-54)，环氧树脂一次性注造成型(图 6-55)。为了保证几何尺寸的准确性，锚块内索孔由精密机械加工而成。

图 6-54　精密硅橡胶内模

图 6-55　整体模型

(2)模型加载

根据设计院提供的荷载条件，在顺桥一端设置为固定端，另一端施加轴力、剪力和弯矩。弯矩由偏心的轴力形成，两个索力直接施加在模块上。由于是对称结构、对称荷载，因此，利用对称性，横梁的中心线，采用模拟连杆约束。结构自重荷载采用近似方法，自重荷载均匀加在桥面顶板上。

根据相似原理，经过估算和预备试验，确定本次试验采用荷载比例为 $1\times10^5:1$。试验采用“冻结”光弹模型试验方法，将模型及其加载装置放入烘箱中，当温度逐渐升到 115℃时施加试验荷载，保温 1h，然后缓慢降温至室温，此时模型的变形和应力保持不变，加载如图 6-56、图 6-57 所示。

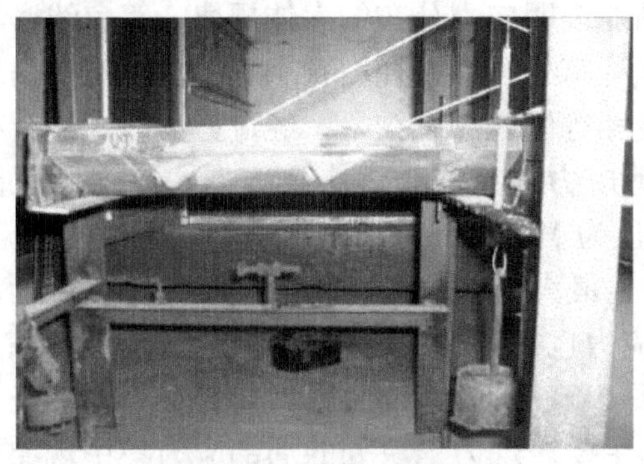

图 6-56　锚块局部加载

图 6-57　整体模型加载装置(桥面加自重)

(3) 切片及测试

为了研究主梁锚固区变截面主梁的内部应力分布情况，每种工况试验模型分别进行 Z(纵桥向)、H(横桥向)方向的切片，选取纵横向共 14 个剖面，切片厚度为 5mm。具体位置如图 6-58 所示，模型切片如图 6-59 所示。

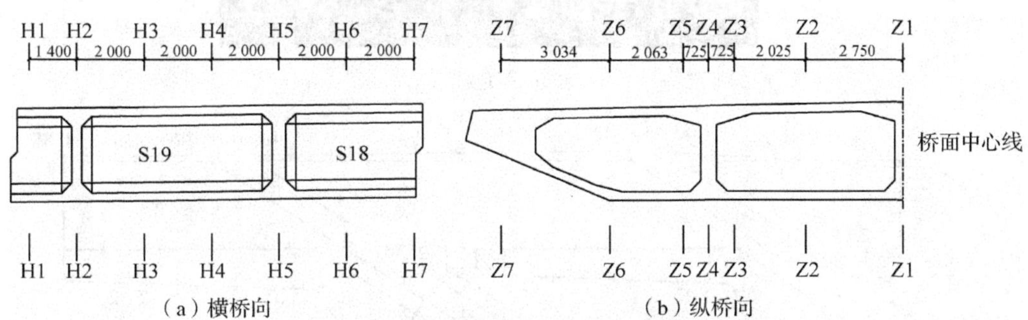

图 6-58　拉索梁端锚固区应力提取位置示意图(单位：cm)

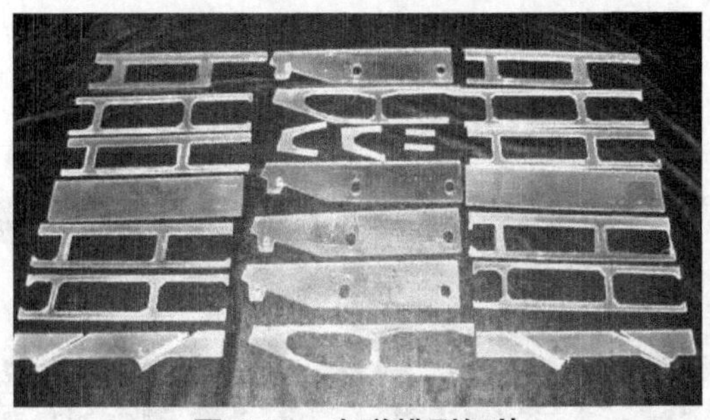

图 6-59　光弹模型切片

6.3.3　试验结果分析

根据相似原理，将已知数值代入，即可求得各工况各荷载等级条纹代表应力值。本次试验中，模化比为 40，故一条条纹代表 2.88MPa。

等色线是主应力差的等值线，等色线图能表明应力分布的大体规律，等色线密集处应力梯度较大，往往是应力集中区，等色线稀疏处，应力梯度较小。应力示意图是指应力用示意图表示，即将断面上各点的等色线和等倾线测试结果，经过剪力差法进行有限差分计算与分析，得到各断面的正应力、剪应力和主应力大小及方向。应力示意图中“+”表示拉应力，“-”表示压应力，应力单位为 MPa。

工况 2 下，S19#索力最大，在锚块处产生最大局部应力，顺桥方向主要表现为压应力，最大值达-23.04MPa；横桥方向的孔周应力也很突出，最大拉应力达+6.67MPa；S18#索力较少一些，应力表现比 S19#要小；由图 6-60 可见，S19#锚块局部条纹非常密集，应力集中现象严重。由图 6-61 可见，索力作用主要表现为锚块处的局部应力集中现象比较严重，但这些区域的面积都较小且应力值递减很快，没有严重影响到桥面其他部分，S19#到 S18#之间桥面部分应力很小，说明索力很快地通过锚块均匀分散到整个梁体。

(a) 等色线

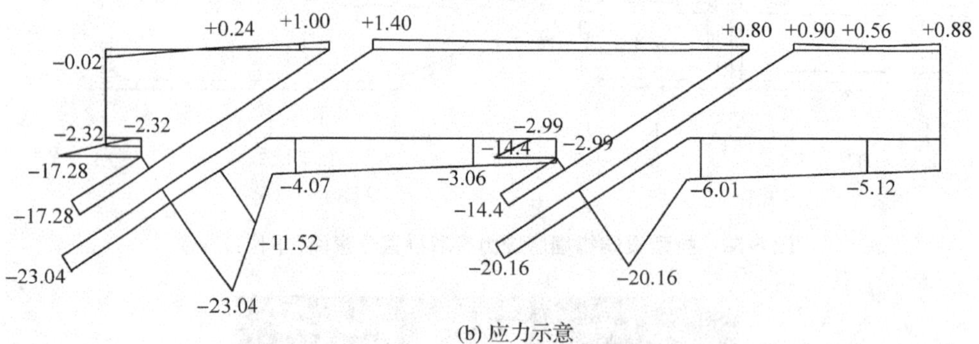

(b) 应力示意

图 6-60　Z7-7 剖面

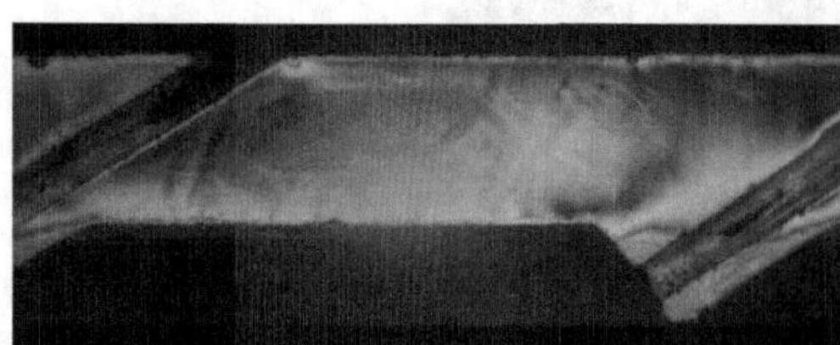
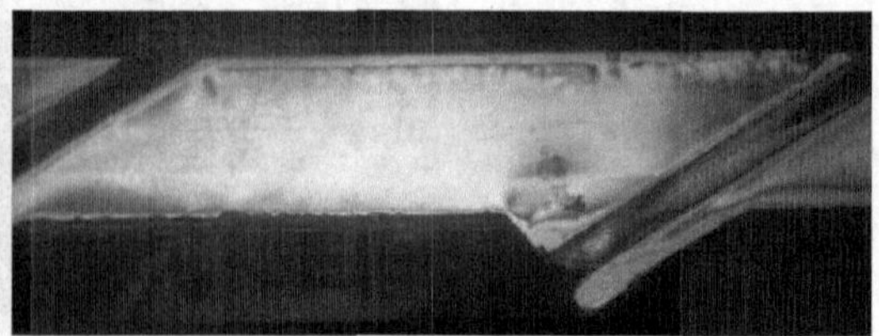

图 6-61　锚点处等色线

索力对靠边的人工洞周边应力影响较大，洞口上下边均出现拉应力，最大值达+5. 36MPa，如图 6-62 所示。由于轴压力较小，剪力、弯矩的综合作用比较小，索力起到主要作用，在索孔附近桥面有不大的拉应力，最大值达+1. 57MPa，在桥面上顺桥和横桥方向应力表现平缓，一般为压应力，最大值达-5. 80MPa。由于试验自重施加在桥面上，试验条件与工程实际工况有异。因此，此分析仅供参考。桥底板顺桥方向表现为不大的压应力，横桥方向表现为不大的拉应力。

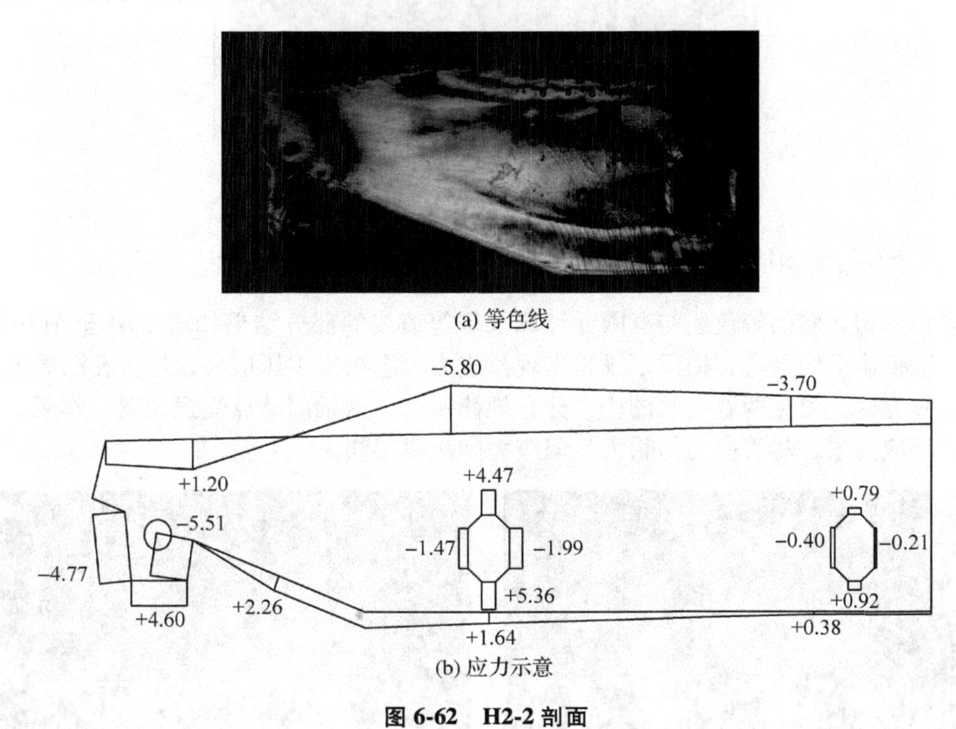

图 6-62　H2-2 剖面

6. 3. 4　与有限元计算结果的对比

(1) 有限元模型

采用通用有限元程序 ANSYS 对主桥拉索锚固区进行有限元分析，考虑到节段分析区段实际在构造上应属于薄壁结构与实体相混合的不规则空间结构，计算模型选用了 20 节点 Solid95 单元来模拟实际混凝土结构。预应力筋采用 link8 单元模拟，这种三维杆单元是杆轴方向的拉压单元，每个节点具有三个自由度：沿节点坐标系 x，y，z 方向的平动。就像在铰接结构中的表现一样，本单元不承受弯矩。通过施加初应变达到施加预应力的效应。建模时横桥向取半桥宽度，并在对称面上施加横桥向约束。有限元模型总长 12m，宽度 12. 1m，拉索主梁锚固段有限元模型经过网格划分后共 154 837 个单元，92 890 个节点，如图 6-63 所示。

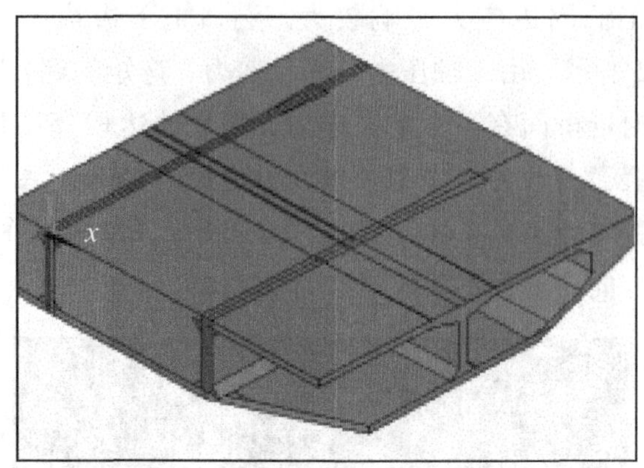

图 6-63　拉索主梁锚固段有限元模型

(2)计算与试验结果对比

光弹模型试验的等色线与有限元计算求得等值线的部分结果如图 6-64 至图 6-66 所示。由于横梁横向受弯，横梁下缘将出现拉应力，上缘出现压应力，过人孔洞周围出现较大拉应力区，可见两者反映的应力分布规律一致，索梁固结点受强大索力作用，将产生较大压应力值，尽管应力值很大，但应力削减也很快。

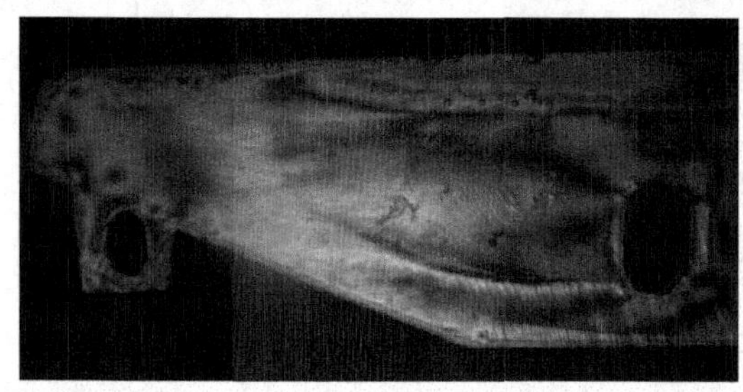

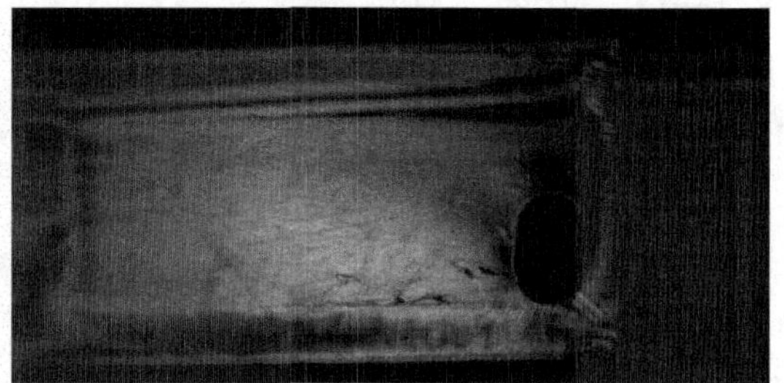

(a) 等色线

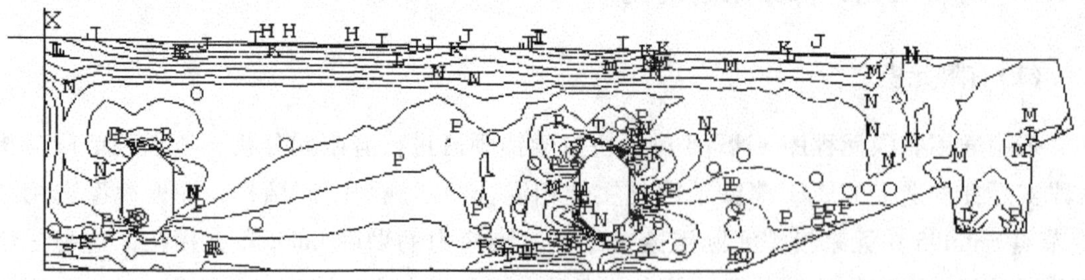

(b) 等值线

图 6-64　H2-2 等色线图和等值线图

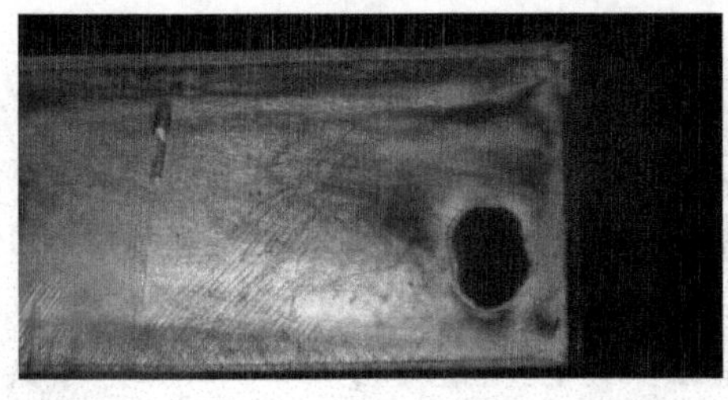
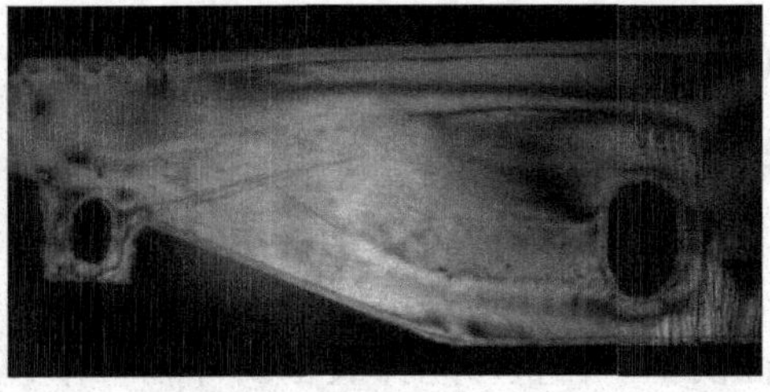

（a）等色线

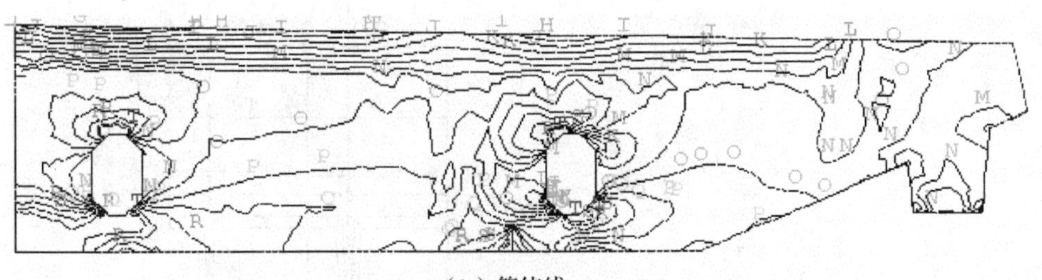

（b）等值线

图 6-65　H4-4 等色线图和等值线图

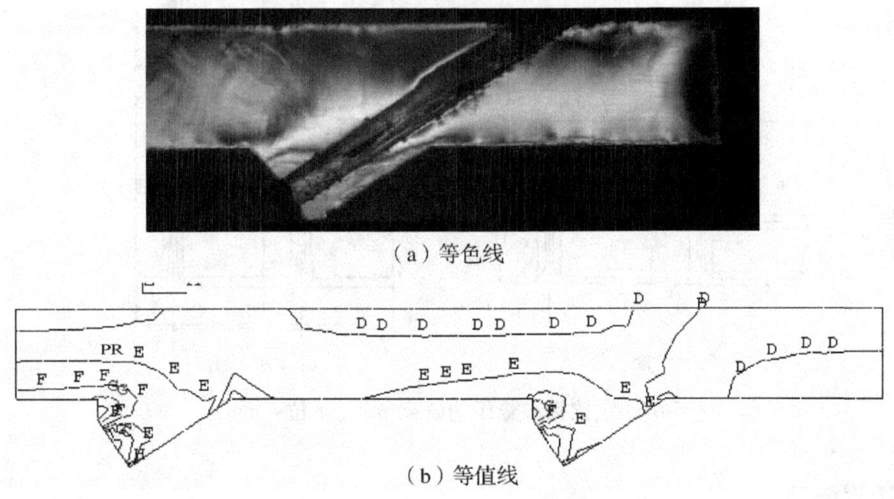

（a）等色线

（b）等值线

图 6-66　Z7−7 等色线图和等值线图

6.4　示例 4：主梁标准节段的光弹模型试验

6.4.1　模型设计

(1)工程背景

与示例 3 为同一工程，本示例研究主梁标准节段。

(2)模型设计

主梁标准节段研究长度为12m，如图6-67所示。主梁标准截面研究节段具体位置选择在大桥北侧N12′、N13′梁段，由于在主梁最大轴力荷载组合下，此两节段的受力最不利。为了保证边界条件的正确性，在横梁顺桥方向增加整体的箱梁结构，组成整体光弹性模型。在整体光弹模型设计过程中模型最少厚度不能小于3mm，且现有烘箱必须能容纳整体模型加载装置，同时综合考虑制作精度等因素后，确定本模型比例为1/50，模型最小的厚度5mm。

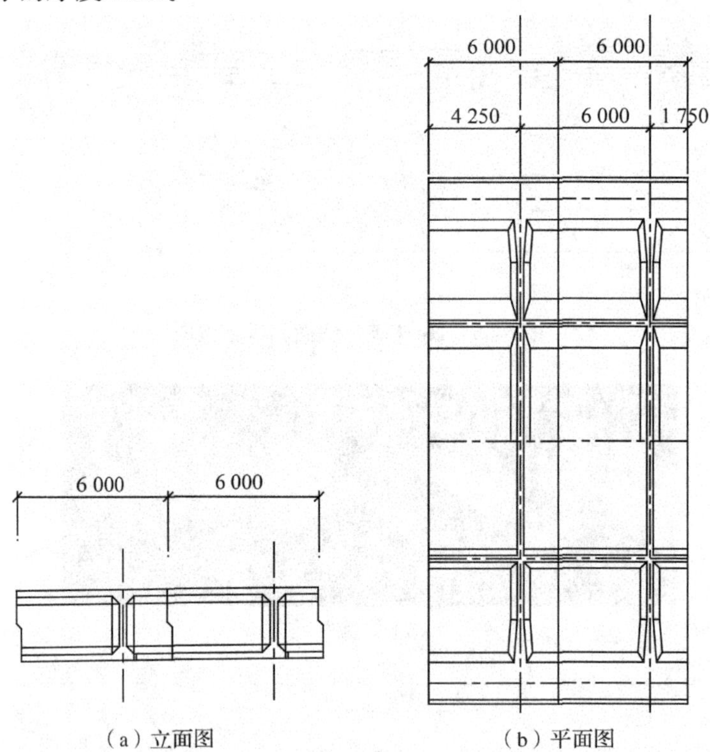

(a) 立面图　　(b) 平面图

图6-67　主梁标准截面的研究节段(单位：mm)

(3)边界条件

主梁最大轴力荷载组合下，此两节段的受力最不利，加载条件如图6-68所示。

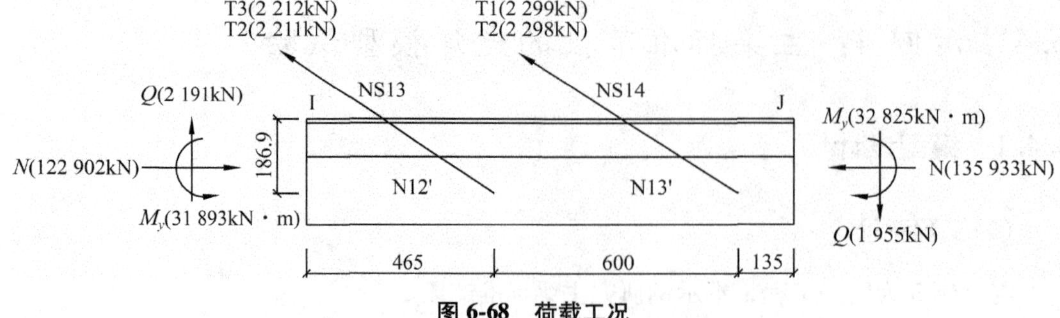

图6-68　荷载工况

6.4.2　模型制作与加载

(1)模型制作

光弹模型设计为三维整体一次性成型，以保证横梁结构及其锚块受力和传力的整体性。整体光弹模型采用精密硅橡胶内模，环氧树脂一次性注造成型，如图 6-69、图 6-70 所示。

图 6-69　精密硅胶模型

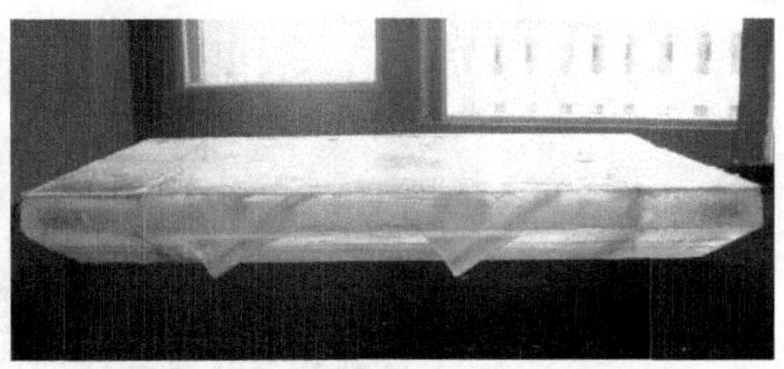

图 6-70　主梁标准节段光弹试验模型

(2)模型加载

根据设计院提供的荷载条件，在顺桥一端设置为固定端，另一端施加轴力、剪力和弯矩。弯矩由偏心的轴力形成，在锚点位置施加索力。集中力通过杠杆、滑轮、砝码等设备实现，作用力直接施加在钢板上，再通过橡胶垫板，最后传到光弹试验模型上。自重荷载模拟成均布力作用于主梁顶板上，即在主梁顶板面上放置一片橡皮，再加铁砂进行模拟自重。

根据相似原理，经过估算和预备试验，确定本次试验采用荷载比例为 $1\times10^5:1$。试验采用“冻结”光弹模型试验方法，将模型及其加载装置放入烘箱中，当温度逐渐升到 115℃时施加试验荷载，保温 1h，然后缓慢降温至室温，此时模型的变形和应力保持不变，加载如图 6-71 所示。

(3)切片及测试

对试验模型分别进行 Z(纵桥向)、H(横桥向)方向的切片，共有 14 个切片，切片厚度为 5mm，如图 6-72 所示，切片如图 6-73 所示。

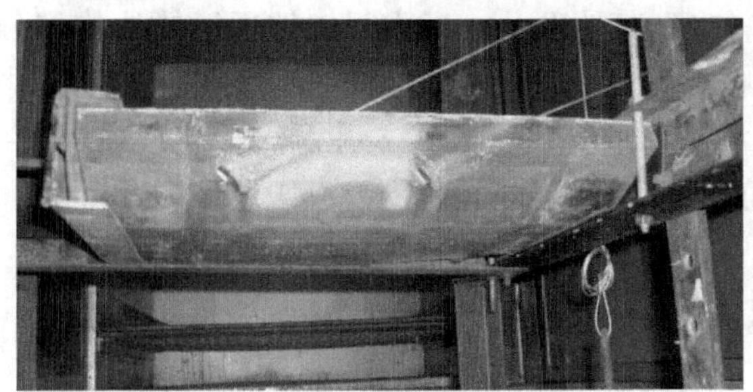

图 6-71　试验加载装置

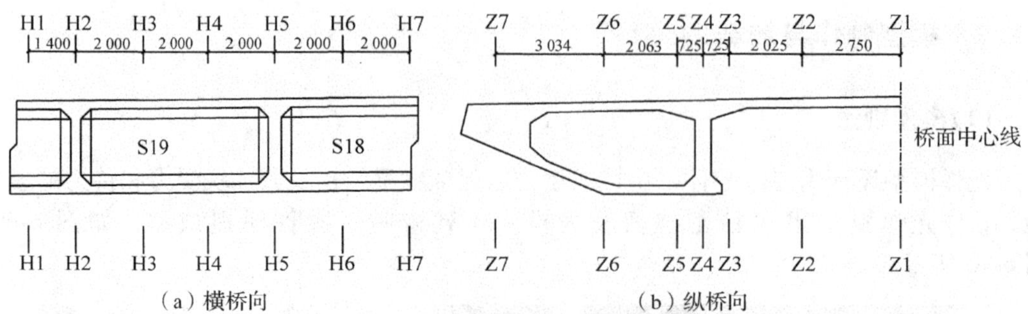

图 6-72 应力提取位置示意图

图 6-73 光弹模型切片

6.4.3 试验结果分析

根据相似原理，将已知数值代入，即可求得各工况各荷载等级条纹代表应力值。本次试验中，模化比为 40，故一条条纹代表 2.88MPa。

等色线是主应力差的等值线，等色线图能表明应力分布的大体规律，等色线密集处应力梯度较大，往往是应力集中区，等色线稀疏处，应力梯度较小。应力示意图是指应力用示意图表示，即将断面上各点的等色线和等倾线测试结果，经过剪力差法进行有限差分计算与分析，得到各断面的正应力、剪应力和主应力大小及方向。应力示意图中“+”表示拉应力，“-”表示压应力，应力单位为 MPa。

如图 6-74 所示，在锚块处产生较大局部应力，顺桥方向主要表现为压应力，最大值达-14.4MPa，且锚块局部条纹非常密集，应力集中现象严重。但面积都较小且应力值递减很快，未严重影响到其他部分，索力很快地通过锚块均匀分散到整个梁体。

图 6-75 是横梁处的截面。由于光弹模型试验无法模拟横向预应力索，横梁表现为横向受拉，最大拉应力达+2.41MPa。在过人孔洞周边出现拉应力，上下边出现拉应力，左右两边出现压应力值，最大拉应力值为+4.85MPa。

6.4.4 与有限元计算结果的对比

(1)有限元模型

采用通用有限元程序 ANSYS 对拉索锚固区进行有限元分析，考虑到节段分析区段

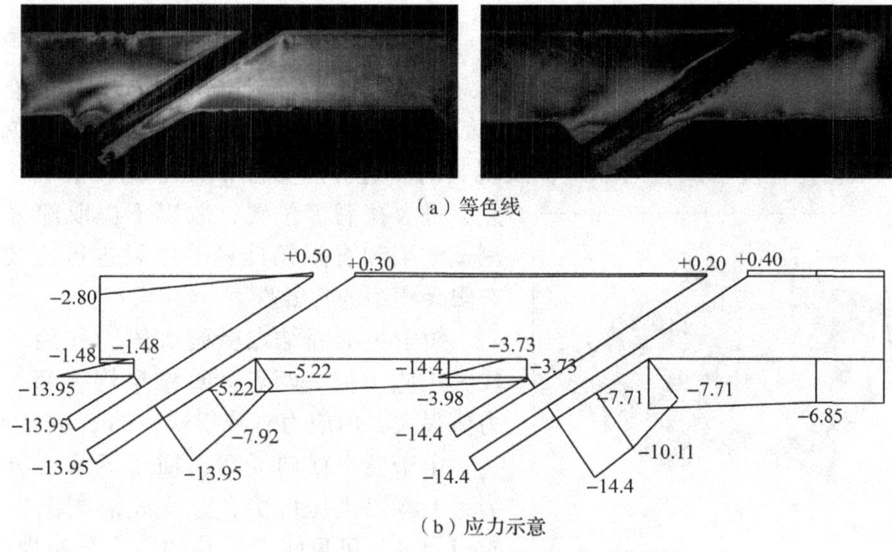

（a）等色线

（b）应力示意

图 6-74　Z7−7 等色线和应力示意图

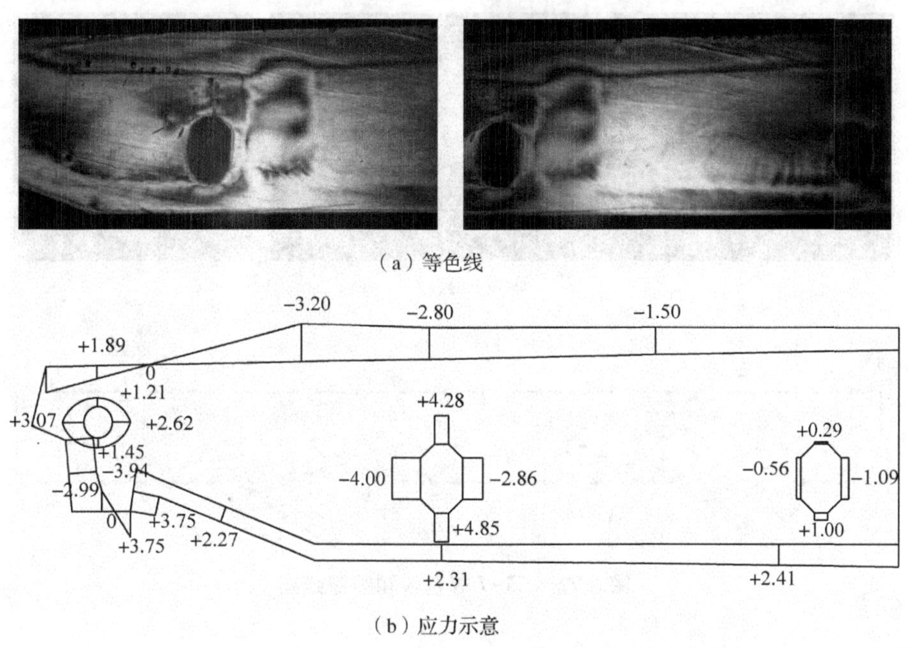

（a）等色线

（b）应力示意

图 6-75　H2-2 等色线和应力示意图

实际在构造上应属于薄壁结构与实体相混合的不规则空间结构，计算模型选用了 20 节点 Solid95 单元来模拟实际混凝土结构。预应力筋采用 Link8 单元模拟，这种三维杆单元是杆轴方向的拉压单元，每个节点具有三个自由度：沿节点坐标系 x，y，z 方向的平动。就像在铰接结构中的表现一样，本单元不承受弯矩。通过施加初应变达到施加预应力的效应。在有限元模型中利用结构和荷载的对称性，建模时横桥向取半桥宽度，并在对称面上施加横桥向约束。有限元模型总长 12m，宽度 12.1m，主梁标准节段经过网格划分后共 119 384 个单元，70 158 个节点，如图 6-76 所示。

（2）计算与试验结果对比

由于光弹模型试验无法模拟横向预应力索的作用，为了比较两者结果，将有限元索单元删除。同时又由于铁砂直接作用于顶板，故顶板的光弹模型试验结果出现偏差的可能较大。根据光弹模型试验的原理，发现其对于边界应力测试结果比较准确，如锚固点、过人孔洞等位置，故以下提取部分代表性测试结果和有限元计算的结果进行比较，验证有限元模型的有效性。

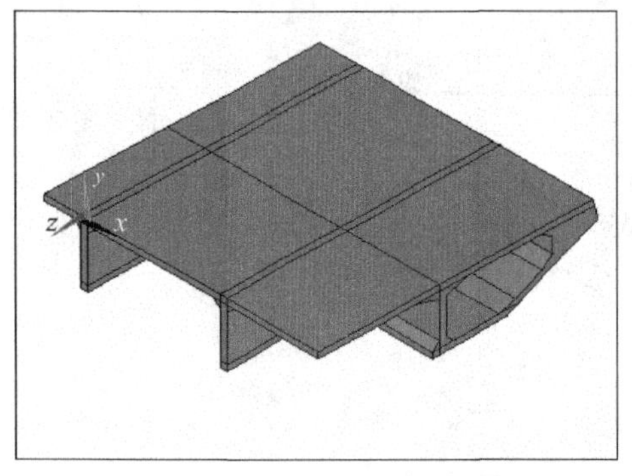

图 6-76　标准截面的节段有限元模型

拉索主梁固结点受强大索力作用，将产生较大压应力值，两者计算结果均表明，尽管应力值很大，但应力衰减很快，如图 6-77 所示。

由于横梁横向受弯，横梁下缘将出现拉应力，上缘出现压应力，过人孔洞周围出现较大拉应力区，可见两者反映的应力分布规律一致，如图 6-78 所示。

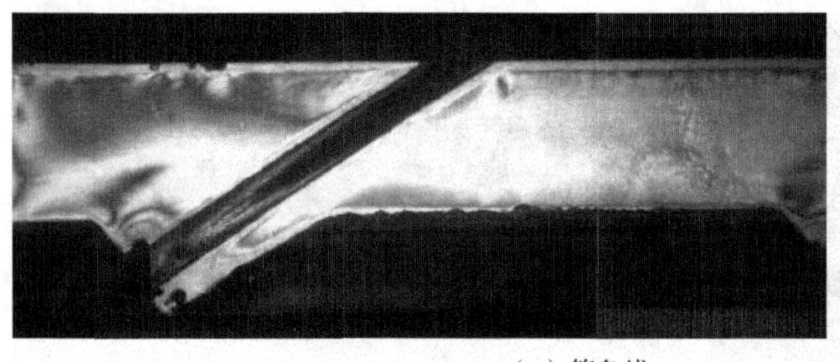
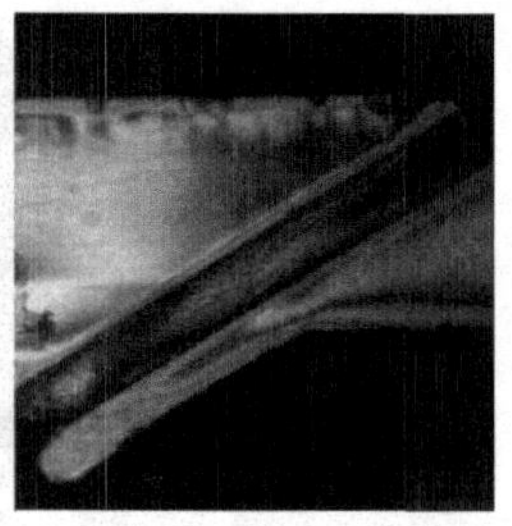

（a）等色线

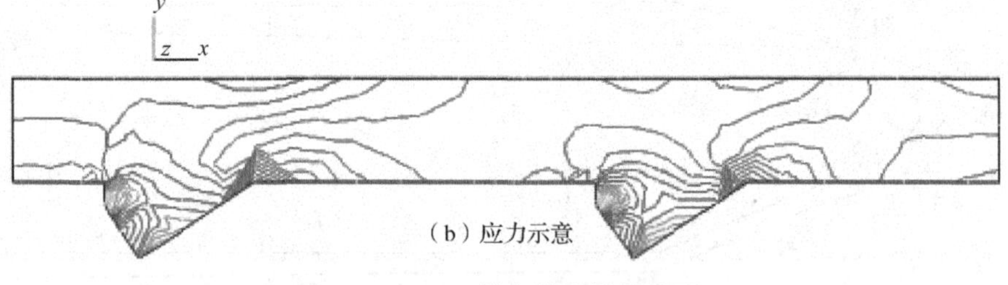

（b）应力示意

图 6-77　Z5-7 等色线和等值线图

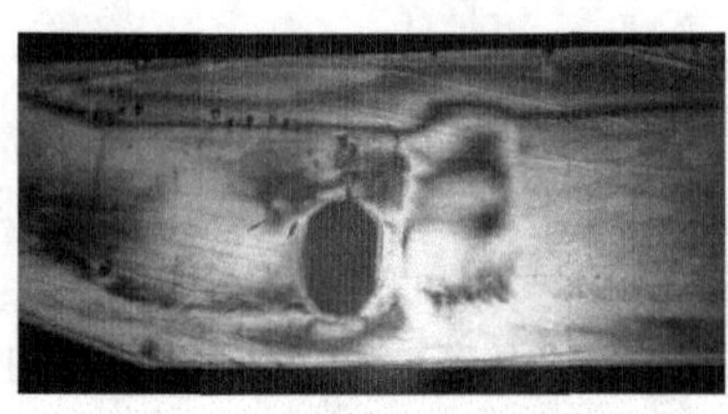

（a）等色线

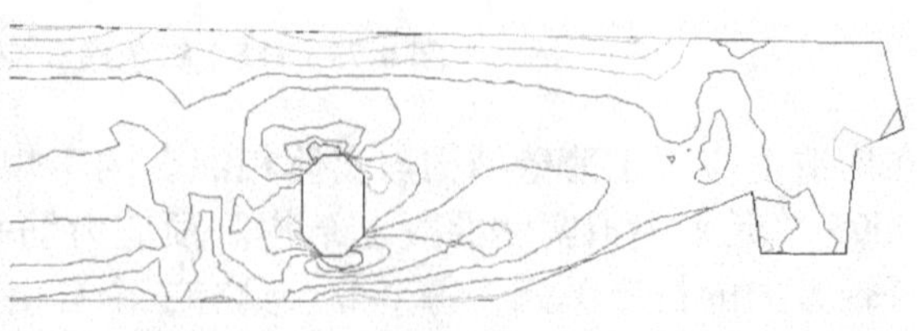

（b）应力示意

图 6-78　H2-2 等色线和等值线图

6.5　示例 5：拱桥横梁节段光弹模型试验

6.5.1　模型设计

(1)工程背景

与示例二为同一工程，本示例研究横梁节段。该桥主桥横梁节点(含钢-混凝土结合)不仅构造复杂，而且受力较大、不同构件之间传力冗杂、应力集中严重，该区域承担异性横梁和钢-混凝土结合段传递的弯矩、位移等，故通常的分析计算不可能完全掌握其受力特点，因此，通过制作横梁节点模型光弹模型试验对实物受载状况进行模拟试验，分析横梁节点应力分布状态，掌握应力分布规律，判定设计合理性及结构安全性，并对施工工艺提供指导性意见。横梁节点一般构造如图 6-79 所示。

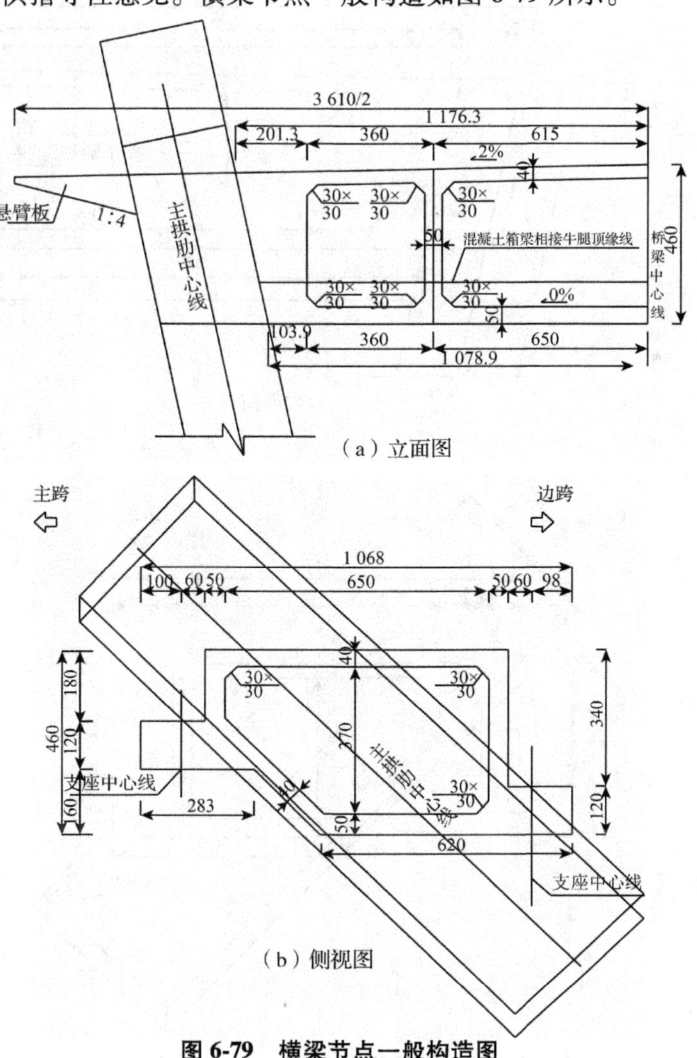

(a) 立面图

(b) 侧视图

图 6-79　横梁节点一般构造图

（2）模型设计

按照设计图纸和实验室的条件制作光弹模型。光弹模型试验要求模型最少厚度不能小于 3mm，整体模型和加载装置要能放入现有烘箱内。此外，光弹模型越大，给内模制造、环氧注造带来困难越大，并影响精度。综合各因素，本模型比例为 1/70，模型最小的厚度大于 3mm，满足试验要求。横梁节点由端横梁和钢-混凝土组合段组成。模型采用三维整体一次性成形，包括所有的倒角，以保证结构受力和传力的整体性。

根据实验室条件，光弹模型具有的最大烘箱尺寸为 80cm×80cm×100cm（长×宽×高），整个整体模型和加载装置要放在烘箱中进行“冻结”光弹模型试验，因此要控制模型的最大尺寸，横梁节点截面如图 6-80 所示。

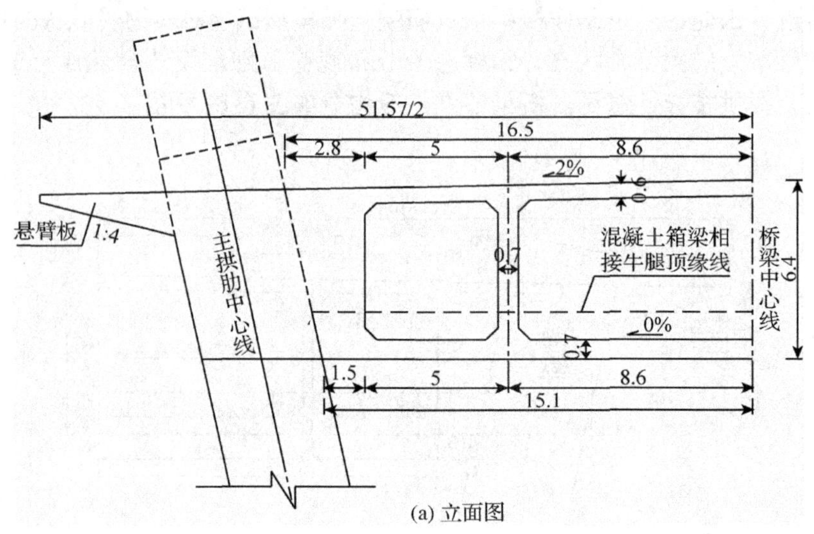

(a) 立面图

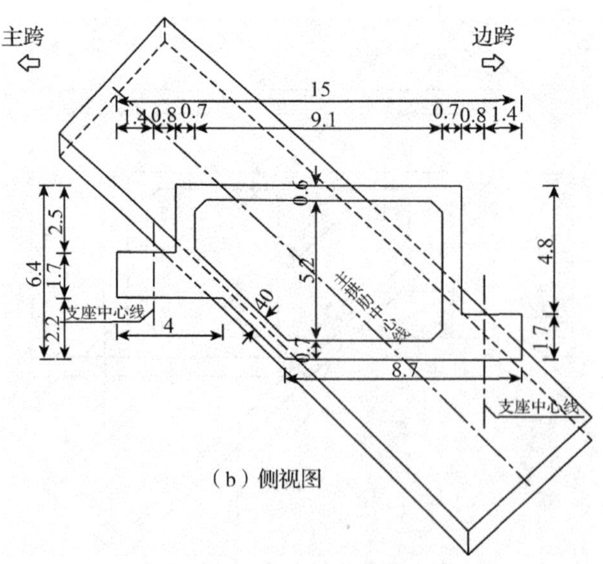

（b）侧视图

图 6-80　横梁节点构造图（单位：cm）

(3)边界条件

采用桥梁计算专业软件 MIDAS-Civil 建立空间计算模型，如图 6-81 所示。在计算模型中，除吊杆及系杆采用桁架单元模拟，桥面板采用板单元模拟外，其余构件均采用梁单元模拟。不考虑桥面铺装的抗弯刚度，桥面铺装及桥面附属设施等均考虑其重量。模型共有 2 376 个节点，3 304 个单元。

持久状况下，主桥三角刚构区各内力的方向符合右手螺旋法则，具体方向如图 6-82 所示，内力值见表 6-4 所列。

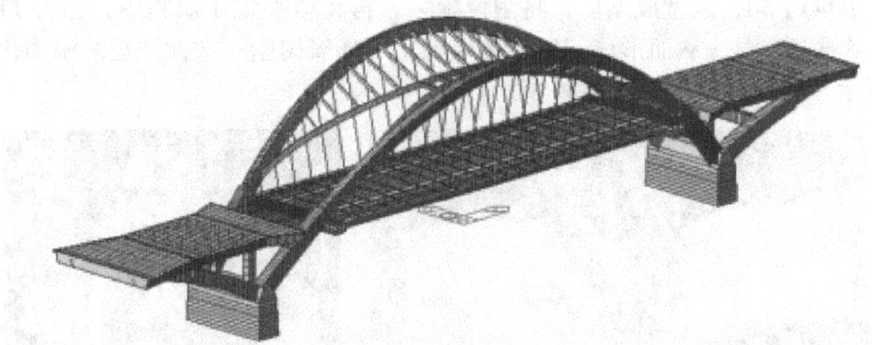

图 6-81　全桥有限元计算模型

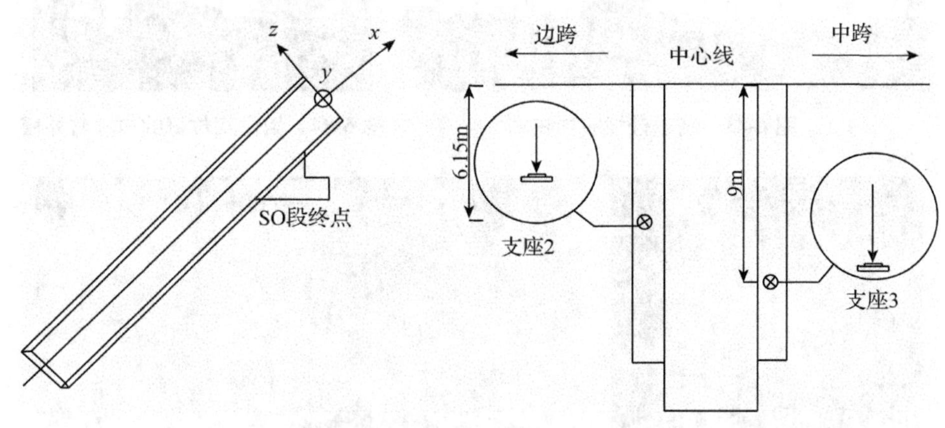

图 6-82　横梁节点内力示意图

表 6-4　持久状况下横梁节点内力

内力	钢-混凝土组合段终点	横梁节点	
		边跨支座	主跨支座
F_x(kN)	−31 101. 8	1 172. 93	1 529. 14
F_y(kN)	−56. 83		
F_z(kN)	−1 404. 19		
M_x(kN · m)	−4 200. 3		
M_y(kN · m)	36 515. 6		
M_z(kN · m)	7 881. 27		

注：“+”表示与坐标轴方向相同，“−”表示与坐标轴方向相反。

6.5.2 模型制作与加载

(1)模型制作

本研究对象为复杂的空间结构，其中边拱和桥墩为中空的箱型结构。因此，采用硅橡胶精密注造、一次性成型的方法制作三维光弹模型试验模型。用有机玻璃按照图纸标注的几何尺寸、按比例制作结构模型，并以此翻制硅橡胶的内模、外模。将内、外模定位，完成结构的阴模，如图 6-83、图 6-84 所示。把配置好的环氧树脂注入阴模，在烘箱中 60℃下烘烤 3d，模型成型后，将阴模除去，再将模型置于烘箱中，保持 115℃ 1d，然后缓慢降温至室温，从而形成三维整体模型。用环氧树脂一次性注造高温固化成形如图 6-85 所示，拆模后模型如图 6-86 所示。

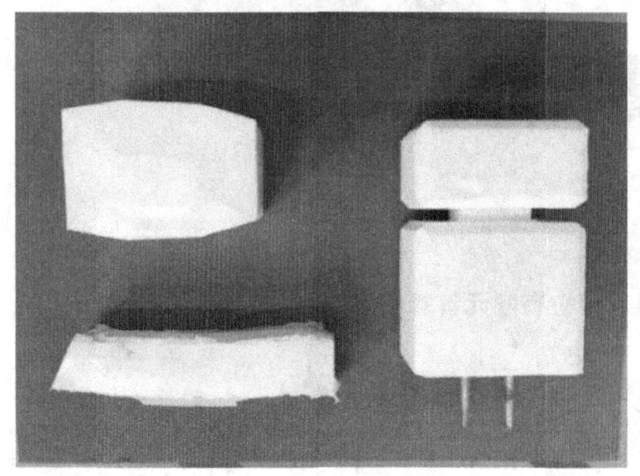

图 6-83 精密硅橡胶内模

图 6-84 组合定位好的内模与外模

图 6-85 模型在烘箱内固化

图 6-86 整体模型

(2)模型加载

根据最不利受力工况进行加载，加载截面的力包括轴力、弯矩和剪力。弯矩采用轴力偏心的方法实现，集中力采用杠杆、滑轮、砝码实现。所有作用力施加在钢板上，再传到橡胶垫板，最后传到模型上。这样既保证加力的准确性，同时又保证模型自由变形。

根据相似原理，经过估算和预备试验，确定本次试验采用荷载比例为 $2\times10^5:1$。试验采用“冻结”光弹模型试验方法，将模型及其加载装置放入烘箱中，当温度逐渐升到 115℃时施加试验荷载，保温 1h，然后缓慢降温至室温，此时模型的变形和应力保持不变，加载如图 6-87 所示。

图 6-87　光弹模型试验加载装置图

根据相似原理，试验中所有荷载必须采用同一荷载比例系数，试验荷载施加太大，可能导致模型变形太大，甚至破坏；试验荷载施加太小，可能不足以产生必要的光学条纹，影响测试精度。一般要求试验不产生太大的变形，并且有 3~5 级条纹。经过估算和预备试验，确定本次试验采用荷载比例为 $2\times10^5:1$。试验采用“冻结”光弹模型试验方法，将模型及其加载装置放入烘箱中，当温度逐渐升到 115℃时施加试验荷载，保温 1h，然后缓慢降温至室温，此时模型的变形和应力保持不变。

(3) 切片与测试

根据试验目的，选择顺桥向和横桥向典型的截面进行应力场分布分析，横桥向和纵桥向的切片各 3 片，具体切片位置如图 6-88 所示，切片如图 6-89 所示。

6.5.3　试验结果分析

根据相似原理，将已知数值代入，即可求得各工况各荷载等级条纹代表应力值。本次试验中，模化比为 30，故一条条纹代表 2.16MPa。

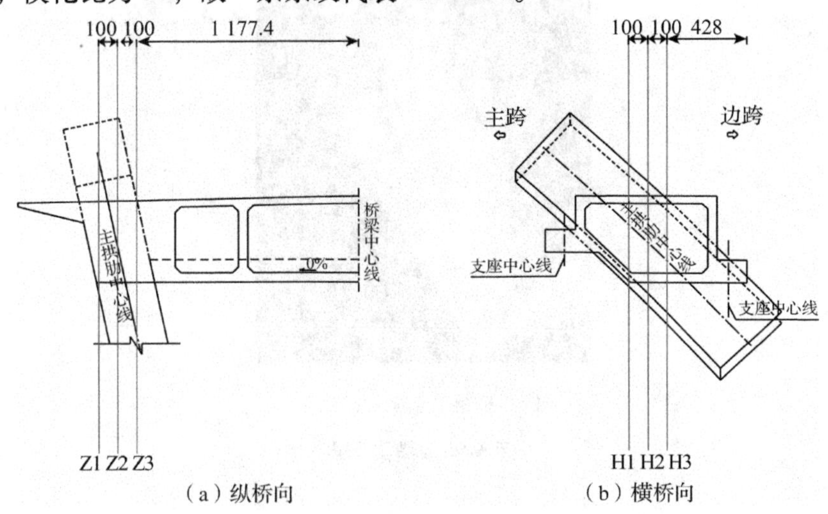

图 6-88　横梁节点切片示意图

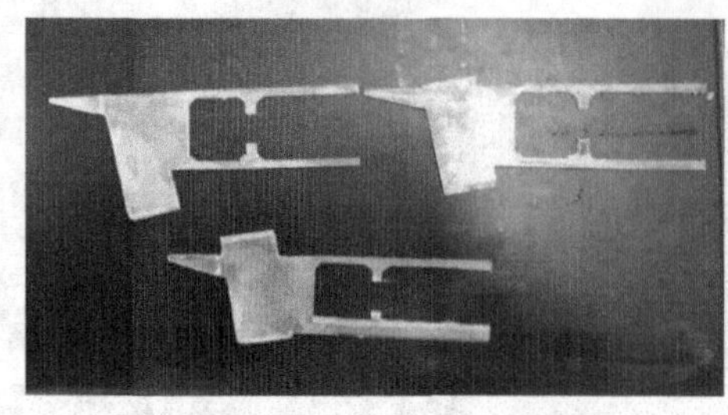
（a）横桥向

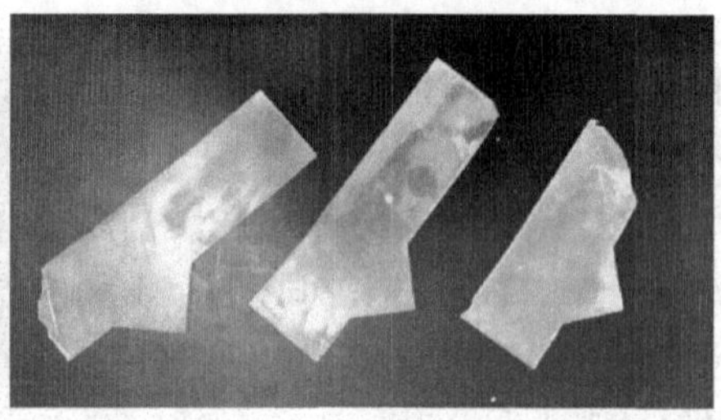
（b）顺桥向

图 6-89　横梁节点模型切片

等色线同三角刚构区截面，横梁节点截面如图 6-90 所示。可以看出横梁与主拱肋交接处色线密集处应力梯度较大，为应力集中区，其他区域等色线稀疏处，应力梯度较小。

持久状况荷载组合下，端横梁转角处均出现局部拉应力，如图 6-91 所示，最大拉应力+3. 89MPa。总体上看，横梁应力变化比较复杂，有拉有压，但应力变化范围不大。

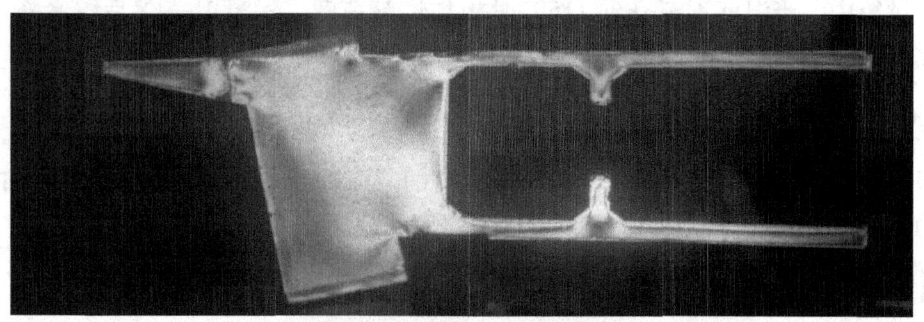
（a）横梁节点横向H2截面

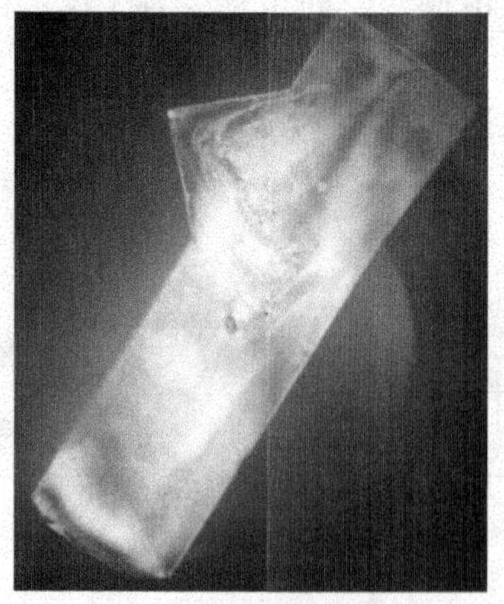
（b）横梁节点纵向Z2截面

图 6-90　横梁节点

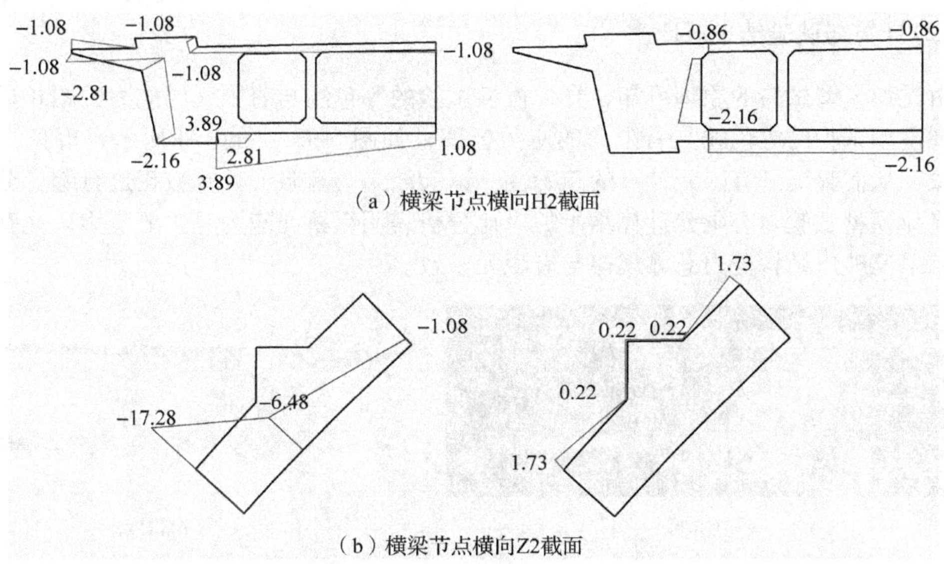

（a）横梁节点横向H2截面

（b）横梁节点横向Z2截面

图 6-91　横梁节点关键截面应力示意图（单位：MPa）

6.5.4　与有限元计算结果的对比

（1）有限元模型

采用 ANSYS 建立大桥主桥横梁节点有限元模型，如图 6-92 所示，其中，混凝土横梁采用空间实体单元 Solid65 模拟，钢-混凝土组合段的钢主拱采用空间壳单元 Shell63 模拟，精轧螺纹钢筋拉杆采用空间杆单元 Link8 模拟。由于结构左右对称，为简化计算，根据对称性原理，此处采用主体结构的一半对横梁节点和钢-混凝土组合段进行局部应力分析。对于横梁节点有限元模型，在横梁跨中约束横桥向位移，在混凝土主拱底部固结。

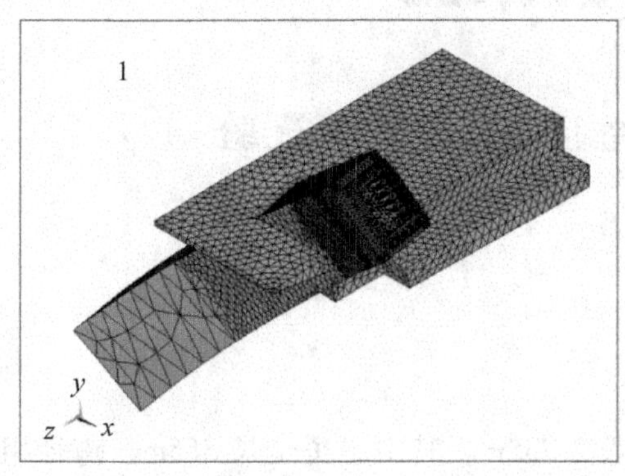

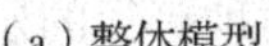

（a）整体模型

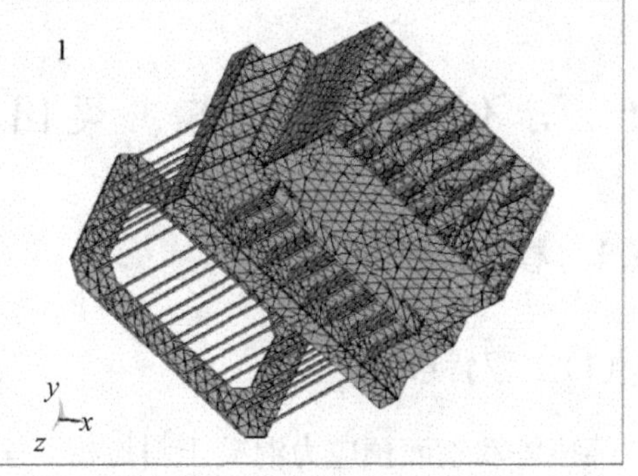

（b）钢-混凝土组合段细部

图 6-92　横梁节点有限元模型

（2）计算与试验结果对比

由光弹模型试验的原理可知，光弹模型试验的等色线与有限元的应力云图相近。比较光弹模型试验的等色线与有限元的应力云图，如图 6-93、图 6-94 所示，可见二者基本一致，从而验证了有限元计算的正确性。试验结果与有限元计算数据进行综合分析对比，光弹模型试验与有限元计算结果的对比分析表明纵桥向应力是主要应力，光弹模型试验结果反映出结构受力总体规律与有限元一致。

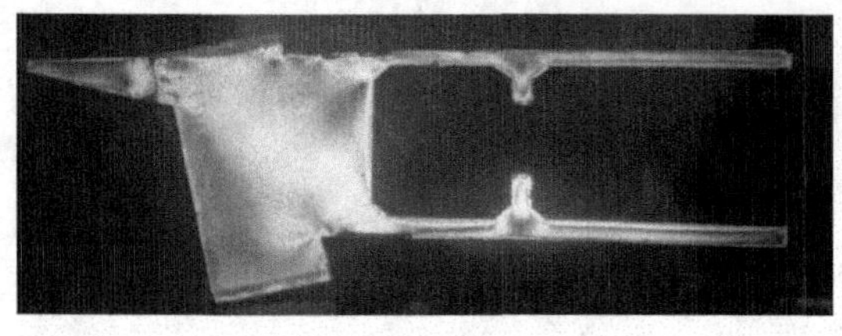

（a）等色线　　（b）等值线

图 6-93　横梁节点横向 H2 截面

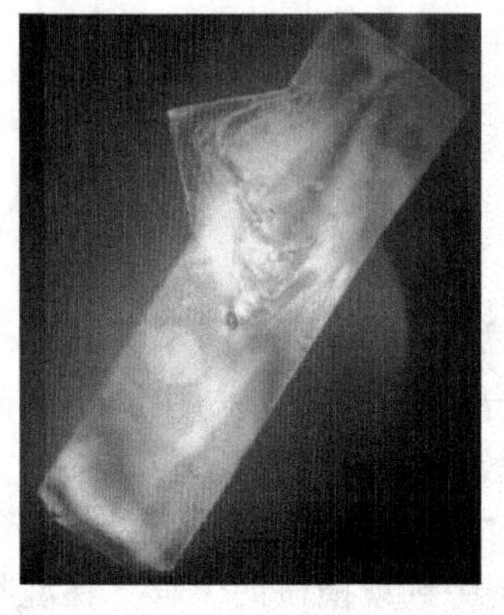

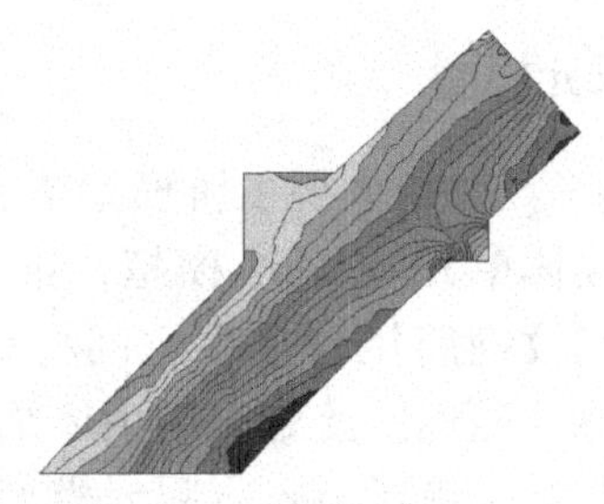

（a）等色线　　（b）等值线

图 6-94　横梁节点纵向 Z2 截面

6.6　示例 6：墩、塔、梁固结区光弹模型试验

6.6.1　模型设计

（1）工程背景

某独塔双索面预应力混凝土斜拉桥，全长 2 735m。其中主桥全长 365m，跨径组成为（200+165）m；其余 2 370m 的两端引桥由 68 孔 30m、40m 两种跨径的预应力钢筋混凝土连续箱梁桥组成，为一级公路特大桥兼有城市桥梁的功能。桥面全宽 38m，为双向六车道，设计车辆荷载等级为公路-Ⅰ级。设 2% 双向横坡，主桥布置图如图 6-95 所示。

墩、塔、梁固结区的空间有限元分析，容易受到建模合理性的影响，对计算结果的正确性无法验证；其次，计算精度的高低将影响到细部结构的设计，在使用中可能产生混凝土开裂，或者过度配筋，造成施工困难和不经济。这种局部受力难以用一般的理论解析解，一般的桥梁建设中均通过试验验证来解决。为此，进行墩、塔、梁固结区光弹模型试验研究来验证有限元分析结果的正确性。

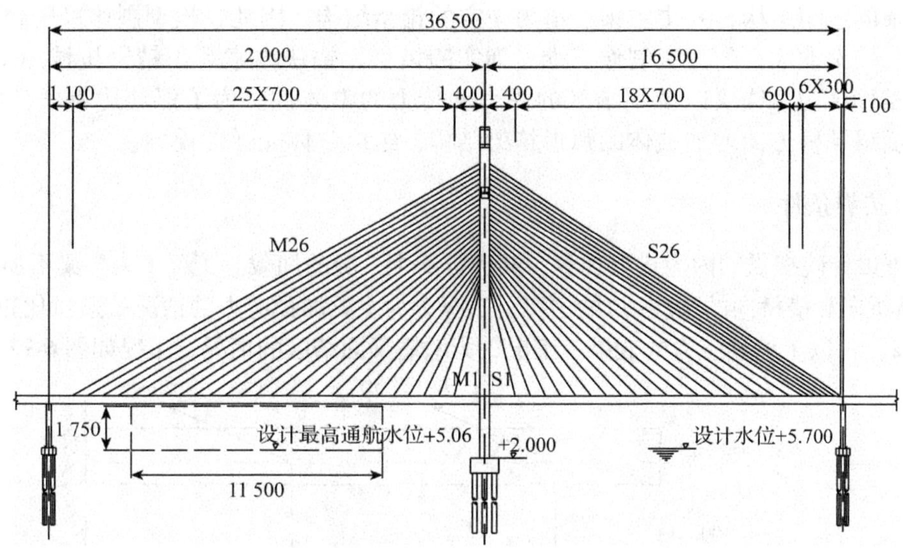

图 6-95　主桥布置图（单位：cm）

①主梁　主梁横截面为双箱单室等高度波浪流线型预应力混凝土箱形梁（图 6-96），采用 C50 混凝土，顶板宽 38m，两分离式单箱中距 18m，梁高 3.2m，至桥梁对称中心线处梁高 3.38m。截面顶板厚 0.25m，曲线形底板厚 0.3～0.5m，两侧悬臂板长各 4.5m。斜拉索锚固在外悬臂板的弧线形锯齿块上。同时，在每对斜拉索及其间设置一道横梁，间距 3.5m，厚 0.3m，将两分离式单箱连成整体。主梁采用纵、横双向预应力体系，纵向预应力钢束采用 12—ϕ_j15.24 钢绞线和直径 32mm 的预应力精轧螺纹粗钢筋，布置在顶板内。横向预应力布置在横梁内。

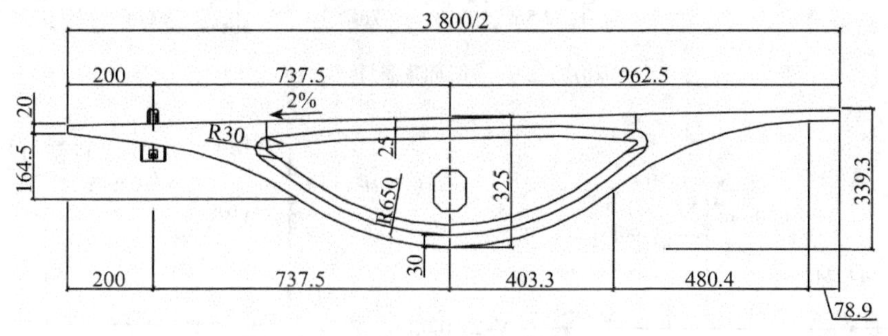

图 6-96　主梁 1/2 截面图（单位：cm）

②主塔　主塔为“开”字形钢筋混凝土结构，自承台顶以上高 132.12m，桥面以上高 107.4m，两塔柱净距 33m，每塔柱采用单箱单室截面，斜拉索锚固在塔壁外凸的锯齿块上。斜拉索采用环氧涂层高强钢绞线，索面呈扇形布置，主梁上索距 7m，塔上 2m，全桥共布置 52 对 104 根斜拉索，由八种规格组成，最小为 35—ϕ_j15.24 钢绞线，

最大为 75—ϕ_j15. 24 钢绞线。

(2)模型设计

光弹模型的几何比例为 1/60，按照结构设计图制作，包括所有的倒角。本研究对象为复杂的空间结构，其中主梁、塔为中空的箱型结构，因此，模型制作采用硅橡胶精密注造、一次性成型的方法制作三维光弹实验模型，锚块内索孔由精密机械加工而成，以保证横梁结构、锚块以及固结区的受力和传力的整体性。为了保证边界条件的正确性，在横梁顺桥方向增加整体的弧形箱梁结构，组成整体光弹性模型。

(3)边界条件

根据设计院提供的内力进行加载，共进行 3 个工况的加载。工况 1 为主梁不加预应力(包括纵桥向和横桥向的预应力)的情况；工况 2 为主梁加预应力的情况；通过比较工况 1 和工况 2，可以了解预应力的效果。工况 3 为墩塔梁固结区的情况，工况如图 6-97 所示。

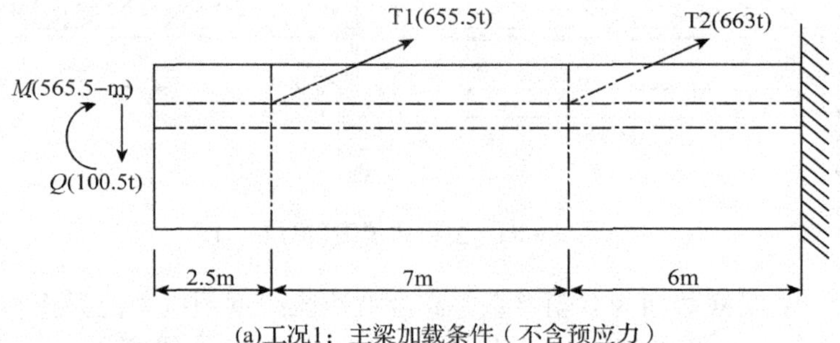

(a)工况1：主梁加载条件（不含预应力）

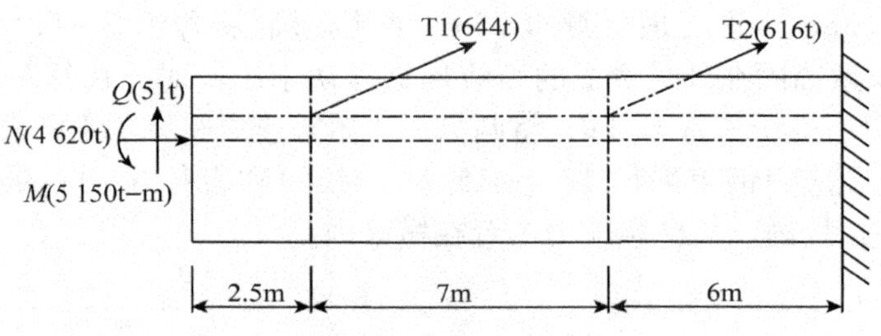

(b)工况2：主梁加载条件（含预应力）

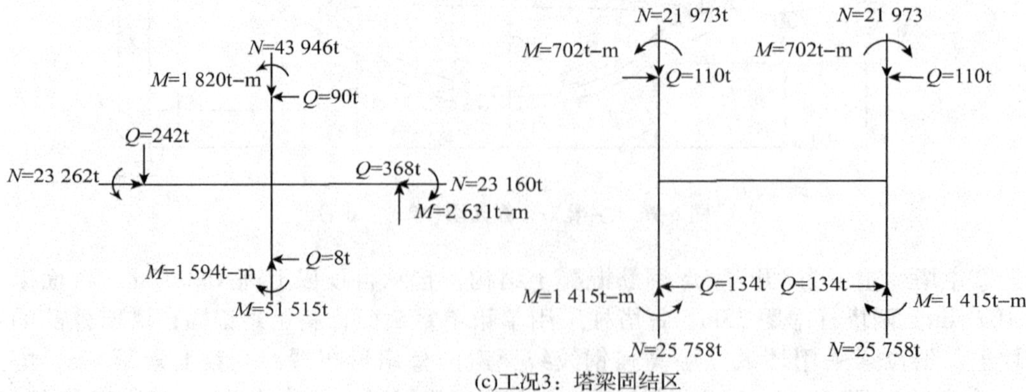

(c)工况3：塔梁固结区

图 6-97　加载条件

由于工况 2 是含预应力的，因此，工况 2 比工况 1 在纵桥向多了轴力，工况 2 横桥向的预应力索布置见图 6-98 所示，各预应力索有效预应力值 N_1 为 2 344kN，N_2 为 2 100kN，N_3、N_4 均为 2 598kN。在进行有限元计算时，将斜拉索索力转化为均匀压力作用锚垫板上，尺寸 60cm×60cm。加载端的轴力也转化为均布压力作用于主梁截面上，剪力等效为作用在加载端截面上所有节点的竖向力之和；弯矩等效为分别作用于主梁上、下缘的一对方向相反的沿纵桥向的节点力。

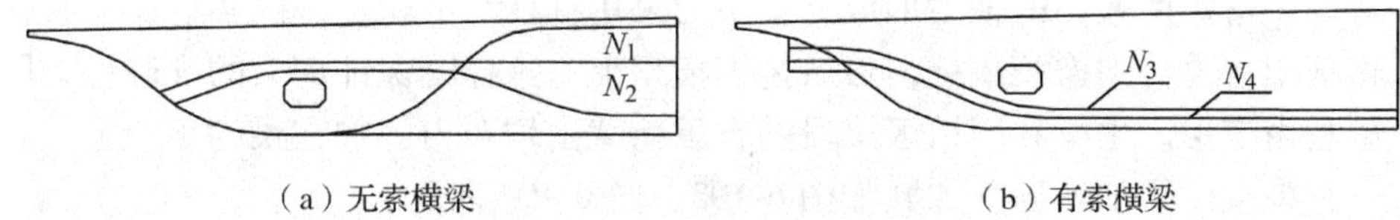

（a）无索横梁　　（b）有索横梁

图 6-98　横梁预应力索布置图

6.6.2　模型制作与加载

(1)模型制作

模型制作过程中先用有机玻璃按照结构图精确几何尺寸按比例制作结构模型，并以此翻制硅橡胶的内模、外模，再将内、外模定位，完成结构的阴模（图 6-99、图 6-100），把配置好的环氧树脂注入阴模，在烘箱中 60℃下烘烤 3d，模型成型后，将阴模除去，再将模型置于烘箱中，保持 115℃1d，然后缓慢降温至室温，三维整体模型即已成功。光弹试验模型如图 6-101 和图 6-102 所示。

图 6-99　硅橡胶阴模

图 6-100　有机玻璃阳模和硅橡胶阴模

图 6-101　主梁光弹模型

图 6-102　墩、塔、梁固结区光弹模型

(2)模型加载

根据设计院提供的荷载条件，光弹模型试验分主梁和固结区两个部分，共 3 种工况荷载条件。由于试验条件的限制，工况 2 的横梁预应力无法加上，因此这一部分的结果以有限元分析为主。主梁加载试验在顺桥一端设置为固定端，另一端施加轴力、剪力和弯矩。弯矩由偏心的轴力形成。在锚块上施加 4 个索力。固结区加载试验，在塔上施加轴力和弯矩，弯矩由偏心的轴力形成。集中力采用杠杆、滑轮、砝码实现，所有作用力施加在钢板上，再传到橡胶垫板，最后传到模型上。这样既保证加力的准确性，同时又保证模型自由变形。主梁和固结区梁段的自重荷载由均布力施加在梁的顶板上。自重模拟先放一片橡皮，再加铁砂。加载如图 6-103、图 6-104 所示。

图 6-103　墩、塔、梁固结区模型加载装置

图 6-104　自重模拟(铁砂)

根据相似原理，经过估算和预备试验，确定本次试验采用荷载比例为 $1\times10^5:1$。试验采用“冻结”光弹模型试验方法，将模型及其加载装置放入烘箱中，当温度逐渐升到 115℃时施加试验荷载，保温 1h，然后缓慢降温至室温，此时模型的变形和应力保持不变。

(3)模型切片

按设计院要求对每种工况试验模型分别进行切片，切片厚度为 5mm，共 39 个切片，如图 6-105 所示。

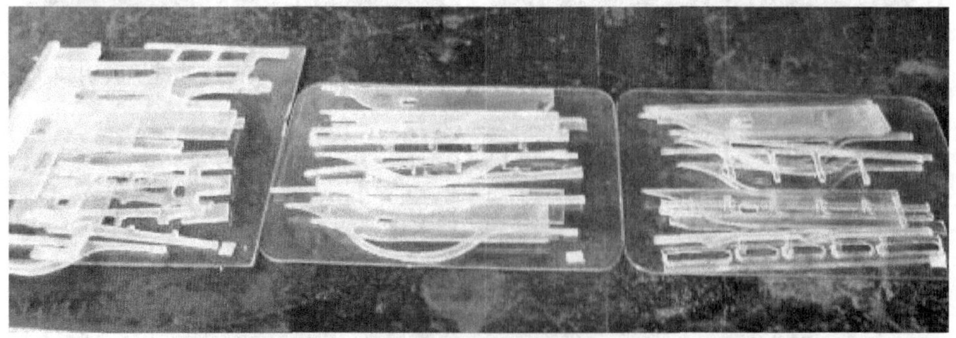

图 6-105　光弹切片

6.6.3 试验结果分析

根据相似原理，将已知数值代入，即可求得各工况各荷载等级条纹代表应力值。本次试验中，一条条纹代表 4MPa。

等色线是主应力差的等值线，等色线图能表明应力分布的大体规律，等色线密集处应力梯度较大，往往是应力集中区，等色线稀疏处，应力梯度较小。切片等色线图如图 6-106 至图 6-110 所示，横梁以横桥向受力为主，应力平行与横桥向，在过人孔周围应力集中。

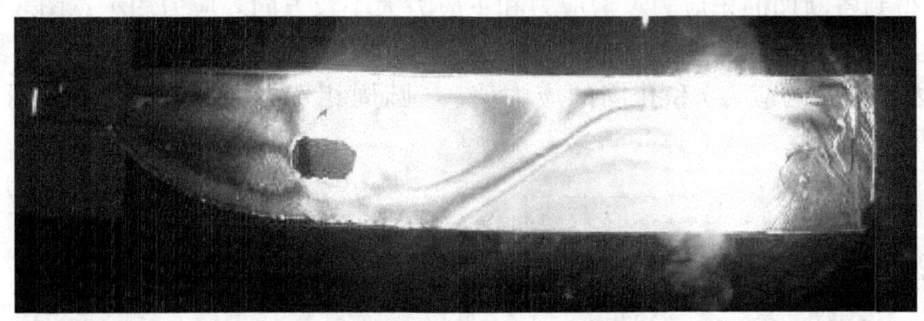

图 6-106　工况 1 的 2-2 截面

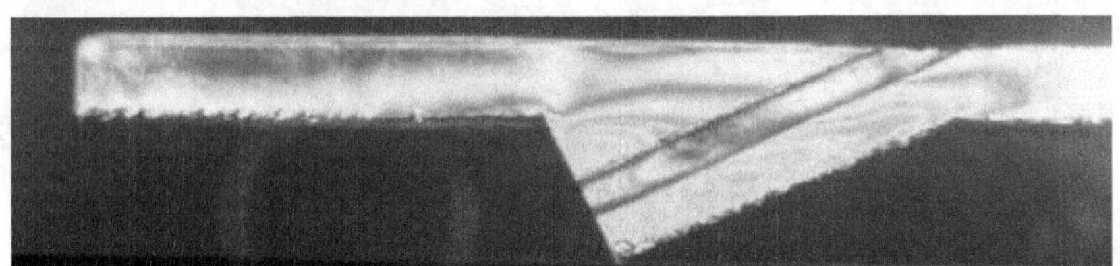

图 6-107　工况 1 的 13-13 截面

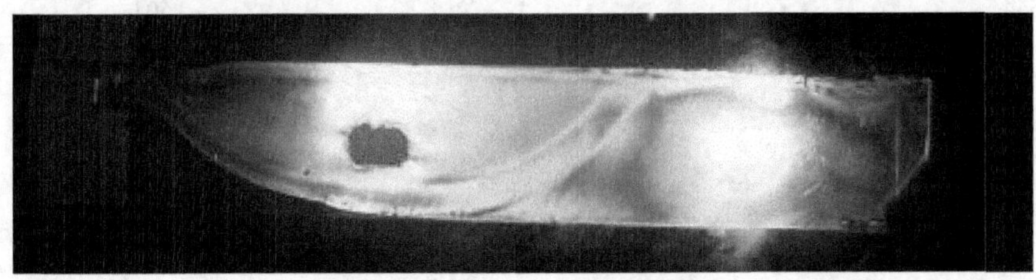

图 6-108　工况 2 的 2-2 截面

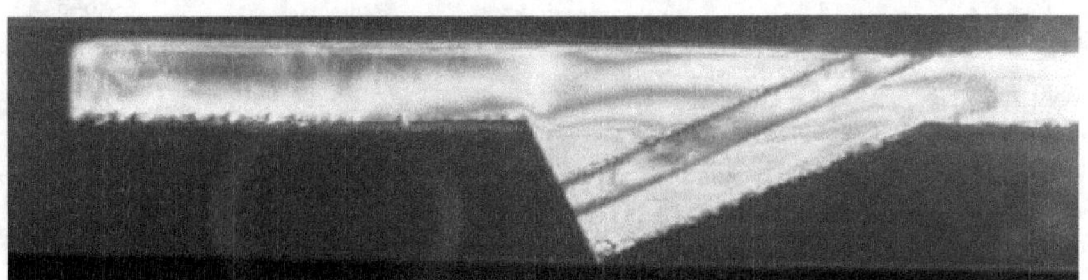

图 6-109　工况 2 的 13-13 截面

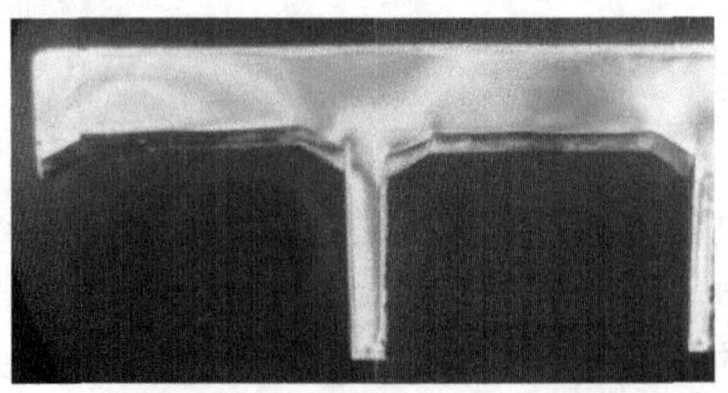

图 6-110 工况 3 的 13-13 截面

将断面上各点的等色线和等倾线测试结果，经过剪力差法进行有限差分计算与分析，可以得到各断面的正应力、剪应力和主应力大小及方向。应力用示意图表现，单位为 MPa，应力符号规定：正值为拉应力，负值为压应力。三个工况的自由边界应力值（平行于边界方向的应力）和孔周的应力值（与圆周相切方向的应力值）如图 6-111 至图 6-115 所示。

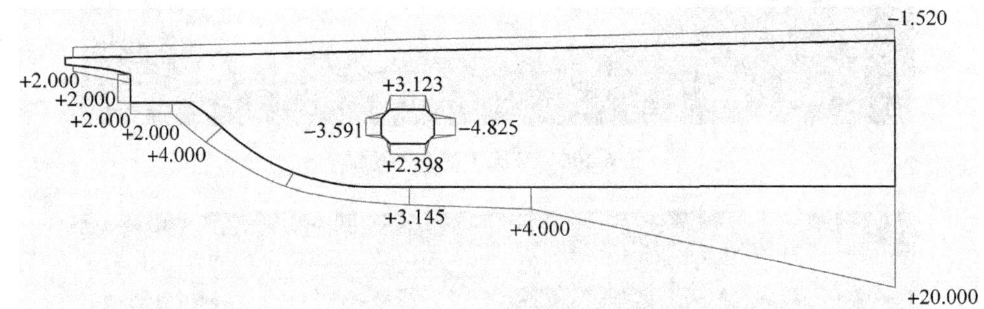

图 6-111 工况 1 的 2-2 截面

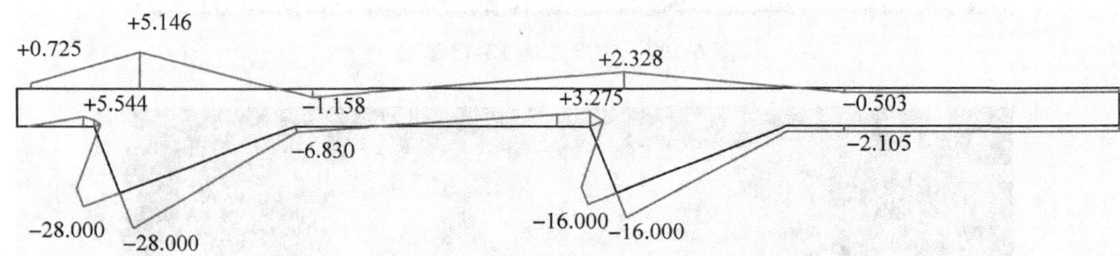

图 6-112 工况 1 的 13-13 截面

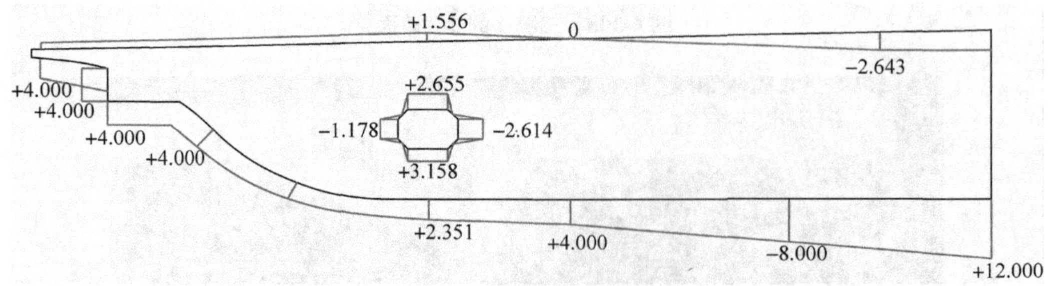

图 6-113 工况 2 的 2-2 截面

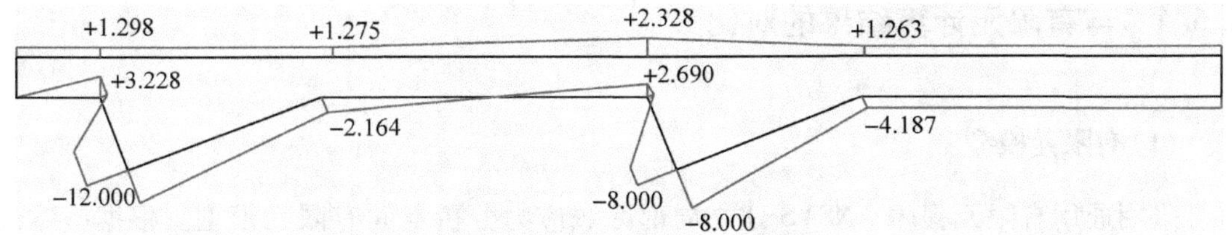

图 6-114　工况 2 的 13-13 截面

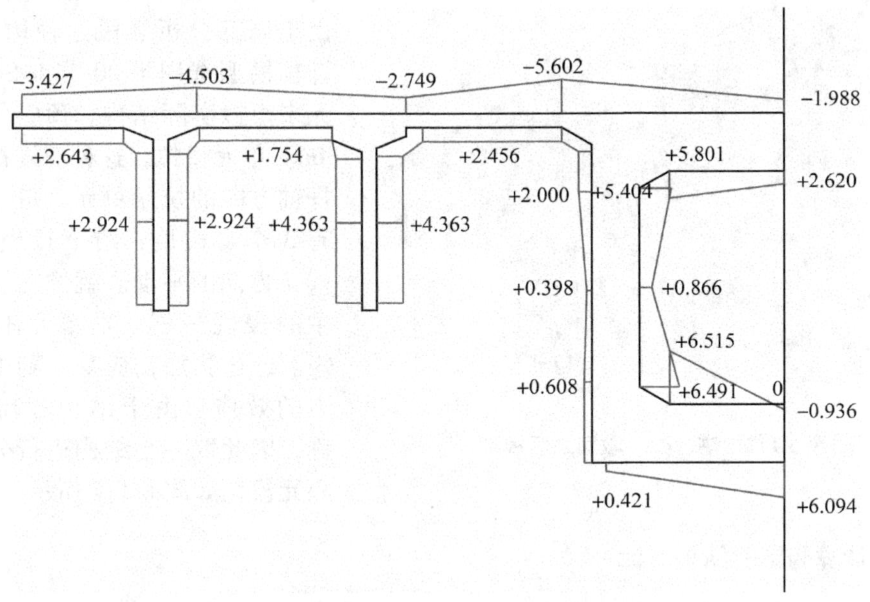

图 6-115　工况 3 的 13-13 截面

从上述的等色线图和应力示意图可见，主梁以纵桥向受力为主，横梁以横桥向受力为主。工况 1 和工况 2 横梁均未施加预应力，在斜向索力和自重荷载作用下，造成主梁的横向弯曲变形，如图 6-116 所示，横桥向应力较大，可见有索横梁的应力大于无索横梁的应力。

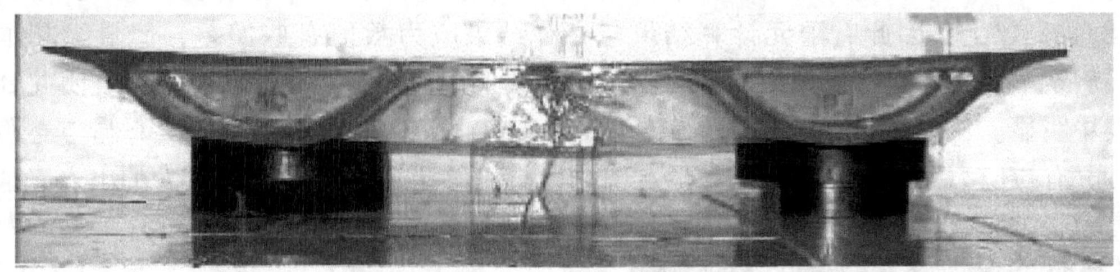

图 6-116　横向挠曲变形

6.6.4　与有限元计算结果的对比

(1)有限元模型

采用通用有限元程序 ANSYS 建立局部区域应力分析空间有限元模型。根据圣维南原理，局部分析区段中塔柱和主梁都取足够的长度，以排除边界效应对固结节点受力的影响。加长段的材性与梁段一样，但不考虑自重。局部分析区段在构造上属于薄壁结构与实体相混合的不规则空间结构。由于局部分析区段这种构造特点，计算模型选用了 20 节点 Solid95 单元来模拟实际结构。预应力筋采用 link8 单元模拟，这种三维杆单元是杆轴方向的拉压单元，每个节点具有 3 个自由度：沿节点坐标系 x，y，z 方向的平动。就像在铰接结构中的表现一样，本单元不承受弯矩。通过施加初应变达到施加预应力的效应。由于结构和荷载均对称，因此取一半结构进行分析。有限元模型如图 6-117 所示。

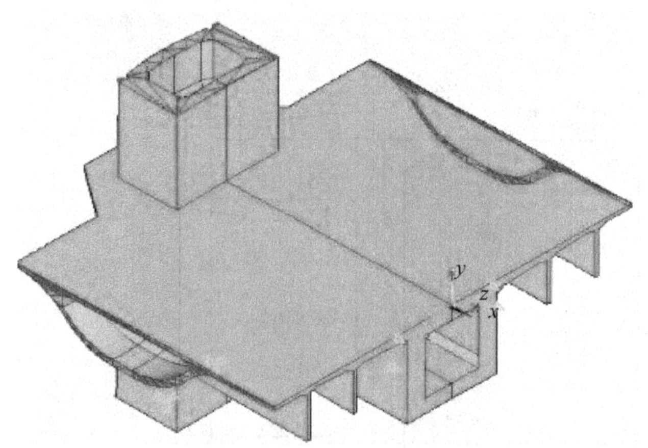

图 6-117　塔、梁、墩固结区模型

(2)计算与试验结果对比

塔、梁、墩固结区光弹模型试验结果与空间有限元计算结果总体上吻合良好，应力分布规律一致，应力数值量级相符。光弹模型试验 2-2 截面的等色线与有限元计算的横桥向应力云图(图 6-118)相似，说明光弹模型试验与有限元计算结果规律一样。有限元计算工况 1 下横梁横桥向最大应力为+8. 72MPa，光弹结果为工况 1 为+20MPa，工况 2 为+12MPa(光弹模型试验工况 2 横梁未加横向预应力)，由于光弹模型试验的加载边界和固结边界与有限元的有一定的误差，同时光弹模型试验是将自重作为外荷载(用铁砂加载)加到梁上，因此有限元计算结果与光弹结果应力数值有些偏差，但量级基本相符。斜索锚固区，光弹模型试验和有限元计算结果规律相似(图 6-119)，均表明此处应力集中明显。从图 6-117 可知，光弹模型试验和有限元均表明，在塔的实心与空心段交接处，有拉应力存在。光弹模型试验与有限元计算结果有些应力有比较大的出入，这主要是由于试验条件及误差所致，因此这一部分以有限元计算结果为主。

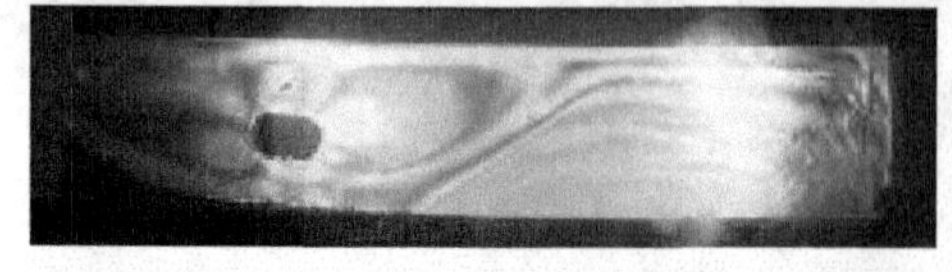

(a) 等色线

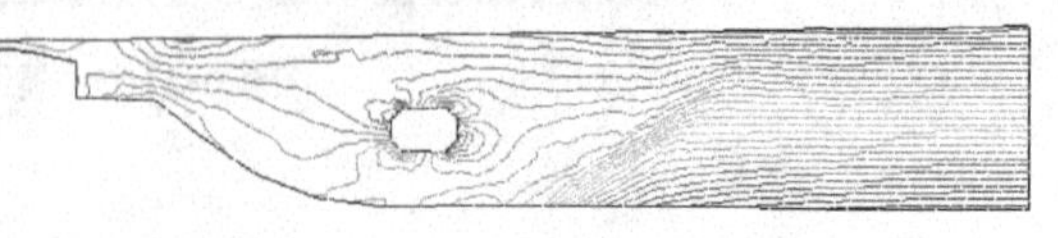

(b) 等值线

图 6-118　工况 1 横梁横桥向应力比较

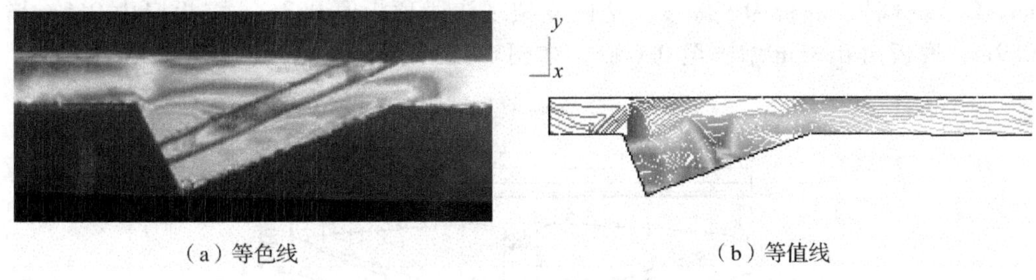

（a）等色线　　（b）等值线

图 6-119　工况 1 斜索锚固区应力比较

6.7　示例 7：3D 打印技术在光弹模型试验中的应用

6.7.1　模型设计

某大桥为空腹式变截面混凝土梁+钢-混凝土结合段+钢箱梁的结构形式，全桥孔跨布置为(71+9×83+71)+(71+83+123.5+240+123.5+83+71)=1 684m，分为主、副桥两联。其中主桥联长为71+83+123.5+240+123.5+83+71=795m，副桥联长71+9×83+71=889m，桥梁立面如图 6-120 所示。

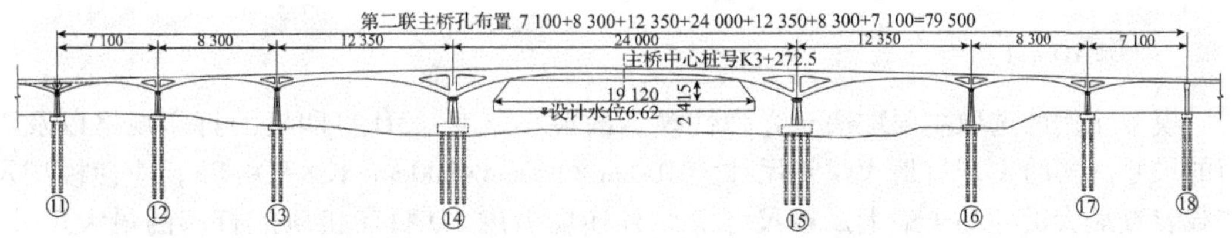

图 6-120　某大桥整体布置图(单位：cm)

“V”形结构虽然结构整体刚度大，挠度小，但是不仅构造复杂，而且受力较大、不同构件之间传力冗杂、应力集中严重。通常的分析计算不可能完全掌握其受力特点，因此，通过制作“V”形结构光弹模型对实物受载状况进行模拟试验，分析“V”形结构应力分布状态，掌握应力分布规律，判定设计合理性及结构安全性，并对施工工艺提供指导性意见。

主“V”形结构空腹部分上弦对应支点位置梁高 3.8m，向两侧利用 2 次抛物线形逐步增加梁高；下弦竖向高度 4.5m，在支点位置与立柱通过半径 1m 圆弧进行过渡，立柱截面高 4m，宽度相对上弦底板两侧各内缩 0.2m。交汇后箱梁高度及梁顶至下弦底缘距离按 3.8 次抛物线变化。主“V”形结构上弦顶板厚 0.35~0.5m，对应立柱位置局部加厚至 1.2m，腹板厚 0.9m，底板 0.4m；下弦顶板 0.8m，底板 1.0m，腹板与上弦同厚度。

主“V”形结构两侧悬臂现浇段顶板厚 0.35~0.3m，在钢混结合段局部厚 1.1m；腹板厚度分 0.9m、0.8m、0.6m 3 种，中腹板在钢混结合段加厚至 1.2m；底板厚由横隔板处的 1.0m 减少至次主跨合龙段处的 0.45m，主跨侧相对主墩中心线对称，但在钢混结合段局部加厚至 1.1m。逐节段支架现浇段顶板厚均为 0.3m，腹板厚主要包含 0.7m、

0. 6m、0. 5m 3 种，底板为变厚度。边跨支架现浇段顶板厚 0. 3m，腹板厚由 0. 5m 增加至 0. 9m，底板由 0. 36m 增厚至 0. 66m，如图 6-121 所示。

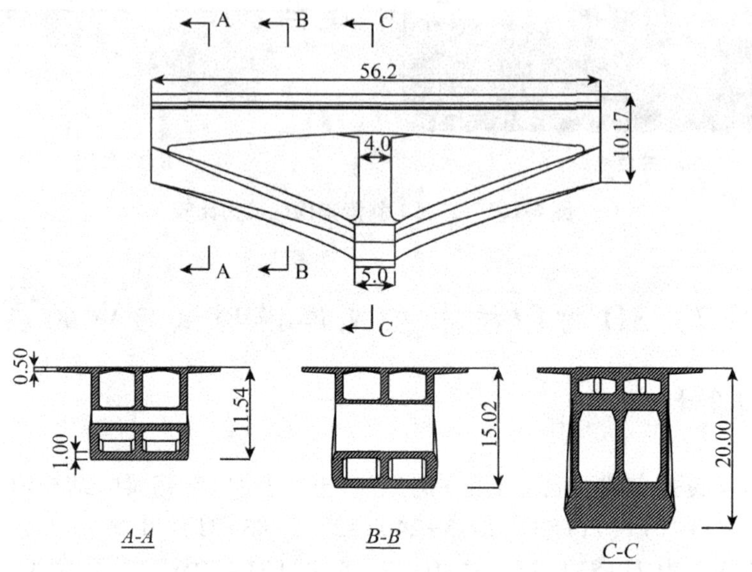

图 6-121 主"V"形结构尺寸结构示意图(单位：m)

(1)模型设计

模型比例的选取主要取决于光弹性模型的最小厚度、3D 打印机的打印规格以及烘箱的尺寸。实验室现有最大烘箱尺寸为 100cm×100cm×100cm(长×宽×高)，应使模型及加载装置最大尺寸小于最大烘箱尺寸。此外还应考虑 3D 打印机所能打印的最大尺寸，本试验采用福州大学土木工程学院 3D 打印实验室现有的 3D 打印机设备，型号为 HDL-8500H，理论上可打印 80cm×80cm×45cm(长×宽×高)规格，因需要考虑模型底部的垫衬，故可打印尺寸比理论上的最大打印规格略小。实际结构最薄处为纵梁顶板，厚度为 35cm，光弹性试验要求模型最少厚度不能小于 3mm。综合各方面因素，采用的比例为 1/100，模型长度为 4 810×0. 01 = 48. 1cm，满足 3D 打印机和烘箱的尺寸要求。打印尺寸如图 6-122 所示，内模芯子的外模具及"V"形结构局部区域如图 6-123 所示。

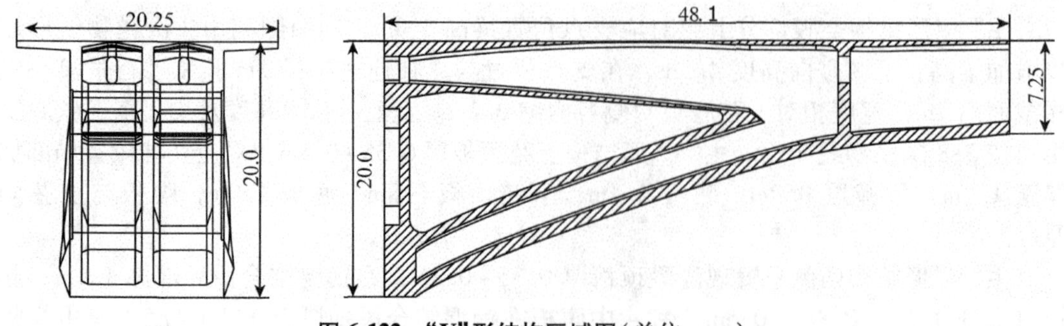

图 6-122 "V"形结构区域图(单位：cm)

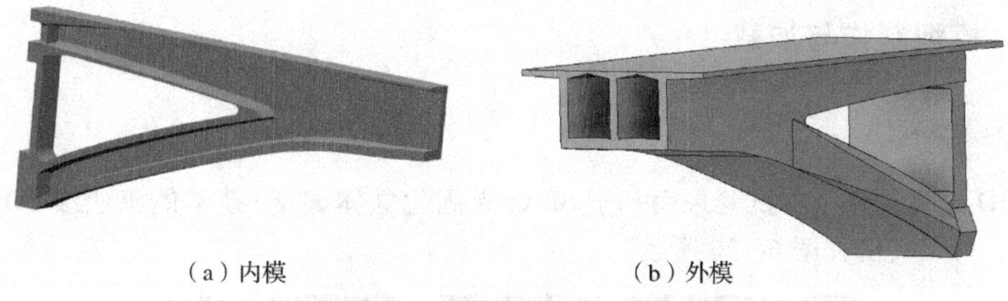

（a）内模　　　　（b）外模

图 6-123　3D 打印模具示意图

(2)边界条件

根据某大桥建立杆系有限元全桥模型，对施工阶段及成桥运营阶段进行分析计算可得“V”形结构最不利工况下关键截面位置、受力情况以及边界条件，如图 6-124 所示。

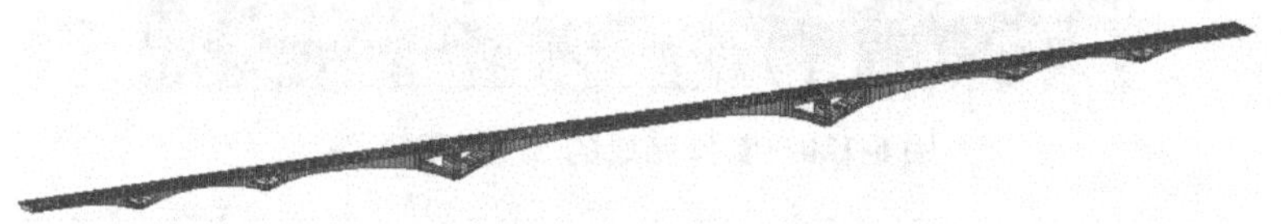

图 6-124　全桥杆系有限元模型

由于实际结构中“V”形结构底部可近似认为与桥墩固结，因此，试验中将“V”形结构底部及立柱进行固结处理。因条件限制无法在缩尺模型的边界施加与实桥完全一致的边界荷载，通过在自由端施加剪力及弯矩使关键截面达到内力等效。

施工过程中最不利工况为浇筑上弦混凝土。关键截面(3017 截面)轴力为 -3.1×10^5kN，剪力 -1.8×10^5kN，弯矩为 -1.2×10^5kN·N，如图 6-125 所示。根据结构力学原理，通过在自由截面处施加 1.0×10^3kN 竖直向上的剪力、在自由截面施加 1.4×10^4kN 的轴力可使关键截面(3017 截面)在自重和外荷载作用下达到内力等效。根据相似比进行换算，见表 6-5 所列。

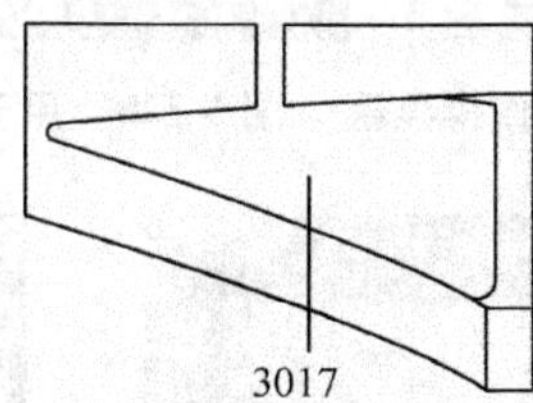

图 6-125　施工阶段关键截面位置示意图

表 6-5　施工阶段实桥与试验模型载荷换算表

截面	最大弯矩工况(实桥)			最大弯矩工况(试验模型)		
	轴力(kN)	剪力(kN)	重度(g/cm^3)	轴力(kN)	剪力(kN)	重度(g/cm^3)
3017	1.4×10^4	1.0×10^3	2.5	0.01	0.000 7	1.75

6.7.2 模型制作与加载

(1)模型制作

①3D 模型制作　本试验采用基于 SLA(光固化立体成型)技术的工业级 3D 打印设备打印。打印实例如图 6-126 所示。

图 6-126　制作完成的 3D 打印模型

②外模具制作　通过 3D 打印技术根据相似比例制作"V"形结构模型，将光敏树脂材料的"V"形结构模型放入容器中浇筑室温硫化硅橡胶，待硅橡胶固化后切割硅橡胶外模取出 3D 打印模型。用硅胶浇注的外模具尺寸精度高，初应力较小，并可提高环氧树脂混合液第一次固化的温度，如图 6-127 至图 6-130 所示。

图 6-127　聚氯乙烯材料硅灰版制作模具箱

图 6-128　用于制作外模具的"V"形结构

图 6-129　硅橡胶浇筑模型外模具

图 6-130　硅橡胶固化成型后的外模具

③内模具制作　试验采用硫化硅橡胶精密注造制作内模，在内模模具内表面涂硅橡胶脱模剂，风干之后注入硫化硅橡胶并插入螺杆，待其室温硫化后脱模获取硅橡胶内模，如图 6-131 所示。

④固定相对位置　通过在聚氯乙烯材料硅灰板制作的模具箱预留的螺杆孔洞，将硫化硅橡胶内模与外模相对位置进行固定，为环氧树脂混合液浇筑做准备，如图 6-132 所示。

图 6-131　硅橡胶精密注造内模

图 6-132　固定内模与外模相对位置

⑤光弹性模型的制作　本次光弹试验模型（"V"形结构的一半）体积约 3 500cm³，#618 环氧树脂密度约为 1.2g/mL，故需环氧树脂 4.2kg，顺丁烯二酸酐约 1.5kg，需邻苯二甲酸二丁酯约 0.3kg。制作完成的光弹模型如图 6-133 所示。

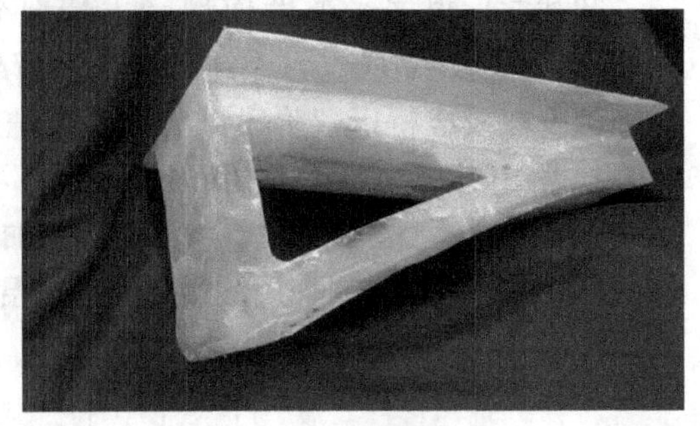

图 6-133　光弹模型

（2）模型加载

在试验中，集中力可通过杠杆、滑轮、砝码实现。轴力等效为 1kg 砝码，剪力等效为 0.07kg 砝码进行加载，所有外荷载通过橡胶垫板上再施加到试验模型，避免出现应力集中现象。试验模型重度应满足 $\gamma_p = 1.75\text{g/cm}^3$，光弹模型重度为 1.2g/cm^3，故可在主梁顶板面上放置一片橡皮，再加铁砂进行模拟自重，铁砂重量为 $W = (1.75 - 1.2) \times 2.8 \times 10^3 = 1.54\text{kg}$。加载装置如图 6-134 所示。

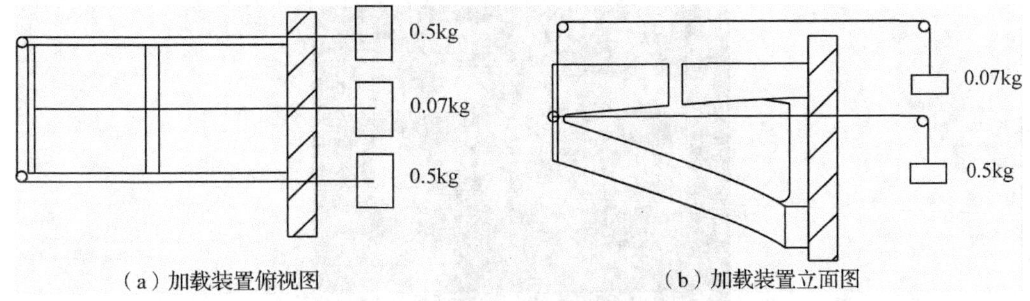

图 6-134　施工阶段加载装置示意图

将模型通过两根槽钢对锁的方式固定在加载架上，加载架上安装定滑轮，剪力及轴力通过铁块及砝码模拟，加载装置如图 6-135 所示。将加载装置及试验模型放入烘箱，

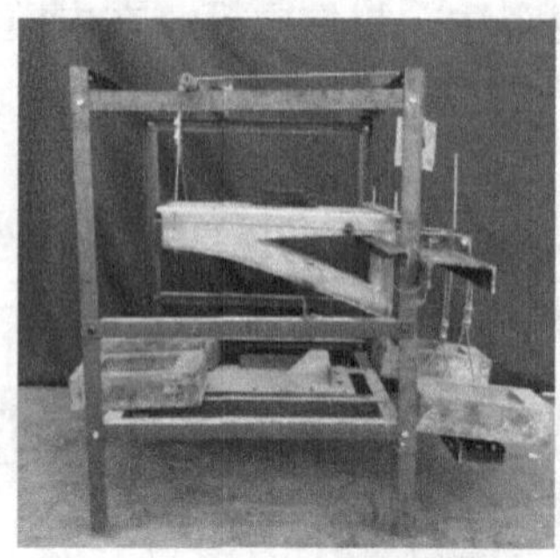

图 6-135 加载装置

图 6-136 烘箱中加载过程

根据冻结温度—时间控制曲线调节烘箱温度，烘箱中加载过程如图 6-136 所示。

(3)模型切片

卸载之后根据光弹性模型受力情况分别进行纵桥向和横桥向切片，施工阶段如图 6-137 所示。完成应力冻结之后卸去荷载，取出已经完成应力冻结的试验模型，分别对施工阶段及成桥运营阶段试验模型在铣床上用铣刀进行切片，切片如图 6-138 所示。

根据相似原理，经过估算和预备试验，确定本次试验采用荷载比例为 1×10^5：1。试验采用“冻结”光弹模型试验方法，将模型及其加载装置放入烘箱中，当温度逐渐升到 115℃时施加试验荷载，保温 1h，然后缓慢降温至室温，此时模型的变形和应力保持不变。

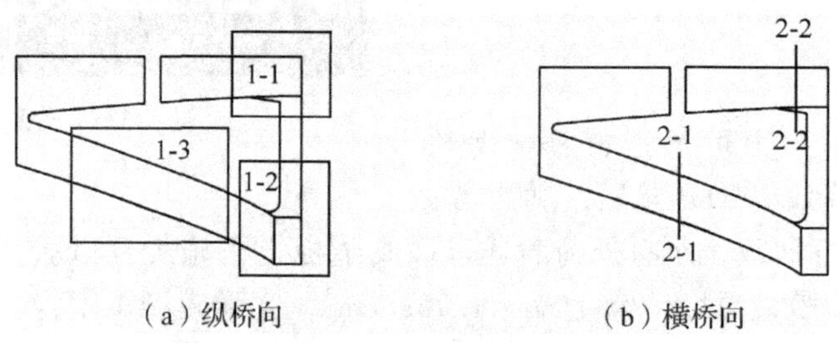

（a）纵桥向　　（b）横桥向

图 6-137 施工阶段模型切片示意图

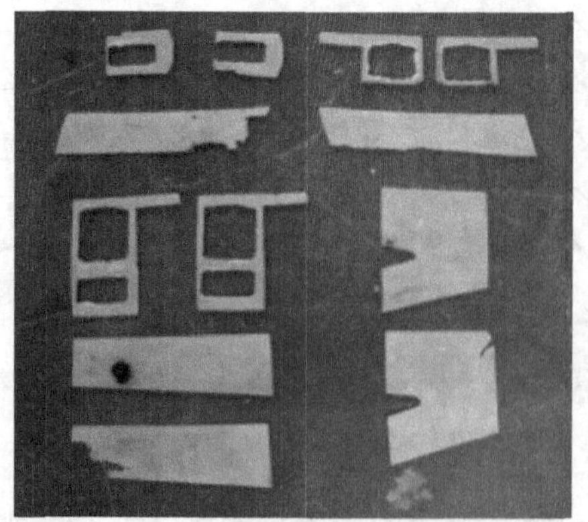

图 6-138 光弹模型试验模型切片

6.7.3　试验结果与分析

对于 1-1 截面，即立柱顶部与上弦交汇处的纵桥向截面，上弦顶板受拉，底板受压。最大拉应力为 2.2MPa，最大压应力为 1.6MPa，如图 6-139 所示。

对于 1-2 截面，即立柱与下弦交汇处的纵桥向截面，圆角处存在拉压变化，下弦顶板最大拉应力为 7.6MPa，底板最大压应力为 9.2MPa，立柱受力较为均衡，如图 6-140 所示。

对于 1-3 截面，即下弦中段的纵桥向截面，顶板承受较大拉应力，拉应力范围处于 5.6~6.8MPa。底板承受压应力，压应力范围处于 3.8~8.4MPa，如图 6-141 所示。

对于 2-1 截面，即下弦中段处的横桥向截面，横向应力相对较小。其中底板承受最大为 2.8MPa 拉应力，腹板承受最大为 0.7MPa 压应力，如图 6-142 所示。

对于 2-2 截面，即上弦跟部的横桥向截面，箱室边缘拉应力为 1.1MPa，如图 6-143 所示。

（a）等差线

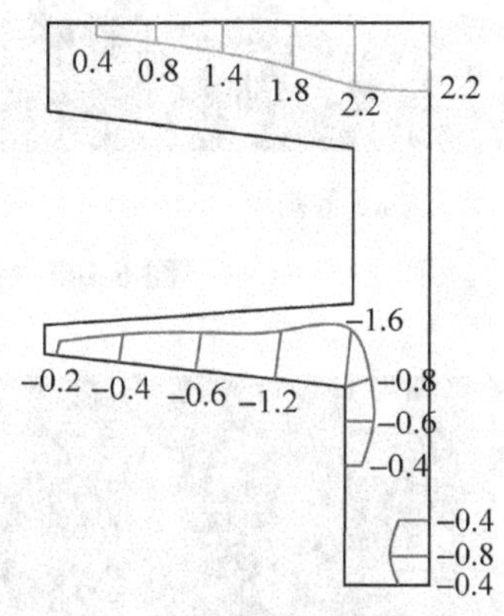

（b）边界应力换算示意图

图 6-139　切片 1-1(单位：MPa)

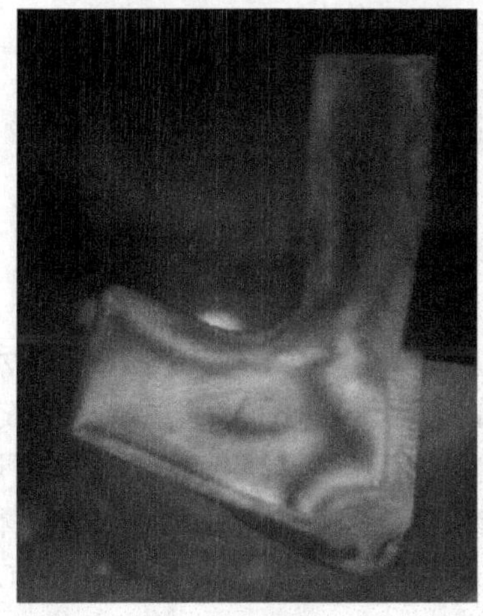

（a）等差线

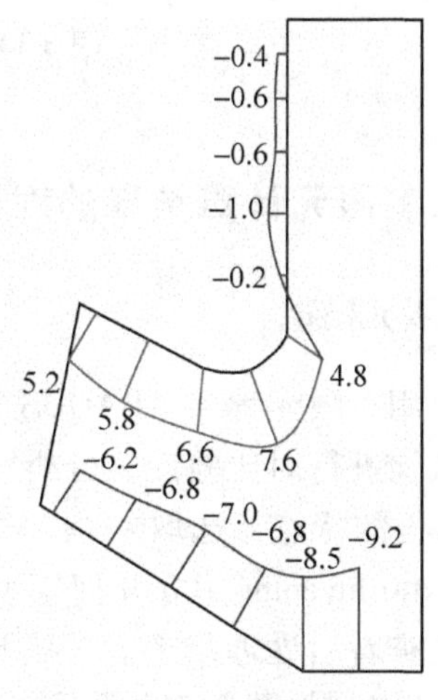

（b）边界应力换算示意图

图 6-140　切片 1-2(单位：MPa)

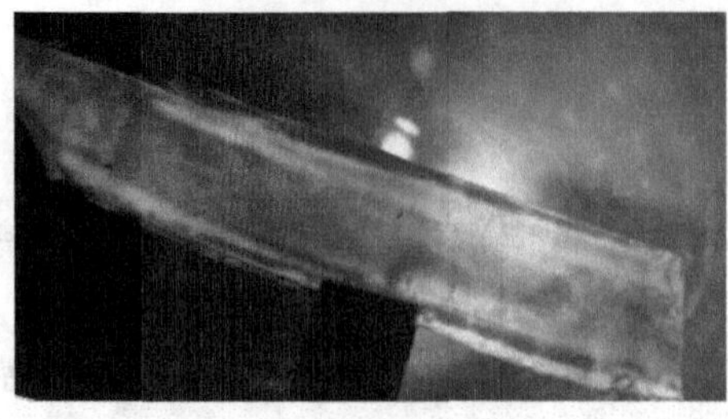

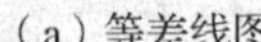

（a）等差线图

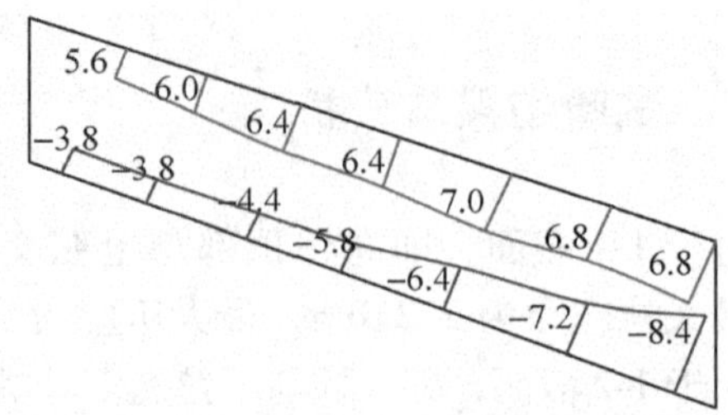

（b）边界应力换算示意图

图 6-141　切片 1-3(单位：MPa)

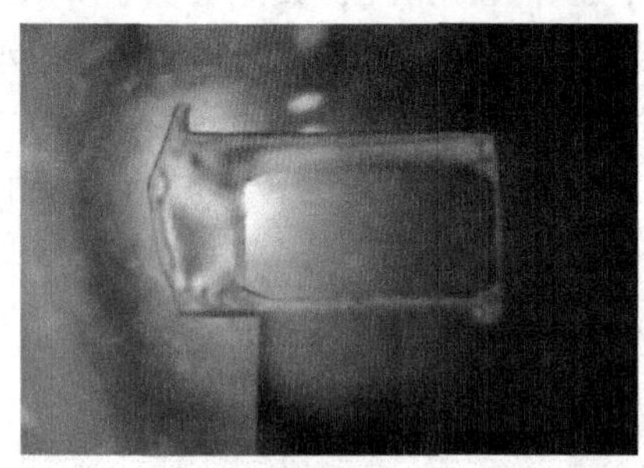

（a）等差线

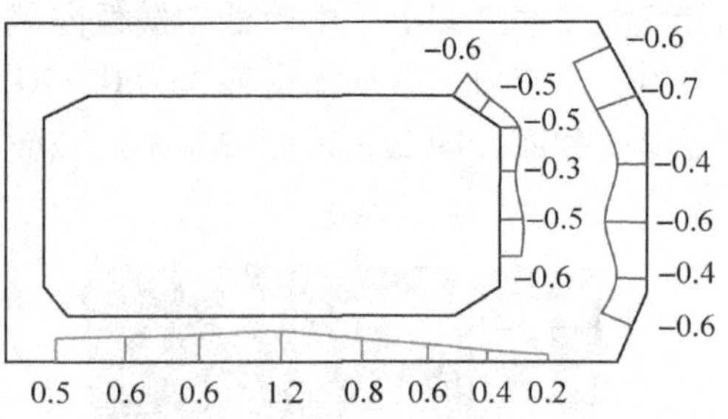

（b）边界应力换算示意图

图 6-142　切片 2-1(单位：MPa)

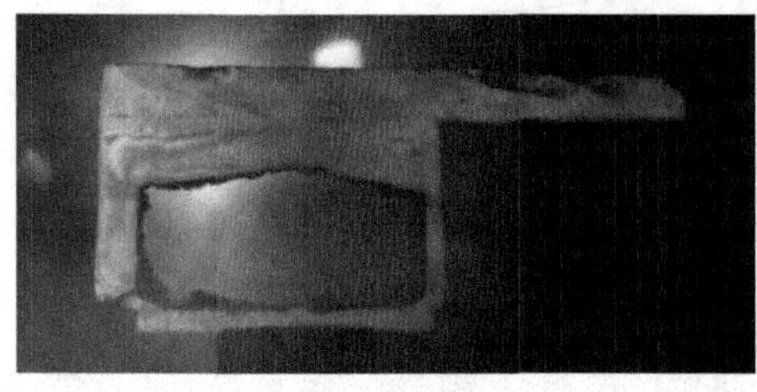

（a）等差线

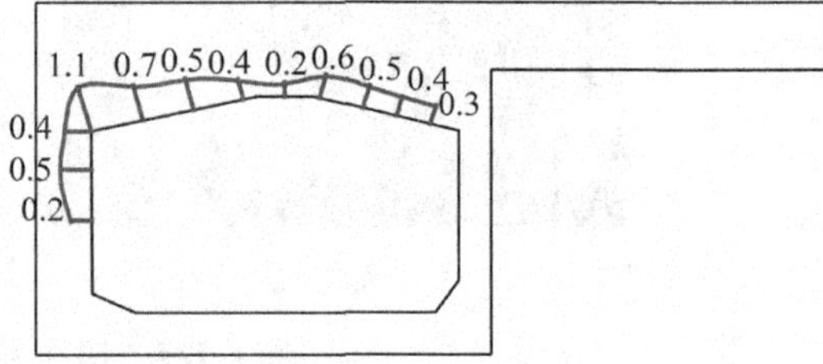

（b）边界应力换算示意图

图 6-143　切片 2-2(单位：MPa)

6.7.4　与有限元计算结果的对比

(1)有限元模型

采用通用有限元程序 ABAQUS 建立成桥运营阶段“V”形结构实体有限元模型并与光弹模型试验进行对比验证，分析“V”形结构在最不利工况下的应力分布状态。根据该桥“V”形结构的特点，选取左幅“V”形结构立柱中心线左右两侧 48.1m 范围为计算对象，利用 Auto Inventor 建立几何模型，导入大型通用有限元软件 ABAQUS 进行前处理后递交运算，查看后处理结果。“V”形结构局部分析模型，共有 718 094 个 C3D4 单元，172 004 个节点，如图 6-144 所示。

图 6-144　有限元模型

(2)有限元计算与试验结果对比

对比的主要内容为实体有限元分析结果与光弹模型试验结果中自由边界及孔周边缘相切的应力大小。实体有限元分析结果中 S11、S22、S33 分别表示横桥向截面正应力、竖向截面正应力以及纵桥向截面正应力。比较结果如图 6-145 至图 6-149 所示。有限元计算模型的受力状态和“V”形结构光弹模型的试验结果基本相符。

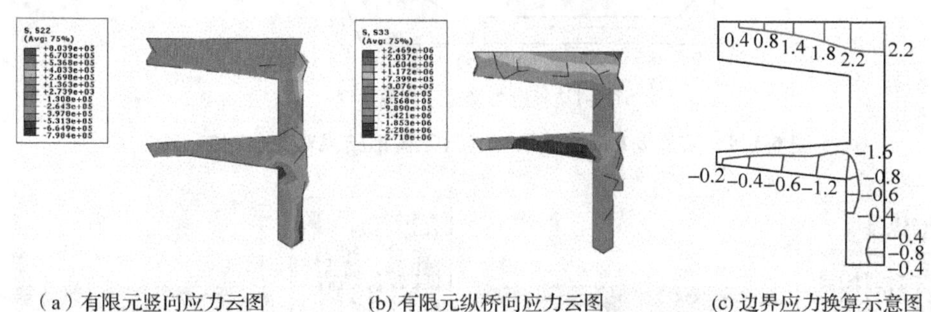

(a) 有限元竖向应力云图　(b) 有限元纵桥向应力云图　(c) 边界应力换算示意图

图 6-145　切片 1-1 试验结果与有限元模拟结果对比(单位：MPa)

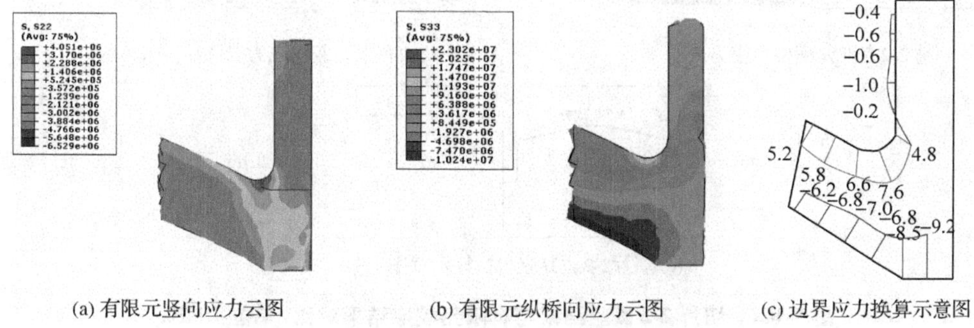

(a) 有限元竖向应力云图　(b) 有限元纵桥向应力云图　(c) 边界应力换算示意图

图 6-146　切片 1-2 试验结果与有限元模拟结果对比(单位：MPa)

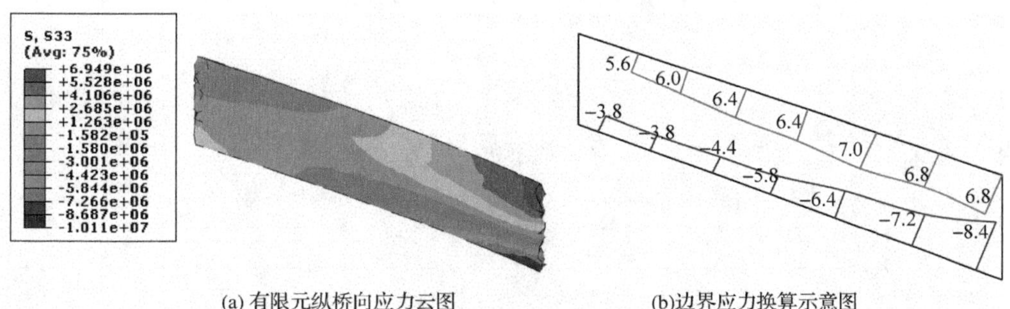

(a) 有限元纵桥向应力云图　(b)边界应力换算示意图

图 6-147　切片 1-3 试验结果与有限元模拟结果对比(单位：MPa)

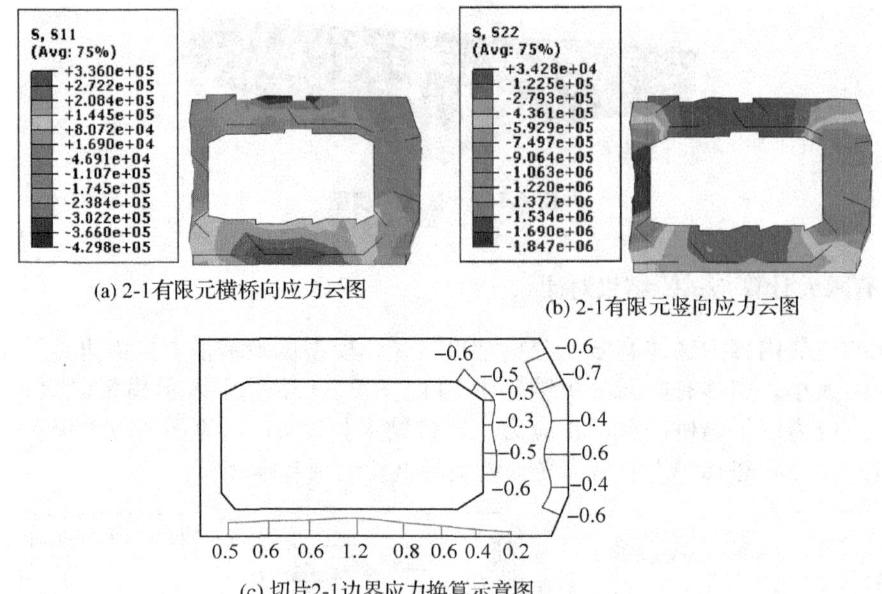

(a) 2-1有限元横桥向应力云图

(b) 2-1有限元竖向应力云图

(c) 切片2-1边界应力换算示意图

图 6-148　切片 2-1 试验结果与有限元模拟结果对比（单位：MPa）

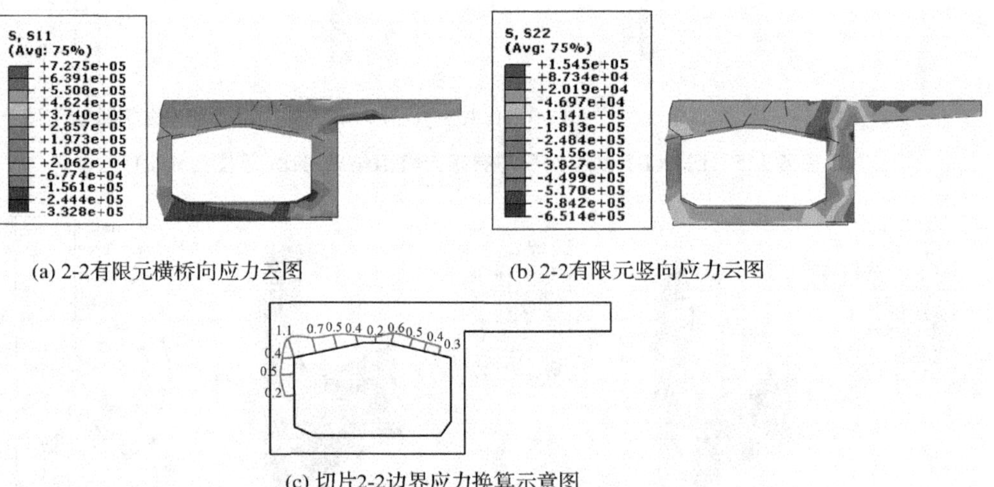

(a) 2-2有限元横桥向应力云图

(b) 2-2有限元竖向应力云图

(c) 切片2-2边界应力换算示意图

图 6-149　切片 2-2 试验结果与有限元模拟结果对比（单位：MPa）

第 7 章

有机玻璃模型试验在桥梁工程中的应用示例

本章介绍有机玻璃模型试验在桥梁工程中的应用，共包括 4 个示例，涵盖了 4 种不同桥型，通过本章的介绍，让读者对有机玻璃模型试验有个具体的认识。

7.1 示例 1：单肋拱加劲“V”形结构-连续梁桥有机玻璃模型试验

7.1.1 模型设计

(1)工程背景

某大桥主桥为 45+90+106+90+45=366m 单肋拱加劲“V”形刚构-连续梁桥，桥梁全宽 34m，以“V”形墩连续刚构为受力主体，并在 106m 主孔和两 90m 次边孔的中轴线上各设一单肋加劲钢管拱，通过双吊杆和横梁将加劲拱与箱梁联合起来，形成梁拱组合受力体系，桥梁全长 1 874m，设计荷载为公路-Ⅰ级。

上部结构采用单箱单室梁，上下行两幅桥之间只在横梁及“V”形结构处连接外，其余部位左右幅翼缘板断开。箱梁顶面宽 16.0m，箱梁控制断面梁高为：中支点处 4.214m，边跨直线段及主跨跨中处为 2.4m，高跨比分别为 1：21.6 和 1：37.9。两主孔墩处为固结、两次边墩设置支座。桥梁主桥结构如图 7-1、图 7-2 所示。

(2)模型设计

因为是弹性模型试验，根据试验场地条件和试验规模要求，确定的全桥有机玻璃模型与实际桥梁结构的长度上的相似比例为 1：40，几何尺寸全相似，桥梁模型的立面设

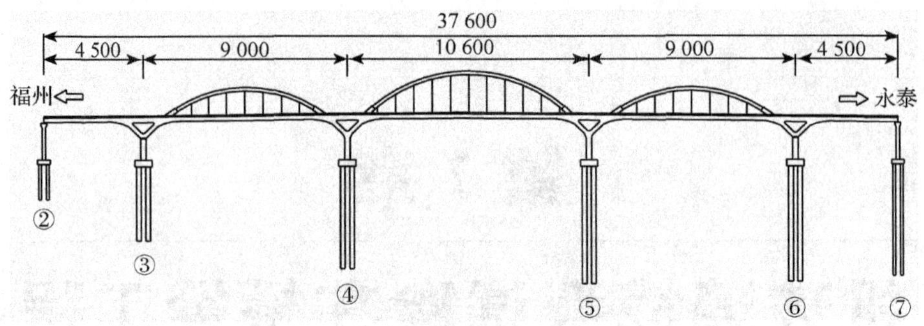

图 7-1 主桥正立面图

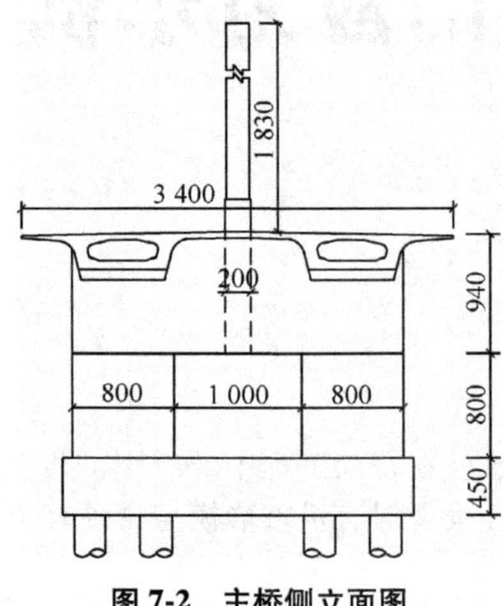

图 7-2 主桥侧立面图

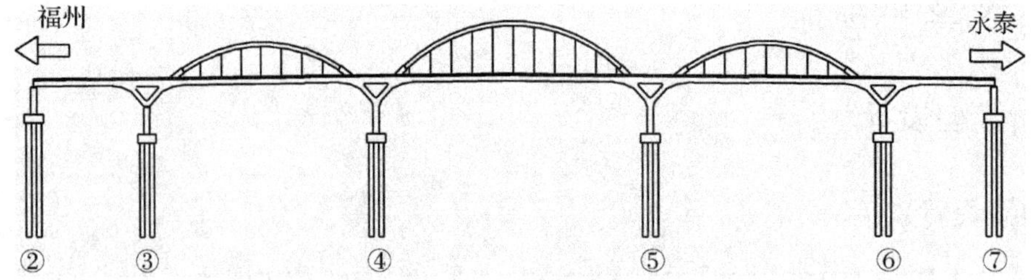

图 7-3 桥梁模型立面示意图

计图如图 7-3 所示。

对于模型材料的选择，要考虑以下因素。

①保证相似要求 即通过量纲分析法确立静力相似关系。

②保证量测要求 即制作出来的模型要能够产生足够大的变形，防止因粘贴应变片或其他测量仪器本身的刚度影响试验结果。

③材料性能稳定 不因温、湿度的变化而变化，模型材料对环境变化的稳定性要求要高于原型材料。

④便于加工制作 该桥为钢-混凝土组合桥梁，由于混凝土主梁为全预应力设计，可以认为这一部分材料是均质的，而钢管混凝土加劲肋可以将钢和混凝土两种材料换算

成同一种材料来模拟，钢管混凝土的综合弹模、面积、惯性矩根据《钢管混凝土结构设计与施工规程》(CECS28：90)所推荐的公式计算。换算公式如下：

压缩和拉伸刚度：$EA=E_aA_a+E_cA_c$

弯曲刚度：$EI=E_aI_a+E_cI_c$

所以最后确定模型材料用有机玻璃是适宜的。经研究，桥梁模型中箱梁、桥墩、基础和主拱圈均采用有机玻璃制作，有机玻璃的主要材料性能经测定为：弹性模量 $E=2.313\times10^3\mathrm{N/mm^2}$，泊松比 $\upsilon=0.371$。吊杆采用一级钢筋，标准强度为240MPa，弹性模量 $E=2.1\times10^5\mathrm{N/mm^2}$。

7.1.2　模型制作与加载

(1)模型制作

整个桥梁采用有机玻璃制作，按 1：40 比例进行加工，由于模型比例较小，加工精度要求很高，其中，混凝土主梁、拱座和“V”形结构截面完全按照设计尺寸加工，对横向坡度和倒角也尽可能接近结构原型，加劲肋截面采用矩形截面模拟。

2、3、6、7 号支座采用铰支座，其中，2、7 边墩支座处用拉压传感器测其支座反力。4 号、5 号主墩与 V 撑固结，通过承台与桩基连接，不设支座。桩基根据施工图设计为嵌岩桩，模型试验中采用直径为 ϕ65mm 的有机玻璃圆棒 4 根，有机玻璃圆棒底部用混凝土浇灌嵌固，并在混凝土上覆盖密实砂，以模拟嵌岩桩的受力状态。

模型加工制作照片如图 7-4 所示。

（a）制作4号和5号墩、承台、桩基

（b）制作“V”形结构斜腿

（c）安装箱梁顶板

（d）安装箱梁腹板

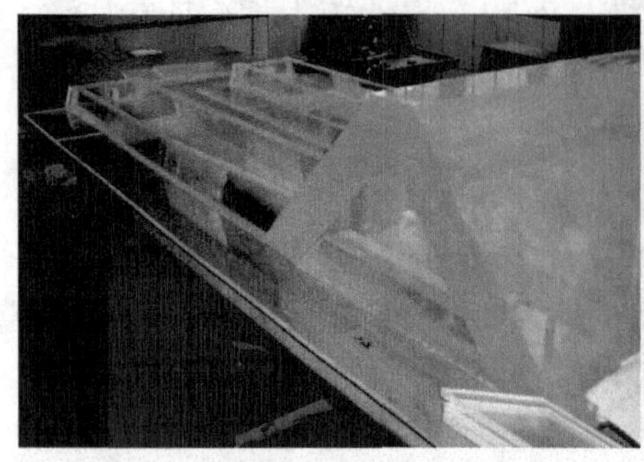

（e）安装箱梁横隔板和翼缘板1

（f）安装箱梁横隔板和翼缘板2

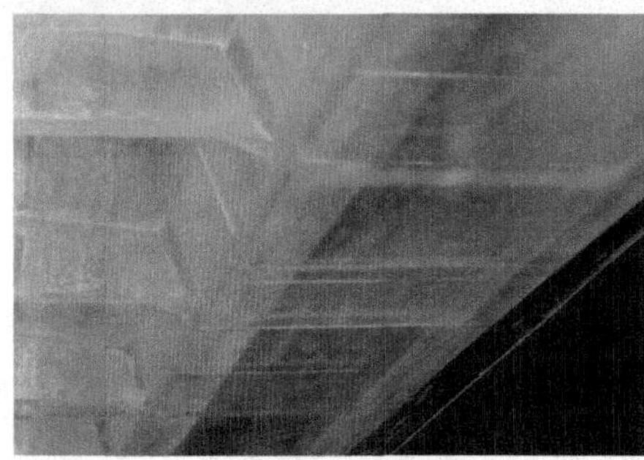

（g）安装箱梁底板和横梁1

（h）安装箱梁底板和横梁2

（i）吊杆与拱肋连接图

（j）拱座和箱梁连接图

(k)模拟桥墩约束

(l)模拟支座约束

（m）全桥有机玻璃模型图

图 7-4　有机玻璃模型

（2）测试断面

根据桥梁的对称性，故测试断面只需布置半桥，断面布置如图 7-5 所示。

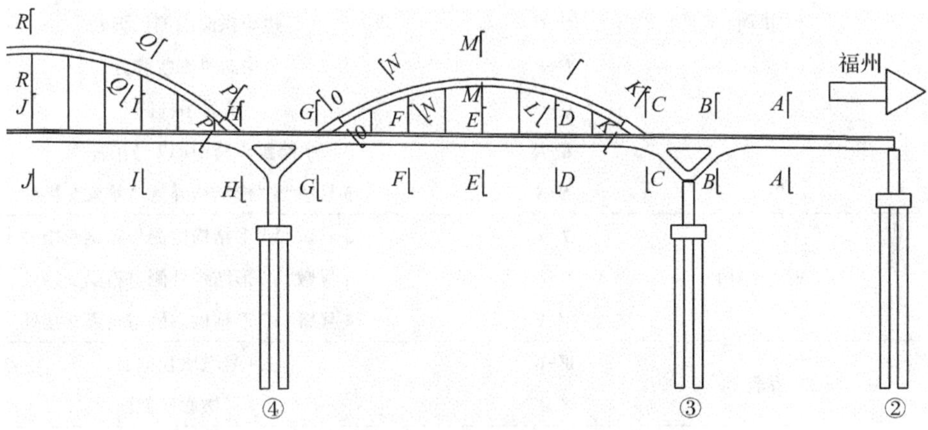

图 7-5　桥梁模型测试断面位置示意图（半桥）

根据该桥结构受力分析的结果，取主梁测试断面 10 个，主拱圈测试断面 8 个，“V”形结构测试断面 4 个，桥墩测试断面 2 个，横梁测试断面 8 个，吊杆测试断面 23 个（从福州向到永泰向编号依次为 1～23）。测试断面的位置及名称见表 7-1 所列。

（3）测点布置

①应变测点　箱梁、主拱圈、“V”形结构和桥墩的每个测试断面根据受力特点，分别在各测点上布置纵向、横向的双向应变片，应变测点的布置如图 7-6 所示。

②吊杆索力测点　吊杆测试断面 5 个。每个断面的左侧吊杆上布置 2 片单向应变片，每个断面的右侧吊杆上布置 1 片单向应变片，以测出各个测试断面应力的变化，以此测试吊杆索力的变化情况。

表 7-1 测试断面的位置

序号	结构位置	测试断面名称	测试断面位置说明
1	箱梁	*A–A*	边墩与“V”形结构外侧之中点
2		*B–B*	3 号墩“V”形结构外侧
3		*C–C*	3 号墩“V”形结构内侧
4		*D–D*	2 号吊杆侧
5		*E–E*	次边跨跨中(4 号吊杆侧)
6		*F–F*	6 号吊杆侧
7		*G–G*	4 号墩“V”形结构外侧
8		*H–H*	4 号墩“V”形结构内侧
9		*I–I*	9 号吊杆侧
10		*J–J*	中跨跨中(12 号吊杆侧)
11	主拱圈	*K–K*	边跨拱圈外侧拱脚处
12		*L–L*	2 号吊杆侧
13		*M–M*	边跨拱圈跨中(4 号吊杆侧)
14		*N–N*	6 号吊杆侧
15		*O–O*	边跨拱圈内侧拱脚处
16		*P–P*	中跨拱圈拱脚处
17		*Q–Q*	9 号吊杆侧
18		*R–R*	中跨拱圈跨中(12 号吊杆侧)
19		*S–S*	3 号墩“V”形结构外侧与箱梁交接处
20	“V”形结构	*T–T*	3 号墩“V”形结构内侧与箱梁交接处
21		*U–U*	4 号墩“V”形结构外侧与箱梁交接处
22		*V–V*	4 号墩“V”形结构内侧与箱梁交接处
23	桥墩	*W–W*	4 号墩墩顶截面
24		*X–X*	4 号墩墩底截面
25	横梁	2 号横梁	次边跨 2 号吊杆侧
26		4 号横梁	次边跨 4 号吊杆侧
27		6 号横梁	次边跨 6 号吊杆侧
28		8 号横梁	中跨 8 号吊杆侧
29		9 号横梁	中跨 9 号吊杆侧
30		10 号横梁	中跨 10 号吊杆侧
31		11 号横梁	中跨 11 号吊杆侧
32		12 号横梁	中跨 12 号吊杆侧

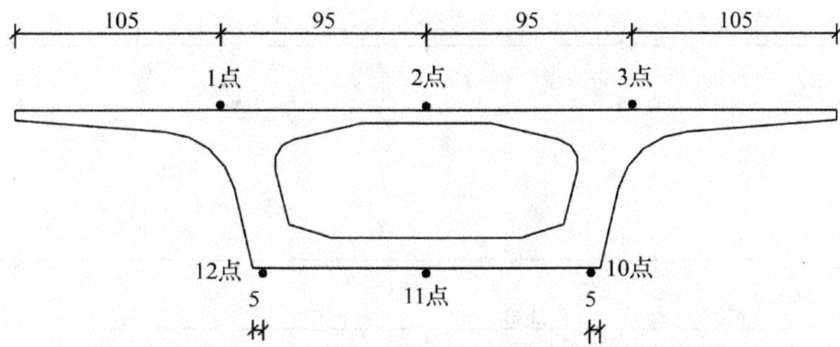

（a）主梁*A-A*、*E-E*、*G-G*、*H-H*（左幅）断面应变测点布置图

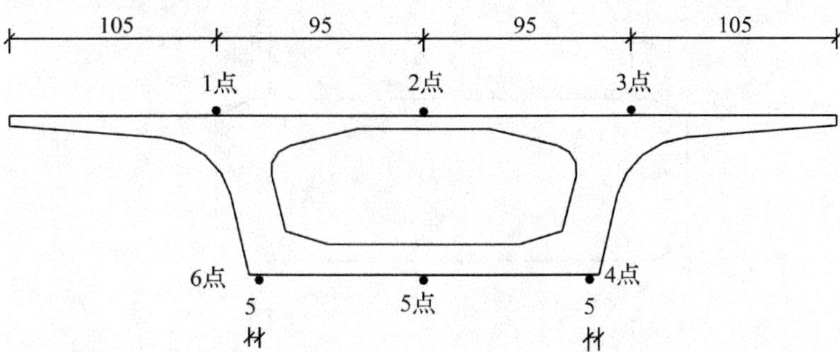

（b）主梁*B-B*、*C-C*、*D-D*、*F-F*、*I-I*（左幅）断面应变测点布置图

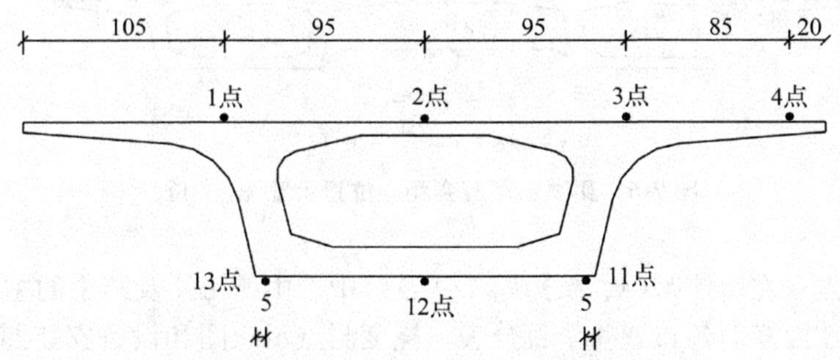

（c）主梁*J-J*（左幅）断面应变测点布置图

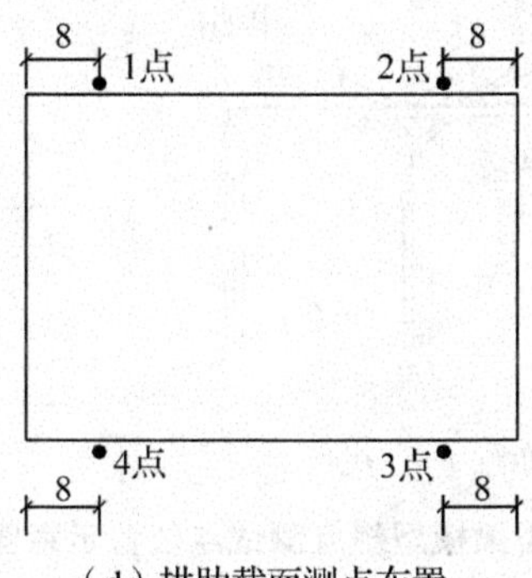

（d）拱肋截面测点布置

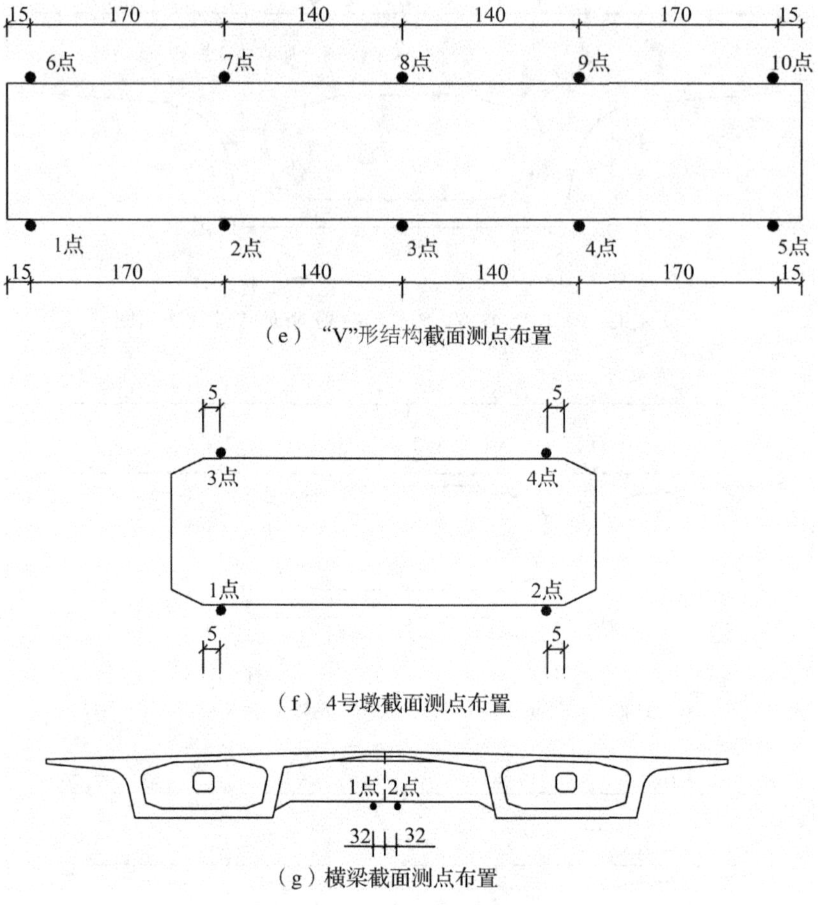

（e）"V"形结构截面测点布置

（f）4号墩截面测点布置

（g）横梁截面测点布置

图 7-6　测试断面应变测点位置示意图(半桥)

③挠度测点　在边跨跨中、次边跨 1/4 及跨中、中跨 1/4 及跨中的主梁底板边缘布置挠度测点，截面横向各布置 4 个百分表，挠度测点示意图和设备安装照片如图 7-7 和图 7-8 所示。

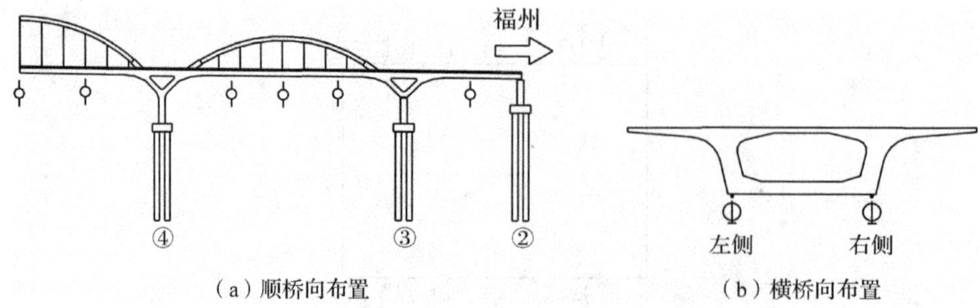

（a）顺桥向布置　　（b）横桥向布置

图 7-7　桥梁模型挠度测试点位置示意图(半桥)

(a) “V”形结构支座拉压传感器

(b) 应变计布置图

(c) 跨中挠度表

(d) 应变采集箱设备图

图 7-8　测试设备安装照片

(4) 加载设计

①加载的相似条件　通过模型试验，可以得到与原型相似的工作情况，从而可以对原型的工作性能进行研究。进行静力模型试验时，应使模型与原型之间满足几何相似、力学相似和材料相似的关系。这样，模型就能反映原型的特性，使模型试验的结果直接返回到原型上去。为了使模型试验得到的应变值和实桥一致，根据相似条件，计算结果如下：

模型与原结构的应变比：$S_{\varepsilon}=1:1$

模型与原结构的尺寸比：$S_{L}=1:40$

模型与原结构的弹性模量比：$S_{E}=6.7043\times10^{-2}$

其中，$E_{c}=3.45\times10^{4}\text{N/mm}^{2}$（C50 混凝土）

$E_{有机玻璃}=2.313\times10^{3}\text{N/mm}^{2}$（通过有机玻璃试件的试验得出）

模型与原结构的分布力比：$S_{q}=S_{L}\times S_{E}=1/40\times6.7043\times10^{-2}=1.676\times10^{-3}$

模型与原结构的集中力比：$S_{F}=S_{L}^{2}\times S_{E}=4.19\times10^{-5}$

②加载工况　本模型试验将就成桥运营阶段进行 15 种加载工况的试验和就施工阶段进行 5 个加载工况的试验，施工阶段模拟采用“倒拆法”，模型如图 7-9 所示。各加载工况详见表 7-2、表 7-3 所列。每个加载工况除需测试表中指定的相应断面的应变外，均需测试边墩的支点反力和各挠度测点的挠度值。

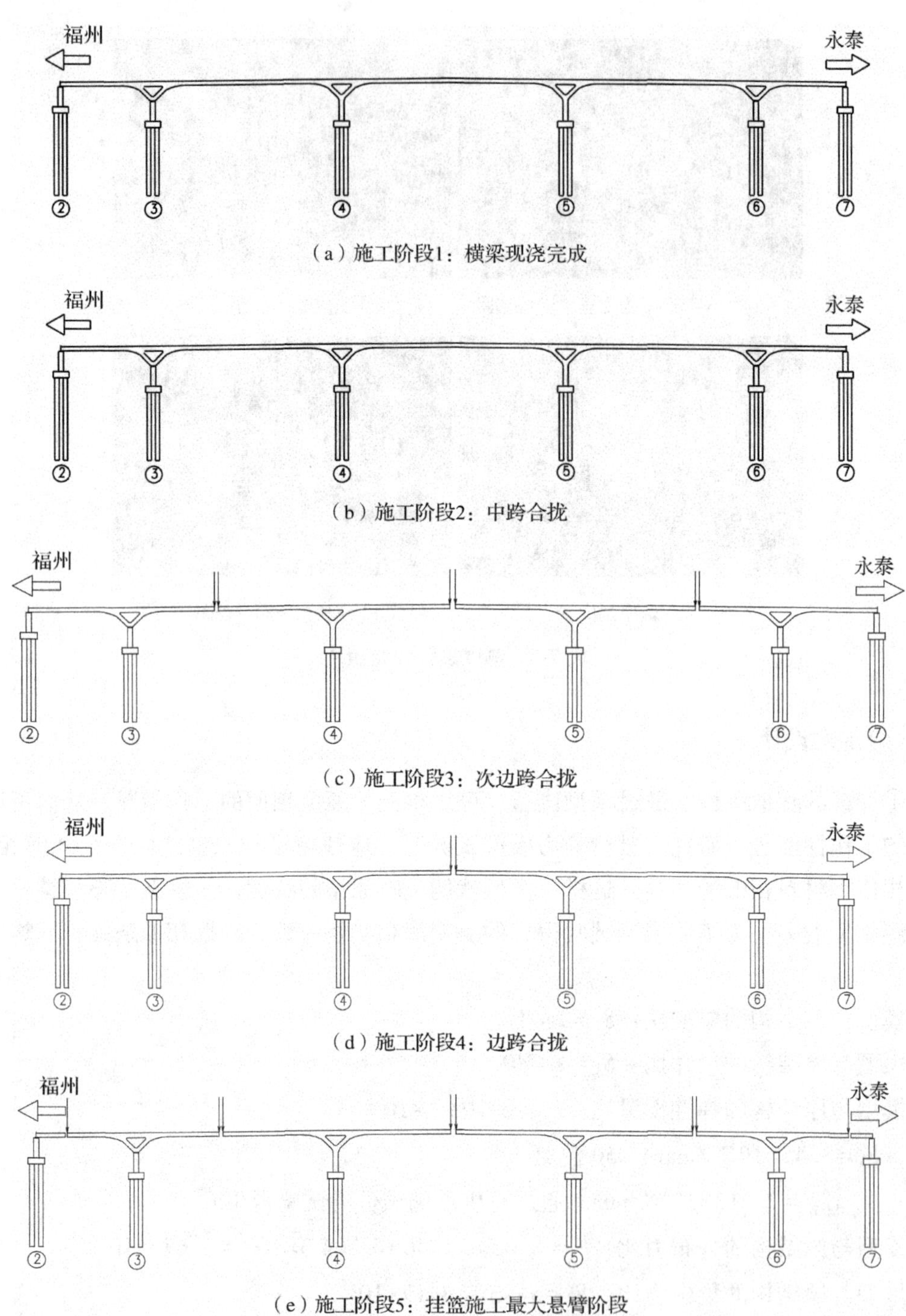

（a）施工阶段1：横梁现浇完成

（b）施工阶段2：中跨合拢

（c）施工阶段3：次边跨合拢

（d）施工阶段4：边跨合拢

（e）施工阶段5：挂篮施工最大悬臂阶段

图 7-9 “倒拆法”模拟施工阶段示意图

③加载模式　模型加载方式为施加均布荷载和施加集中荷载，说明如下。

a. 均布荷载。在模型两边的腹肋顶部翼板上，制作宽为 12cm 的有机玻璃分配梁试块，试块下粘有 12mm×12mm 的有机玻璃块，等间距布满全桥，块间间距同样为 12cm，用标准 10kg 的铁块作为砝码，连续置于有机玻璃块上，均布加载方式如图 7-10 所示。

表 7-2　成桥运营阶段试验加载工况

加载工况	加载截面	加载位置	
工况 1	*A*–*A*	边墩与“V”形结构外侧之中点	左幅箱梁中心加载
工况 2	*A*–*A*	边墩与“V”形结构外侧之中点	左幅箱梁外侧偏心加载
工况 3	*E*–*E*	次边跨跨中(4 号吊杆侧)	左幅箱梁中心加载
工况 4	*E*–*E*	次边跨跨中(4 号吊杆侧)	左幅箱梁外侧偏心加载
工况 5	*A*–*A* *E*–*E*	边墩与“V”形结构外侧之中点 次边跨跨中(4 号吊杆侧)	左幅箱梁中心同步加载
工况 6	*A*–*A* *E*–*E*	边墩与“V”形结构外侧之中点 次边跨跨中(4 号吊杆侧)	左幅箱梁同步外侧偏心加载
工况 7	*J*–*J*	中跨跨中(12 号吊杆侧)	左幅箱梁中心加载
工况 8	*J*–*J*	中跨跨中(12 号吊杆侧)	左幅箱梁外侧偏心加载
工况 9	*J*–*J*	中跨跨中(12 号吊杆侧)	左幅箱梁内侧偏心加载
工况 10	*E*–*E* *J*–*J*	次边跨跨中(4 号吊杆侧) 中跨跨中(12 号吊杆侧)	左幅箱梁中心同步加载
工况 11	*E*–*E* *J*–*J*	次边跨跨中(4 号吊杆侧) 中跨跨中(12 号吊杆侧)	左幅箱梁同步外侧偏心加载
工况 12	*A*–*A* *J*–*J*	边墩与“V”形结构外侧之中点 中跨跨中(12 号吊杆侧)	左幅箱梁中心同步加载
工况 13	*A*–*A* *J*–*J*	边墩与“V”形结构外侧之中点 中跨跨中(12 号吊杆侧)	左幅箱梁同步外侧偏心加载
工况 14	—	全桥	均布荷载
工况 15	—	左幅	均布荷载

表 7-3　施工阶段试验加载工况

加载工况	加载位置	加载类型
横梁现浇完成	左幅	均布荷载
中跨合拢	左幅	均布荷载
次边跨合拢	跨中悬臂	均布+集中荷载
边跨合拢	4 号、5 号墩悬臂	均布+集中荷载
挂篮施工最大悬臂阶段	各悬臂	均布+集中荷载

b. 集中荷载。集中荷载采用杠杆系统进行分 5 级加载，即砝码重量通过杠杆系统加在主梁上，其大小要通过杠杆系统的力臂比进行换算。以工况 1 为例，分级荷载值见表 7-4 所列。为防止集中力作用点处的截面应变值偏大，因此在加载的位置设置有机玻璃试块，减小应力集中的影响，从而可较为真实地测出加载截面各点的应变值，集中加载方式如图 7-11 所示。

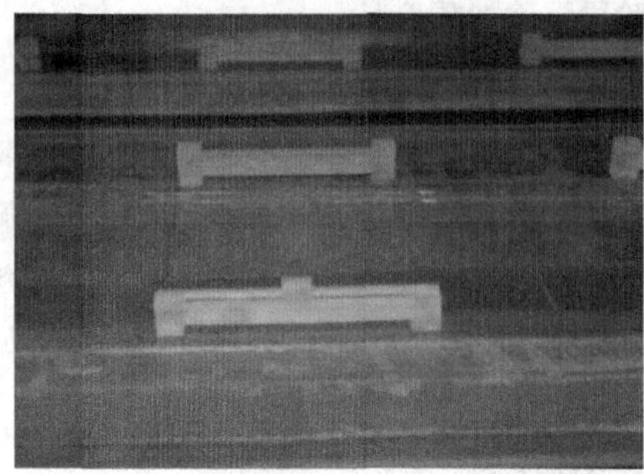

（a）分配梁

（b）砝码加载

图 7-10　均布荷载工况加载图

表 7-4　工况 1 分级加载荷载值　　N

加载位置		一级总重	二级总重	三级总重	四级总重	五级总重
工况 1	砝码	303	606	908	1 211	1 514
	集中力	469	938	1 405	1 873	2 343

（a）集中力对称加载工况杠杆布置图

（b）集中力偏心加载工况杠杆布置图

图 7-11　集中荷载工况加载图

7.1.3　试验结果分析

(1)成桥阶段加载试验

根据表 7-2 试验加载工况分析，成桥加载试验可分为在各跨跨中位置的集中加载和全桥均布加载两类。

下面分别以工况 1、2 和工况 14、15 为例，进行成桥阶段试验结果分析。

①工况 1、2　在次边跨跨中截面(A-A 截面)施加集中荷载。

取工况 1 分级加载下主梁各跨跨中截面 2 号测点的纵向应变试验值，由表 7-5 可知，在加载点所在位置，测点应变为线形变化，显示结构受力变化都在弹性范围，而在离加载点较远处的边跨、主跨跨中截面其测值较小，规律性也不显著。

表 7-5 工况 1 分级加载纵向应变试验值 με

荷载级别	次边跨跨中截面	边跨跨中截面	中跨跨中截面
初级	0	0	0
一级	−184	0	10
二级	−377	−7	19
三级	−574	−5	28
四级	−780	12	37
五级	−986	29	44

由表 7-6、表 7-7 可知，在中心加载(工况 1)和外侧偏载(工况 2)荷载作用下，次边跨箱梁加载位置上部为压应变，下部为拉应变，箱梁根部(“V”形结构附近)上部为拉应变，下部为压应变，符合该桥型受力规律；在加载位置的主梁应变最大，随与加载位置距离的增加，截面测点应变迅速下降，出现数量级变化，说明集中荷载主要对箱梁的加载段影响较大。

工况 2 应变明显大于工况 1，最大应变值为 1 968με，位于加载位置 A–A 截面的 6 点，说明偏载对结构受力更不利。

表 7-6 工况 1 主梁各截面测点纵向应变试验值 με

序号	次边跨跨中截面		3 号墩左端箱梁截面	3 号墩右端箱梁截面	边跨跨中截面		4 号墩左端箱梁截面	4 号墩右端箱梁截面	主跨跨中截面	
	左幅	右幅			左幅	右幅			左幅	右幅
1	−1 180	−187	298	244	33	12	−61	10	45	60
2	−986	−172	296	253	29	9	−67	14	44	59
3	−1 158	−155	354	328	20	−47	−76	15	56	65
4	1 871	370	−433	−274	−101	−98	70	13	17	24
5	1 250	358	−340	−245	−54	−127	65	0	8	17
6	1 616	371	−316	−249	−35	−101	45	6	35	20

表 7-7 工况 2 主梁各截面测点纵向应变试验值 με

序号	次边跨跨中截面		3 号墩左端箱梁截面	3 号墩右端箱梁截面	边跨跨中截面		4 号墩左端箱梁截面	4 号墩右端箱梁截面	主跨跨中截面	
	左幅	右幅			左幅	右幅			左幅	右幅
1	−1 621	−227	283	187	−26	−45	−86	−47	−49	−32
2	−967	−225	168	194	−22	−13	−86	−50	−32	−31
3	−766	−230	125	291	−32	−124	−68	−52	−33	−27
4	1 873	221	−300	−280	−176	−175	36	18	−30	−20
5	1 056	218	−329	−238	−93	−164	31	6	−35	−31
6	1 968	245	−426	−224	−108	−186	36	14	−41	−28

两个工况中，同一截面的测点应变数值都比较接近，应变值相差较大的点是加载位置 A–A 截面的 3 点，相差约 51%，其余点相差都在 20% 左右，说明由于箱梁的抗扭刚度较大，荷载偏移对结构总体受力影响不大。

次边跨左右幅应变值相差较大，但经过 3 号墩处“V”形结构后，到边跨跨中、主跨跨中的左右幅应变值基本一致，说明“V”形结构刚度较大，荷载作用经过“V”形结构后进行了重分布，使结构受力变得均匀。

由表 7-8 可知，荷载作用下主梁在加载处挠度最大，在中心加载(工况 1)下，各截面左右侧挠度基本一致；在外侧偏载(工况 2)作用下主梁在加载处的左右侧挠度值有较大差异，其余截面左右侧挠度基本一致。

表 7-8　工况 1、2 挠度试验值　mm

位置		工况 1	工况 2	位置		工况 1	工况 2
次边跨跨中截面	左侧	3.42	3.77	边跨 3/4 截面	左侧	-0.27	-0.52
	右侧	3.36	2.49		右侧	-0.28	-0.49
边跨 1/4 截面	左侧	-1.33	-1.35	主跨 1/4 截面	左侧	0.05	0.13
	右侧	-1.35	-1.32		右侧	0.04	0.13
边跨跨中截面	左侧	-1.05	-1.07	主跨跨中截面	左侧	0	0.07
	右侧	-0.97	-1.02		右侧	0	0.06

注：正号表示向下位移，负号表示向上位移。

②工况 14、15　在桥面施加均布荷载。

由表 7-9 至表 7-11 可知，在桥面均布荷载作用下主梁截面各测点应变和挠度较均匀，没有出现数量级变化，各截面应变远小于集中荷载下的应变。在箱梁跨中截面上部为压应变，下部为拉应变；在箱梁根部(“V”形结构附近)上部为拉应变，下部为压应变。

工况 15 下应变大于工况 14，最大应变 592$\mu\varepsilon$，位于主跨跨中 J–J 截面 6 点，最大挠度 4.52mm，位于主跨跨中截面左侧，这同样说明偏载对结构受力更不利。

表 7-9　工况 14 主梁各截面测点纵向应变试验值　$\mu\varepsilon$

序号	次边跨跨中截面		3 号墩左端箱梁截面	3 号墩右端箱梁截面	边跨跨中截面		4 号墩左端箱梁截面	4 号墩右端箱梁截面	主跨跨中截面	
	左幅	右幅			左幅	右幅			左幅	右幅
1	-83	-128	283	286	-241	-115	429	442	-198	-138
2	-72	-111	279	239	-197	-184	435	411	-180	-190
3	-79	-118	313	342	-143	-205	370	367	-127	-225
4	124	108	-370	-270	414	426	-414	-515	455	472
5	71	108	-323	-214	370	340	-362	-313	442	388
6	78	130	-340	-263	468	431	-393	-387	493	442

表 7-10　工况 15 主梁各截面测点纵向应变试验值　με

序号	次边跨跨中截面		3 号墩左端箱梁截面	3 号墩右端箱梁截面	边跨跨中截面		4 号墩左端箱梁截面	4 号墩右端箱梁截面	主跨跨中截面	
	左幅	右幅			左幅	右幅			左幅	右幅
1	−172	67	300	411	−262	−104	510	559	−279	−63
2	−128	67	290	313	−223	0	474	486	−216	45
3	−135	76	334	435	−54	45	357	373	−11	97
4	274	−43	−396	−402	312	98	−374	−712	337	106
5	210	−41	−346	−321	384	112	−332	−441	467	127
6	227	−41	−356	−413	538	259	−391	−524	592	293

表 7-11　工况 14、15 挠度试验值　mm

位置		工况 14	工况 15	位置		工况 14	工况 15
次边跨跨中截面	左侧	0.75	0.68	边跨 3/4 截面	左侧	1.87	2.2
	右侧	0.56	0.7		右侧	1.68	1.6
边跨 1/4 截面	左侧	2.84	2.79	主跨 1/4 截面	左侧	1.64	2.17
	右侧	2.45	2.06		右侧	1.35	1.49
边跨跨中截面	左侧	3.14	3.47	主跨跨中截面	左侧	3.51	4.52
	右侧	2.88	2.59		右侧	3.06	3.08

注：正号表示向下位移，负号表示向上位移。

(2)施工阶段模型加载试验

施工阶段模拟采用“倒拆法”，通过逐步拆除全桥模型各构件，达到对各施工阶段的模拟，拆除过程如图 7-12 所示。

(a) 全桥去掉拱肋和吊杆

(b) 断开横梁

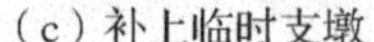

(c) 补上临时支墩

(d) 跨中断开

图 7-12　拆除各构件图

下面分别以施工阶段工况 2、3 为例，进行施工阶段试验加载结果分析。

①施工阶段工况 2：中跨合龙　在施工阶段工况 2，在前一阶段基础上断开横梁，左幅主跨跨中加集中力，以模拟单幅主桥箱梁合拢、横梁未施工时的受力情况。此时，主要受力结构为连续刚构形式，因此变形与工况 1 相似，但由于没有横梁分配荷载，主跨跨中变形较工况 1 大。同时，由于内侧箱梁板未受到横梁的约束，使得左幅箱梁主跨跨中截面的各测点应变值基本一致。从表 7-12、表 7-14 可知，比较施工阶段工况 1、2 测值可知，虽然单幅箱梁的受力形式基本一致，但在横梁施工前后，主跨受力有较大变化，主要是由于横梁发挥了分配荷载、增加刚度的作用。

②施工阶段工况 3：次边跨合龙　在施工阶段工况 3，接工况 2 且中跨跨中断开，加设 4 号临时墩，左幅主跨跨中加集中力，以模拟箱梁最大悬臂施工时的受力情况。此时，4 号墩左侧为连续刚构，右侧为悬臂结构，由表 7-13、表 7-15 可知，主跨箱梁受力最不利，最大挠度 20. 61mm，比工况 2 增大约 37%，其他跨跨中挠度变化不大；对应的主跨端部的应变测值也有较大增加。

表 7-12　施工阶段工况 2 各截面测点纵向应变试验值　　με

序号	次边跨跨中截面		3 号墩左端箱梁截面	3 号墩右端箱梁截面	边跨跨中截面		4 号墩左端箱梁截面	4 号墩右端箱梁截面	主跨跨中截面	
	左幅	右幅			左幅	右幅			左幅	右幅
1	-41	-39	-65	-73	96	94	153	803	-1 550	-79
2	-40	-36	-63	-73	90	85	172	771	-1 285	-86
3	-38	-38	-61	-103	92	67	149	744	-1 588	-92
4	116	112	105	87	-192	—	-198	-1 314	2 564	199
5	107	112	90	69	-141	-162	-194	-850	2 086	162
6	109	114	96	63	-187	-180	-216	-970	2 503	182

表 7-13　施工阶段工况 2 挠度试验值　　mm

位置	次边跨跨中截面		边跨跨中截面		主跨跨中截面	
	左侧	右侧	左侧	右侧	左侧	右侧
测值	0. 3	0. 3	-1. 7	-1. 71	12. 95	12. 95

表 7-14　施工阶段工况 3 各截面测点纵向应变试验值　　με

序号	次边跨跨中截面		3 号墩左端箱梁截面	3 号墩右端箱梁截面	边跨跨中截面		4 号墩左端箱梁截面	4 号墩右端箱梁截面	主跨跨中截面	
	左幅	右幅			左幅	右幅			左幅	右幅
1	-81	159	278	-297	454	1 258	1	-81	159	278
2	-76	158	255	-299	499	1 198	2	-76	158	255
3	-90	188	366	-327	442	1 240	3	-90	188	366
4	83	-222	-447	310	-633	-1 515	4	83	-222	-447
5	53	-193	-320	276	-555	-1 275	5	53	-193	-320
6	58	-203	-328	370	-596	-1 195	6	58	-203	-328

表 7-15　施工阶段工况 3 挠度试验值　mm

位置	次边跨跨中截面		边跨跨中截面		主跨跨中截面	
	左侧	右侧	左侧	右侧	左侧	右侧
测值	0.32	0.27	2.12	2.12	20.61	20.46

注：正号表示向下位移，负号表示向上位移

7.1.4　有机玻璃模型试验与有限元计算结果的比较

(1)有限元模型建立

考虑到实际结构的复杂性，以及更好地与有机玻璃模型试验结果比较，建立了材料属性为有机玻璃的 1∶40 缩尺有限元模型，通过二者之间的相互对比，验证试验的准确性。

由于本桥为薄壁箱梁与实体“V”形结构相结合的不规则空间构造，因此，有限元模型选用了 20 节点 SOLID95 单元来模拟实桥结构。SOLID95 单元是空间块体单元，有 20 个节点，每个节点有沿 x，y，z 3 个方向的自由度。

模型中将结构视为均质弹性体，以弹性模量与泊松比表示结构材料的特性。由于大桥构造复杂，为满足计算精度要求，采用计算机自由划分单元，两个模型仅在单元尺寸和单元材料属性上有所不同，划分网格后的模型如图 7-13 所示，计算模型的总节点数为 245 376，总单元数 150 472 个。

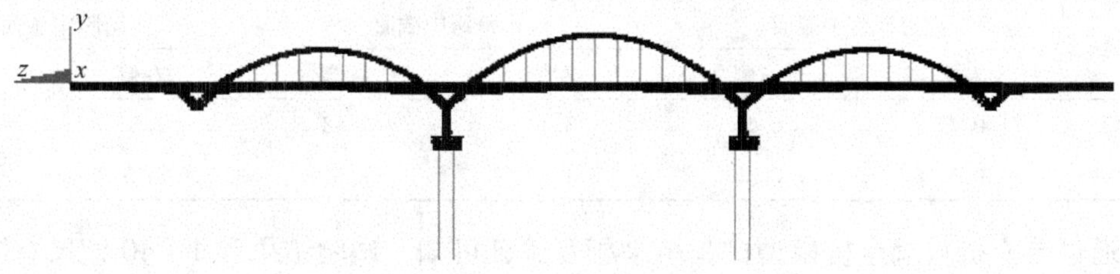

图 7-13　有限元计算模型

(2)精度验证

根据结构受力分析的要点，并结合有机玻璃模型试验加载的情况，确定有限元模型计算荷载工况见表 7-16，工况 a、b 对应有机玻璃模型试验工况 7、8，工况 c、d 对应试验工况 14、15，工况 e 对应施工阶段 5，加载方式与有机玻璃模型试验一致。

下述对于试验结果精度验证分析，以工况 c 为例进行，对应的是试验工况 14。

在工况 c 中，由表 7-17、表 7-18 可知，在主桥全桥均布施加荷载作用，有机玻璃试验模型和 1∶40 有限元模型的主跨跨中截面的挠度分别为：左侧为 3.51mm、3.30mm；右侧为 3.06mm、2.77mm，二者较为接近。

主桥左右幅的跨中截面各点纵向应变值比较接近。

表 7-16 有限元模型加载工况

加载工况	加载位置	加载方式	对应的试验工况
工况 a	中跨跨中	对称加载	试验工况 7
工况 b	中跨跨中	外侧偏心加载	试验工况 8
工况 c	全桥	均布荷载	试验工况 14
工况 d	左幅	均布荷载	试验工况 15
工况 e	主次跨悬臂端	均布+集中荷载	施工阶段 5

表 7-17 工况 c 主跨跨中截面测点纵向应变值比较 με

测点编号	试验		1∶40	
	左幅	右幅	左幅	右幅
1	-198	-138	-270	-254
2	-180	-190	-254	-254
3	-127	-225	-254	-270
4	455	472	366	362
5	442	388	366	366
6	493	442	362	366

表 7-18 工况 c 挠度试验值比较 mm

位置	次边跨跨中截面		边跨跨中截面		主跨跨中截面	
	左侧	右侧	左侧	右侧	左侧	右侧
试验	0.75	0.56	3.14	2.88	3.51	3.06
1∶40	0.39	0.38	1.94	1.61	3.3	2.77

通过与有机玻璃全桥模型试验结果相互验证可知，试验结果和 1∶40 缩尺有限元计算结果总体规律一致，应力量级相当，两者整体上吻合良好，证明本文建立的 1∶40 缩尺有限元模型的正确性。

7.2 示例 2：新月型拱-连续梁组合桥有机玻璃模型试验

7.2.1 模型设计

(1)工程背景

与示例 1 为同一工程，详见 6.1.1，本示例进行全桥受力性能研究。

(2)模型设计

由于全桥混凝土材料标号并非一种，拱肋又是钢混组合结构，现将材料特性见

表 7-19　实桥材料特性

材料名称	适于部位	弹性模量(MPa)
C40 混凝土	拱座	32 500
C50 混凝土	三角刚构、主拱填充混凝土	34 500
C55 混凝土	连续梁	35 500
Q345 钢材	主拱、副拱、横撑	206 000

表 7-19 所列。为使模型设计简单，假设全桥混凝土结构均为 C55。

由于模型比例较小，加工精度要求很高，其中，混凝土连续梁、拱座和三角刚构截面完全按照设计尺寸加工，连续梁的横向坡度和倒角也尽可能接近结构原型，有机模型的连续梁标准横截面尺寸如图 7-14 所示。

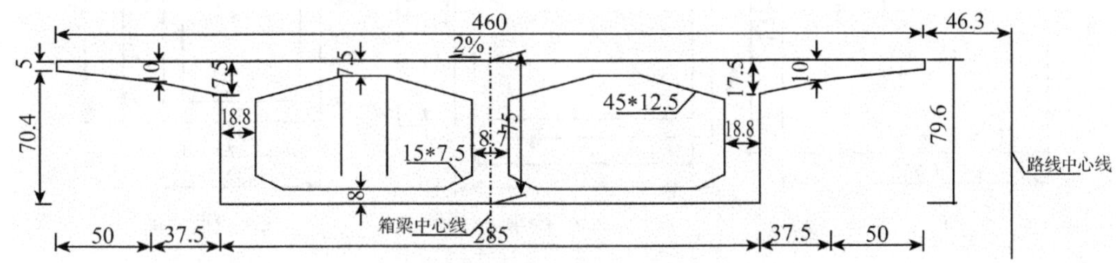

图 7-14　有机玻璃箱梁一般截面图(单位：mm)

连续梁下的 13 号、14 号、17 号、18 号墩底采用混凝土浇注固结，梁与墩接触为活动铰支，并安装拉压传感器测其支座反力。该桥基础为嵌岩灌注桩，15 号、16 号主墩采用 3 排 19 根直径 50mm 的有机玻璃圆棒模拟桩基，端部用混凝土浇灌嵌固，其上再覆以砂土模拟土对桩的作用。15 号墩与梁接触为活动铰支关系，16 号墩与梁接触为固定铰支座关系。

该桥主拱为钢管混凝土结构，副拱为空钢管，横撑为也为空钢管。在模型设计中，采用等轴向刚度和等弯曲刚度原则，需要将钢结构换算为 C55 混凝土结构。钢管混凝土或空钢管的轴向刚度和弯曲刚度根据《钢管混凝土结构设计与施工规程》(CECS28：90)推荐的公式计算。换算公式如下：

①压缩和拉伸刚度　$EA=E_aA_a+E_cA_c$

②弯曲刚度　$EI=E_aI_a+E_cI_c$

按照上述公式，将主拱、副拱和横撑进行换算，在相等的轴向刚度和抗弯刚度下，得到换算面积 A 和换算抗弯惯矩 I 见表 7-20 所列。

为方便加工，可以采用矩形截面代替圆形截面，按照等轴向刚度和等抗弯刚度原则，所得主拱、副拱、横撑的换算截面如图 7-15 所示。其中，对于主拱截面，换算时无法平衡轴向刚度和抗弯刚度，现以抗弯刚度为主，得到实心的矩形截面，这时截面面积为 3.011 75m^2，与需要换算的面积相差 3.5%。

表 7-20 钢管和钢管混凝土换算面积和换算惯矩

位置	直径(m)	厚度(m)	弹性模量(MPa)	面积(m^2)	抗弯惯矩	轴向刚度	抗弯刚度	换算弹模(MPa)	换算面积(m^2)	换算惯矩
主拱钢管	1. 800	0. 024	206 000	0. 134	0. 053	27 585	10 878	35 500	0. 777 0	0. 306
主拱混凝土	1. 752	0. 876	34 500	2. 411	0. 462	83 172	15 956	35 500	2. 343 0	0. 449
主拱钢管混凝土	—	—	—	—	—	110 757	26 834	35 500	3. 120 0	0. 756
副拱钢管	1. 200	0. 016	206 000	0. 060	0. 010	12 260	2 149	35 500	0. 345 3	0. 060 5
横撑钢管	0. 500	0. 012	206 000	0. 018	0. 001	3 790	113	35 500	0. 106 7	0. 003 18

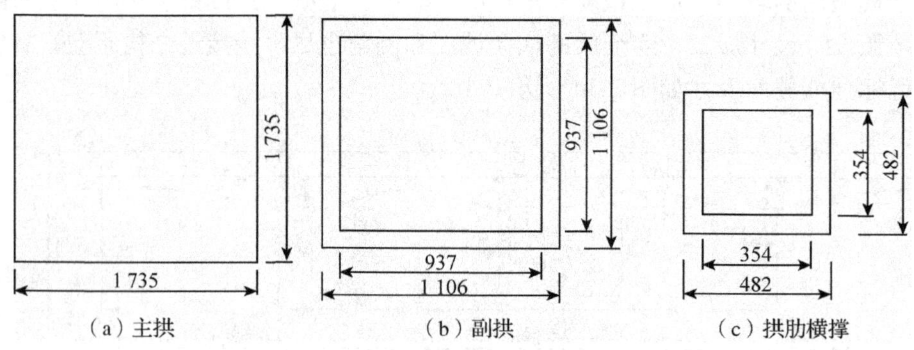

图 7-15 实桥拱肋换算截面图(单位：mm)

将图 7-15 按 1∶40 进行换算，所得主拱、副拱、横撑的截面如图 7-16 所示。

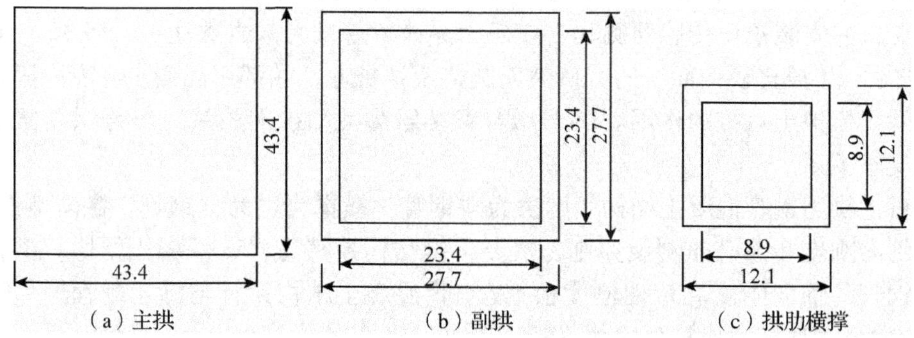

图 7-16 拱肋有机玻璃模型截面图(单位：mm)

7.2.2 模型制作与加载

(1)模型制作

整个桥梁采用有机玻璃制作，按 1∶40 比例进行加工，由于模型比例较小，加工精度要求很高，其中，混凝土主梁、拱座和三角刚构截面完全按照设计尺寸加工，对横向坡度和倒角也尽可能接近结构原型，图 7-17 所示为有机玻璃模型安装过程的照片。

（a）1/2连续梁模型图片

（b）次边跨支座处箱梁底板变截面

（c）0号块箱梁构件制作

（d）箱梁底板装配

（e）箱梁翼缘加厚段

图 7-17　模型加工制作照片

（2）测试断面

根据桥梁的对称性，测试断面只需布置半桥，另一半桥只设置一个断面便于校核，主梁共计 7 个测试断面，主要布置在右幅跨中和支点处，主梁测试断面如图 7-18 所示。拱结构共计有 8 个测试断面，主要布置在拱脚、拱与梁交点和拱跨 1/2 断面处，测试断面如图 7-19 所示。另外有吊杆横梁测试断面 4 个，吊杆测试断面 22 个（主拱吊杆全部进行测试，副拱吊杆测试一半）。

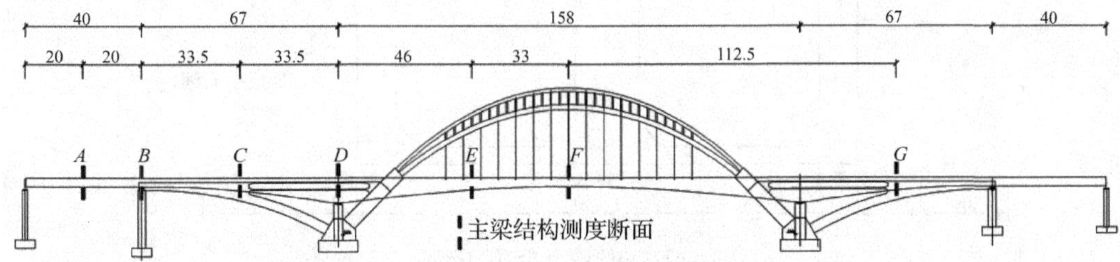

图 7-18　主梁结构测试断面位置示意图（单位：m）

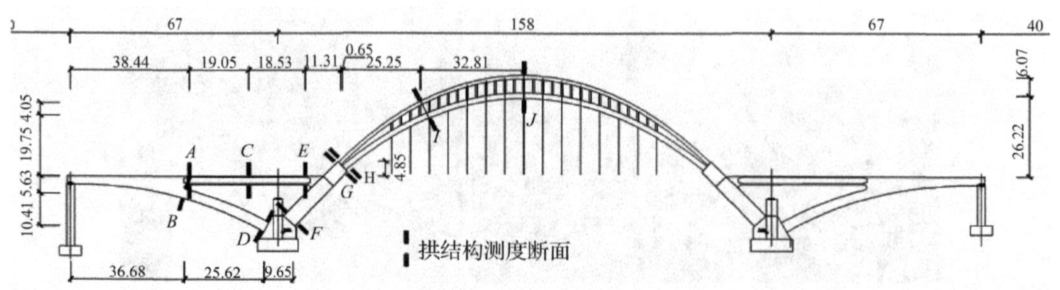

图 7-19　拱结构测试断面位置示意图(单位：m)

(3)测点布置

①应变测点　箱梁、主拱圈、三角刚构的每个测试断面根据受力特点，分别在各测点上布置纵向、横向的双向应变片，主梁应变测点的布置如图 7-20 所示，拱结构测点的布置如图 7-21 所示，横梁测点的布置如图 7-22 所示。

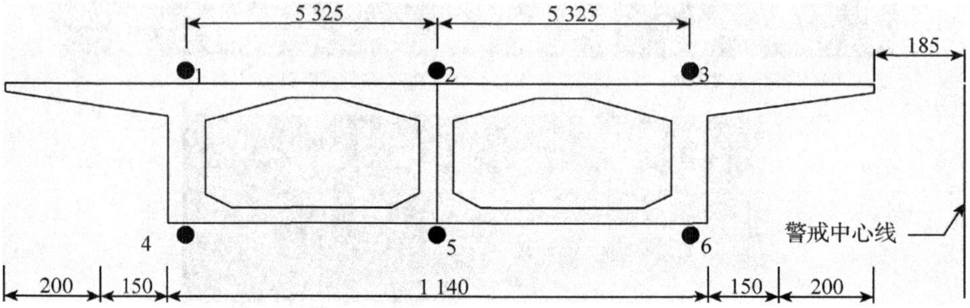

(a)边跨跨中 *A*–*A*

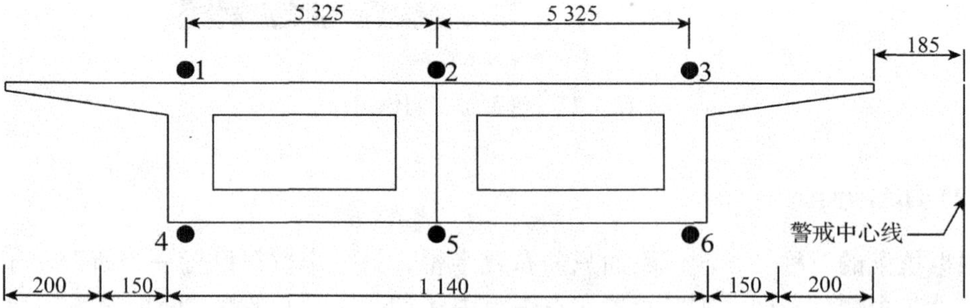

(b)13 号桥墩墩顶 *B*–*B*

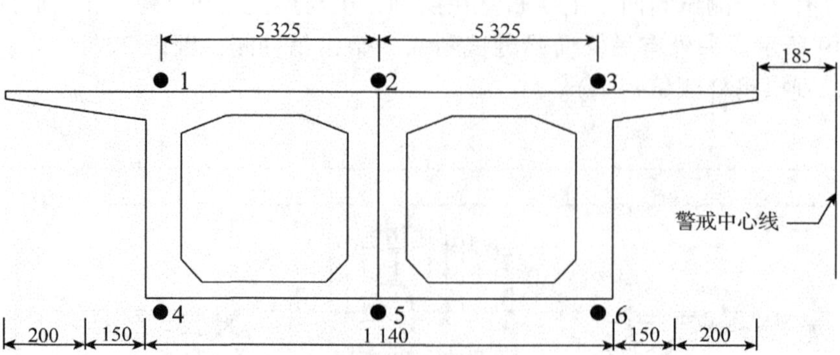

(c)次边跨跨中 *C*–*C*，*G*–*G*

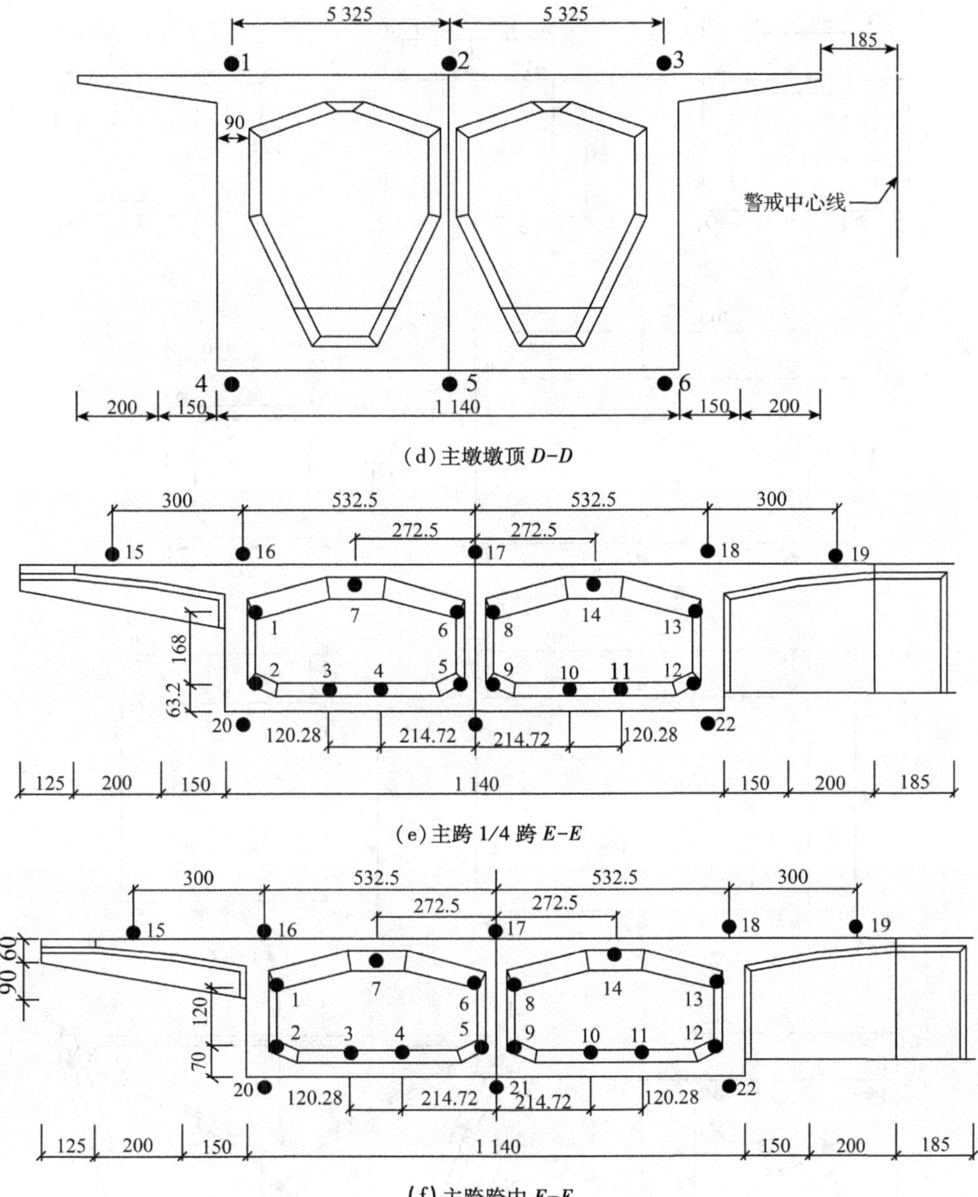

(d) 主墩墩顶 *D*–*D*

(e) 主跨 1/4 跨 *E*–*E*

(f) 主跨跨中 *F*–*F*

图 7-20　主梁测试断面应变测点位置示意图

②挠度测点　在边跨跨中、次边跨跨中、中跨 1/4 及跨中的主梁底板边缘布置挠度测点，截面横向各布置 2 个百分表。挠度测点示意如图 7-23 所示。

③吊杆索力测点　拟定测试全部主吊杆和一侧全部副吊杆索力，在每个吊杆的中部布置一片单片应变片，以便了解吊杆索力的变化情况。

④系杆索力测点　在每根系杆的两端和中部布置一片单片应变片，以了解系杆索力的变化情况。

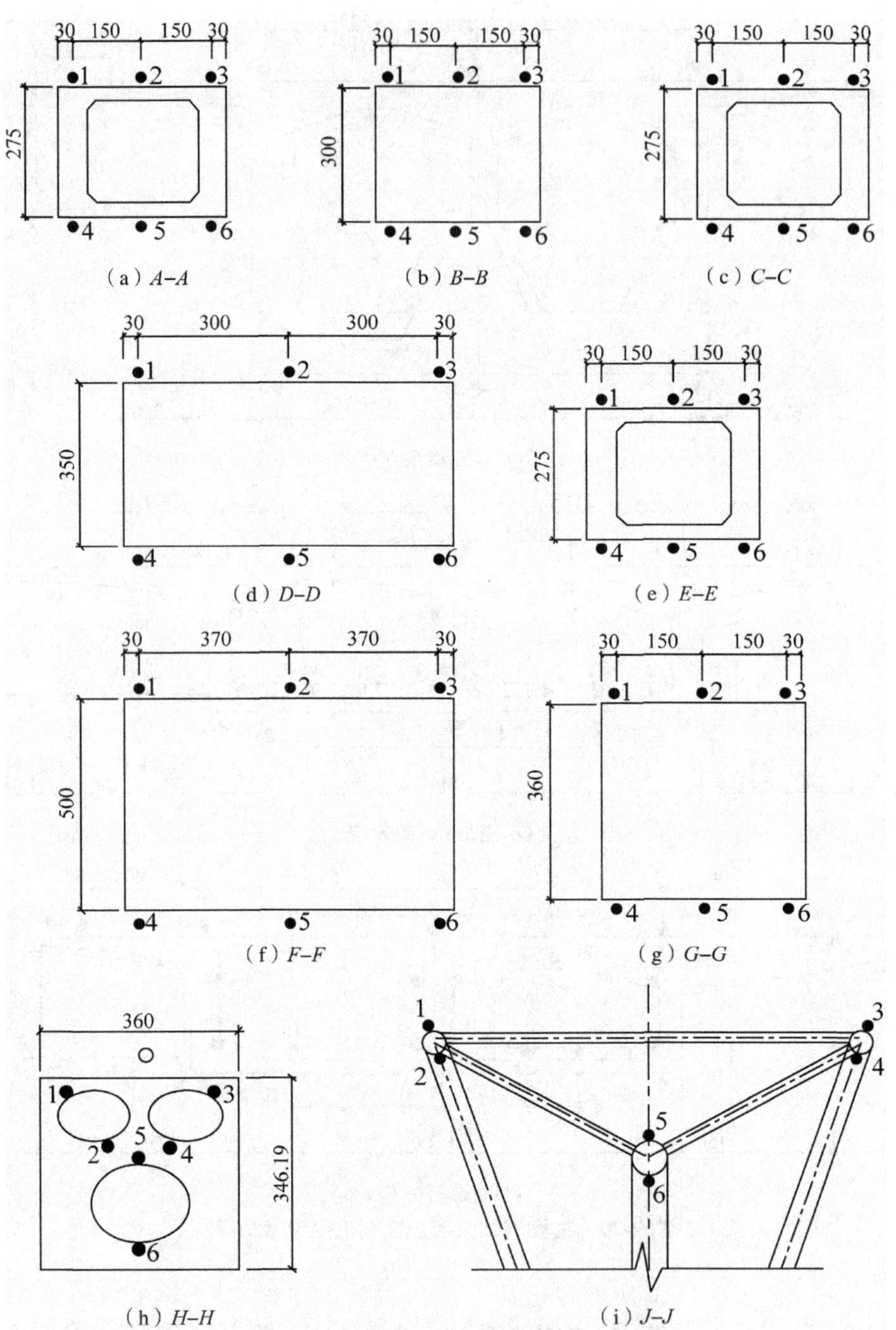

图 7-21　拱结构测试断面应变测点位置示意图

(4)加载设计

①加载的相似条件　通过模型试验，可以得到与原型相似的工作情况，从而可以对原型的工作性能进行研究。进行静力模型试验时，应使模型与原型之间满足几何相似、力学相似和材料相似的关系，这样，模型就能反映原型的特性，使模型试验的结果直接

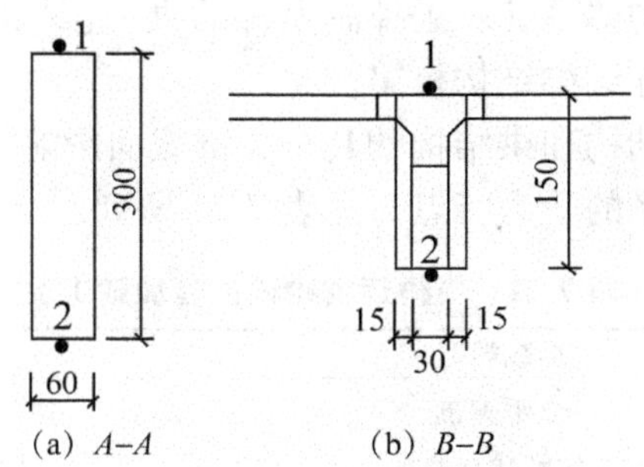

(a) *A–A*　　(b) *B–B*

图 7-22　吊杆横梁测试断面应变测点位置示意图

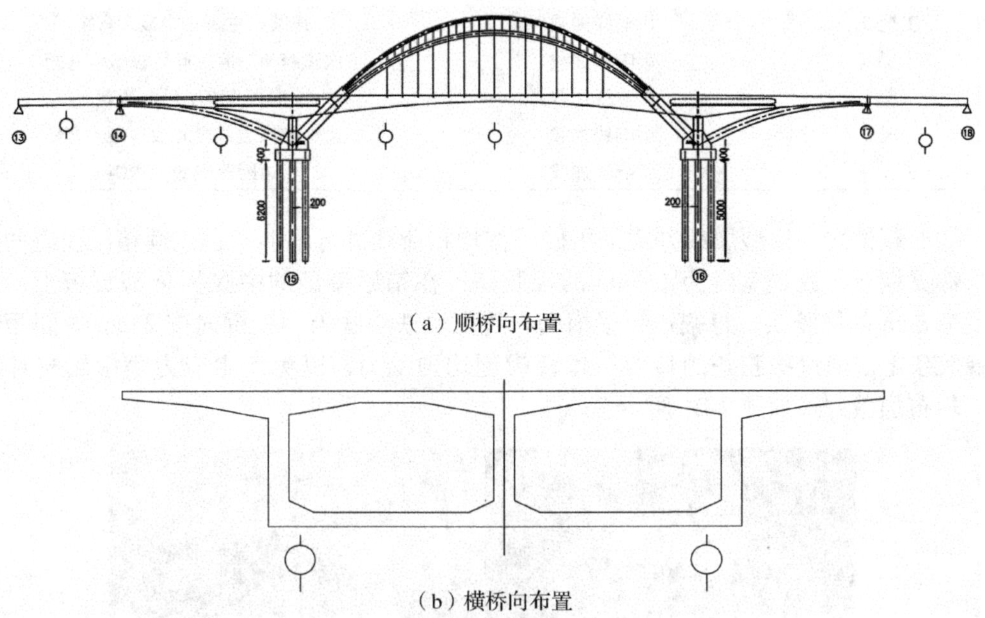

(a) 顺桥向布置

(b) 横桥向布置

图 7-23　模型挠度测试点位置示意图

返回到原型上去。为了使模型试验得到的应变值和实桥一致，根据相似条件，计算结果如下：

模型与原结构的应变比：$C_\varepsilon = 1:1$

模型与原结构的尺寸比：$C_L = 1:40$

模型与原结构的弹性模量比：$C_E = 6.704\ 3\times10^{-2}$

式中　$E_c = 3.55\times10^4 N/mm^2$(C50 混凝土)

$E_{有机玻璃} = 2.313\times10^3 N/mm^2$(通过有机玻璃试件的试验得出)

模型与原结构的分布力比：$S_q = S_E \times S_L = 1/40 \times 6.704\ 3\times10^{-2} = 1.676\times10^{-3}$

模型与原结构的集中力比：$S_F = S_E \times S_L{}^2 = 4.19\times10^{-5}$

模型与原结构的挠度比：$S_f = S_l$

模型与原结构的系杆力比：$S_N = S_E \times S_L^3$

②加载工况　本试验共设计 3 种结构体系进行加载，分别是结构体系 Ⅰ：新月拱-

连续梁组合结构桥梁；结构体系Ⅱ：去掉副吊杆的拱-连续梁组合结构桥梁；结构体系Ⅲ：去掉新月拱和横梁的连续梁结构桥梁。

分别通过计算连续梁结构和拱结构的几个关键截面影响线，共设计 9 个工况进行加载，对比 3 种不同结构体系的受力特点，见表 7-21 所列。

表 7-21 成桥运营阶段试验加载工况

编号	加载类型	加载工况
工况 1	全桥满布	全桥满布
工况 2	影响线加载	主副拱最大轴力、弯矩
工况 3	影响线加载	主拱 1/4 截面最大弯矩
工况 4	影响线加载	主拱拱脚截面最大弯矩
工况 5	影响线加载	连续梁主跨跨中最大弯矩
工况 6	影响线加载	次边跨与中跨之间墩顶最大弯矩
工况 7	影响线加载	次边跨跨中最大弯矩
工况 8	影响线加载	边跨与次边跨之间墩顶最大弯矩
工况 9	影响线加载	边跨跨中最大弯矩

③加载模式　模型加载方式采用砝码按均布荷载进行施加。在连续箱梁模型的边腹板顶部翼板上，放置宽度为 1.5cm 的橡胶条；在箱梁模型的中腹板顶部翼板上，放置宽度为 3cm 的橡胶条。每幅连续梁横向布置两块铁块砝码，纵桥向按 24cm 等间距布置在橡胶条上。通过橡胶条的传力可以使模型均匀受力，以免产生应力集中影响计算结果。均布加载方式如图 7-24 所示。

（a）橡胶垫片

（b）砝码加载

图 7-24 均布荷载工况加载图

7.2.3 试验结果分析

下面分别以工况 1 和工况 2 为例，进行试验结果分析。

(1) 工况 1：全桥满布

在全桥满布的荷载工况作用下，对新月拱-连续梁组合构件和单拱-连续梁组合构件中的主拱拱脚截面，主拱 $L/4$（L 为新月拱主拱跨径）截面及主拱 L/2 截面的位移和应力测试结果进行对比分析，如图 7-25 和表 7-22 所示。

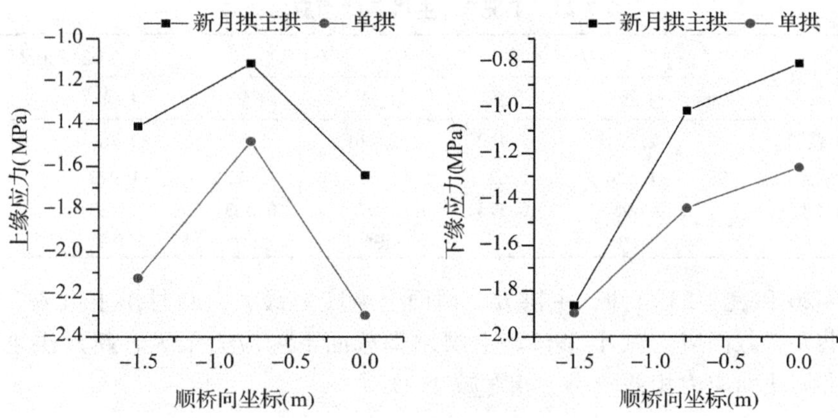

图 7-25　工况 1：主拱各截面应力比较

表 7-22　工况 1：主拱各截面应力比较

截面编号及位置	*H-H*		*I-I*		*J-J*	
	上缘	下缘	上缘	下缘	上缘	下缘
单拱体系(1)	-2. 126	-1. 897	-1. 484	-1. 439	-2. 3	-1. 261
新月拱体系(2)	-1. 412	-1. 863	-1. 117	-1. 014	-1. 641	-0. 807
差值(3)=(2)-(1)	0. 714	0. 034	0. 367	0. 425	0. 659	0. 454
百分比(4)=(3)/(1)	-34%	-2%	-25%	-30%	-29%	-36%

由图 7-25 和表 7-22 可知，主拱 *L*/2 截面上缘应力最大，新月拱主拱 *L*/2 截面应力较单拱主拱 *L*/2 截面应力减小 29%。主拱拱脚截面下缘应力最大，新月拱主拱拱脚截面与单拱拱脚截面应力相差较小，相对减小 2%。

(2)工况 2：主副拱最大轴力、弯矩

在主副拱最大轴力、弯矩的荷载工况作用下，对新月拱-连续梁组合构件和单拱-连续梁组合构件中的主拱拱脚截面，主拱 *L*/4 截面及主拱 *L*/2 截面的位移和应力测试结果进行对比分析，如图 7-26 和表 7-23 所示。

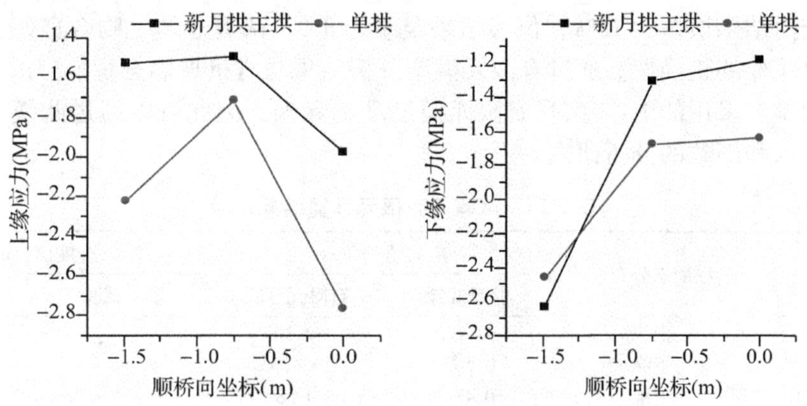

图 7-26　工况 2：主拱各截面应力比较

表 7-23 工况 2：主拱各截面应力比较

截面编号位置	H–H		I–I		J–J	
	上缘	下缘	上缘	下缘	上缘	下缘
单拱体系(1)	-2.221	-2.459	-1.714	-1.672	-2.768	-1.644
新月拱体系(2)	-1.526	-2.634	-1.496	-1.309	-1.979	-1.183
差值(3)=(2)-(1)	0.695	-0.175	0.218	0.363	0.789	0.461
百分比(4)=(3)/(1)	-31%	7%	-13%	-22%	-29%	-28%

由图 7-26 和表 7-23 可知，主拱 $L/2$ 截面上缘应力最大，新月拱主拱 $L/2$ 截面应力较单拱主拱 $L/2$ 截面应力减小 29%。主拱拱脚截面下缘应力最大，新月拱主拱拱脚截面与单拱拱脚截面应力相差较小，相对减小 7%。

7.2.4 有机玻璃模型试验与有限元计算结果的比较

(1)有限元模型建立

采用桥梁计算专业软件 MIDAS/Civil，建立空间计算模型，如图 7-27 所示。在计算模型中，采用梁单元模拟拱肋、主梁、横撑、斜撑、边跨斜腿、中跨斜腿和拱座结构，桁架单元模拟吊杆和系杆。模型共有 739 个节点，841 个单元。

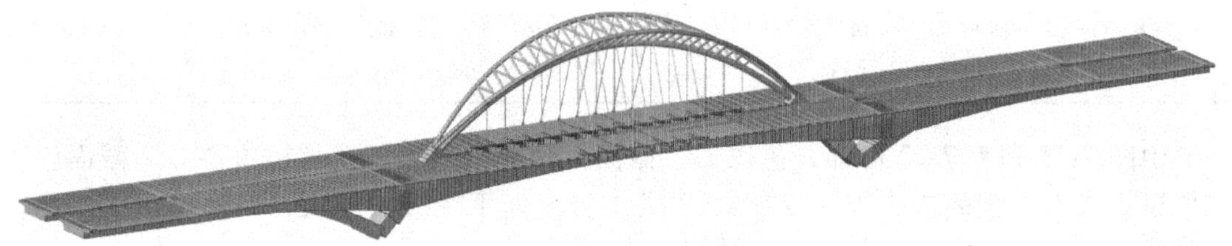

图 7-27 有限元计算模型

(2)精度验证

本节以最有代表性的工况 1 为例，验证试验模型和有限元模型的精度。从图 7-28 和表 7-24 可以看出，有机玻璃模型试验结果和有限元结果总体规律一致，应力量级相当，其中应力结果误差约 15%，位移结果误差约 8%，两者总体上吻合良好，从而互相证明了各自工作的正确性。通过有限元模型分析结果与有机玻璃全桥模型试验结果相互验证，证明本文采用的 1∶1 实尺有限元模型准确无误，因此可以通过此模型对桥梁结构进行更深入和细致的分析研究。

表 7-24 试验与有限元计算结果比较

截面位置	测点分布	应力值(MPa)		挠度值(mm)	
		模型试验	有限元计算	模型试验	有限元计算
边跨跨中	上缘	-0.442	-0.303	-0.52	-0.41
	下缘	0.509	0.428		
13 号墩墩顶	上缘	0.434	0.38	0	0
	下缘	-0.407	-0.433		

（续）

截面位置	测点分布	应力值(MPa)		挠度值(mm)	
		模型试验	有限元计算	模型试验	有限元计算
次边跨跨中	上缘	-0.028	-0.014	-0.25	-0.03
	下缘	0.042	0.015		
主墩墩顶	上缘	0.397	0.433	0	0
	下缘	-0.506	-0.345		
中跨 1/4	上缘	0.131	0.102	-1.59	-1.66
	下缘	-0.11	-0.133		
中跨跨中	上缘	-0.381	-0.334	-3.17	-3.4
	下缘	0.523	0.543		
主拱拱脚	上缘	-1.412	-1.404	—	—
	下缘	-1.863	-1.961		
主拱 1/4	上缘	-1.014	-1.294	-1.75	-1.83
	下缘	-1.117	-1.608		
主拱 1/2	上缘	-0.807	-0.987	-2.95	-2.96
	下缘	-1.641	-1.727		

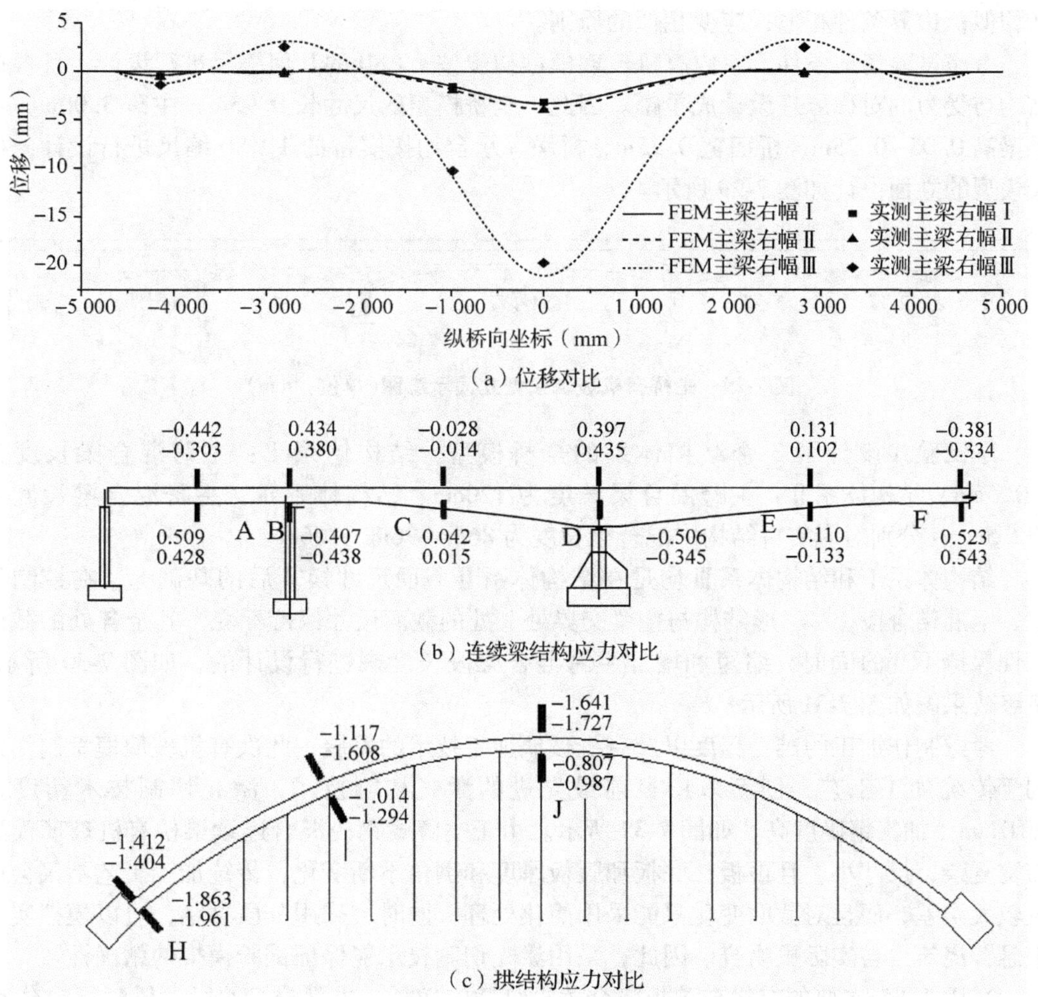

（a）位移对比

（b）连续梁结构应力对比

（c）拱结构应力对比

图 7-28　模型试验与有限元结果比较

7.3 示例3：大跨度空腹式钢砼混合连续梁桥有机玻璃模型试验

7.3.1 模型设计

(1)工程背景

与示例7为同一工程，详见6.4，本示例进行全桥受力性能研究。

(2)模型设计

由于混凝土主梁为全预应力设计，可以认为这一部分材料是均质的，而钢-混凝土结合段可以将钢和混凝土两种材料换算成同一种材料来模拟，最后确定模型材料用有机玻璃是适宜的。

根据试验相似理论，主桥有机玻璃试验模型的设计需满足：几何相似；对应截面刚度相似；边界条件相似；应变相似的原则。

考虑试验场地条件，室内有机玻璃模型初步按1∶80的几何缩尺进行设计，且根据结构与受力的对称原理设计成单幅。因此，全桥模型的尺寸长9.93m，主跨3.00m，主梁梁高0.03~0.25m，桥面宽0.25m，桥墩、承台均按实桥的1∶80缩尺进行设计，桥梁模型的立面设计如图7-29所示。

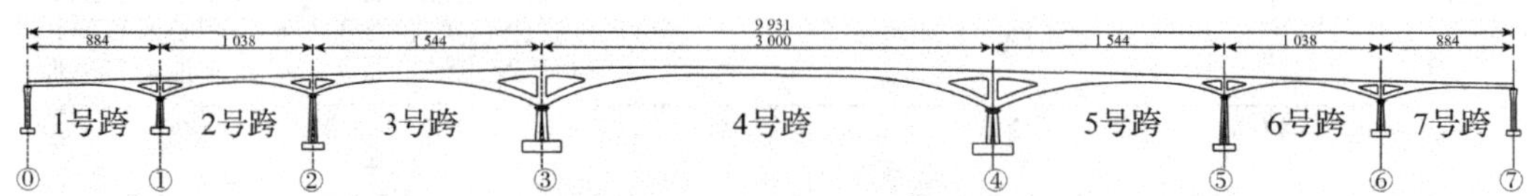

图7-29 主桥有机玻璃模型立面示意图(单位：mm)

本试验共设计了3个结构体系的全桥模型，结构体系Ⅰ：主跨混合梁长度为107.5cm、结构体系Ⅱ：主跨混合梁长度为120cm、结构体系Ⅲ：主跨混合梁长度为132.5cm，分别对应实桥结构中混合梁长度为86m、96m、106m。

结构体系Ⅰ和结构体系Ⅲ均是在结构体系Ⅱ截面尺寸换算后的基础上，在控制跨中、钢混结合段、“V”形结构与主梁交界处3处的截面尺寸保持不变，其余各处的截面特性保持不变的同时，缩短和增加主跨混合梁段长度来进行设计的，如图7-30所示，最终效果图如图7-31所示。

考虑制作加工的难易程度以及有机玻璃加工技术的发展，此次有机玻璃模型制作区别于传统加工工艺，创新采用目前最先进的激光切割技术，激光切割技术精度达0.01mm，加工精确度高，如图7-32所示。由于空腹式钢砼混合连续梁桥有机玻璃模型结构复杂，尺寸小，且顶板、底板和腹板厚度和倒角不断变化，传统加工工艺不仅会产生较大误差，而且对截面变化只能采用简化处理。同时，采用分段黏结，可以模拟实桥中悬臂浇筑，与实际更吻合。因此，采用激光切割技术能保证试验模拟的精确性。

采用1.85cm厚的有机玻璃板将全桥沿纵桥向切割，主梁分654段、桥墩承台分60

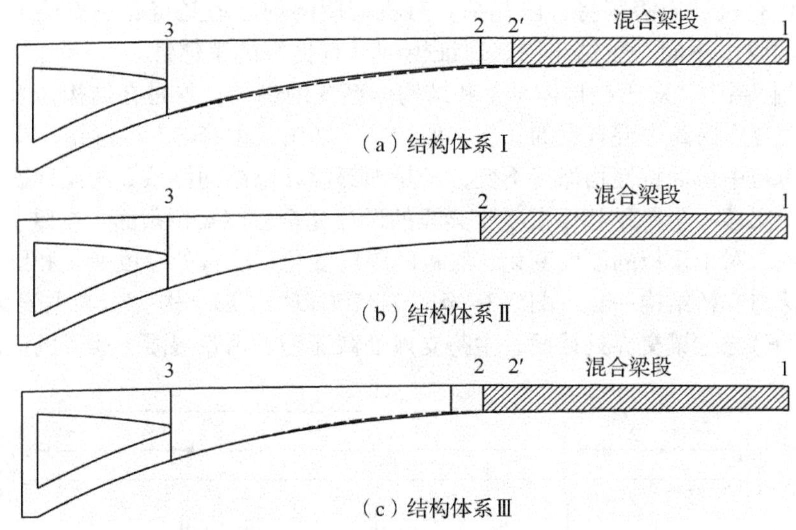

（a）结构体系Ⅰ

（b）结构体系Ⅱ

（c）结构体系Ⅲ

图 7-30　主跨混合梁长度变化示意图(3 个结构体系)

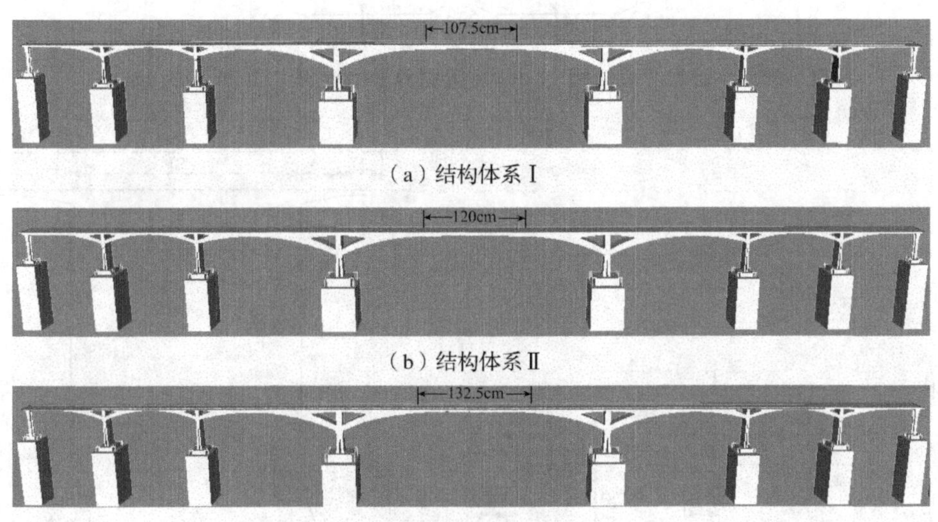

（a）结构体系Ⅰ

（b）结构体系Ⅱ

（c）结构体系Ⅲ

图 7-31　主桥有机玻璃模型效果图(3 个结构体系)

图 7-32　有机玻璃激光切割技术

段，使用专用有机玻璃溶剂将各段黏结。有机玻璃溶剂原理是将有机玻璃融化后黏结起来，与普通的胶水不同，黏结牢固，保证模型具有良好的整体性。

3个结构体系中，对于结构体系1和结构体系3的设计，均是在结构体系2设计的基础上，仅仅改变主跨跨中混合梁的长度，而“V”形结构、主跨与“V”形结构交界处、钢混结合段、主跨跨中截面特性均保持不变，于是细部设计以结构体系2的设计展开说明。

①混凝土梁段　上部结构中混凝土梁段的设计完全参照实桥截面，按照1∶80的几何比例进行缩尺。对于顶板的厚度变化、底板的厚度变化、腹板的厚度变化和倒角形式均进行模拟，确保与实桥结构一致，图7-33至图7-35为以“V”形结构(上)与主梁交界处截面、“V”形结构(下)与主梁交界处截面、主跨支点处截面为例示意混凝土梁段的截面尺寸。

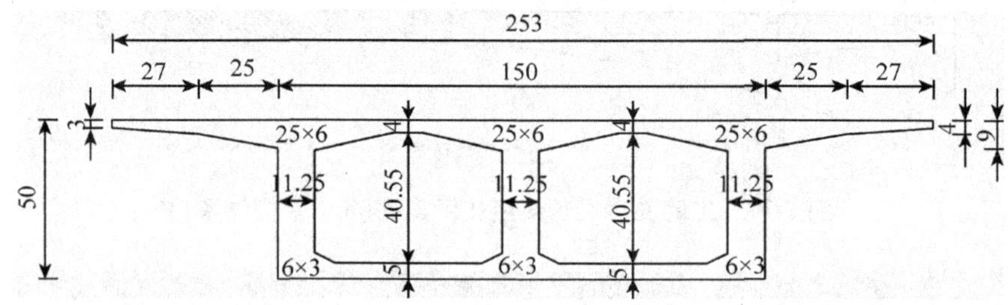

图7-33　主跨“V”形结构(上)与主梁交界处截面尺寸图(单位：mm)

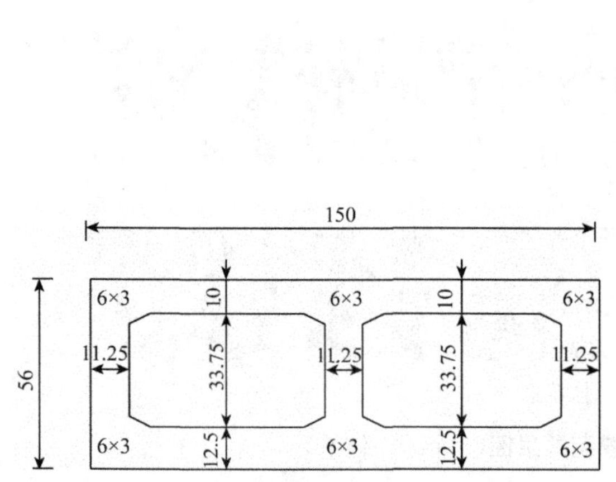

图7-34　主跨“V”结构(下)与主梁交界处截面尺寸图(单位：mm)

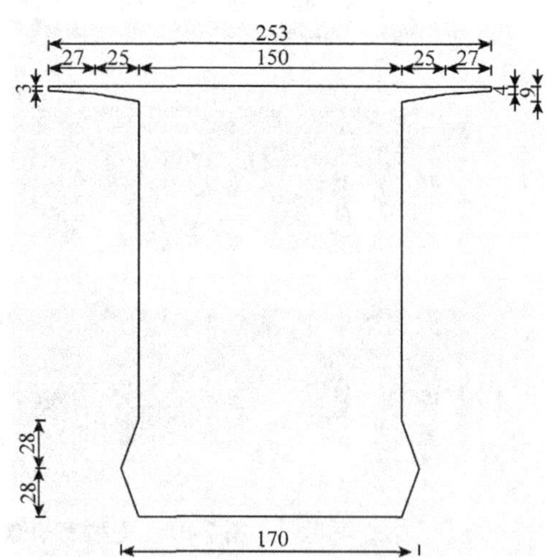

图7-35　主跨支点处截面尺寸图(单位：mm)

②钢箱梁段　主跨跨中箱梁为钢箱梁，在模型设计中，采用等弯曲刚度原则，即保证$E_sI_s=E_cI_c$，将钢结构换算为C55混凝土结构，然后按照1∶80的几何缩尺进行缩尺得到有机玻璃模型截面尺寸。首先参照实桥设计图纸，对结构体系2，即96m混合梁段的截面进行换算。其中，C50混凝土弹性模量为35 500MPa，Q370钢材的弹性模量206 000MPa。

第一次换算，采用的是等梁高的方法，即保持原本箱梁的高度不变，根据等弯曲刚度原则设计得到混凝土箱梁。由表7-25可以看出，第一次设计得到的混凝土箱梁和钢箱梁的抗弯刚度最大误差不超过10%，满足要求。图7-36所示是主跨跨中截面尺寸，实桥各截面换算结果见表 7-25。

但是，由于钢材弹性模量是混凝土的约 7 倍，在不改变梁高的前提下进行刚度换算，得到的混凝土截面尺寸较小，按照 1∶80 的几何比例进行缩尺得到的试验模型比较细薄。由图 7-36 可以看出，主跨跨中截面腹板厚度只有 1mm，顶底板只有 2mm；根据经验，有机玻璃截面最小厚度要不小于 4mm，因此进行了第二次换算。

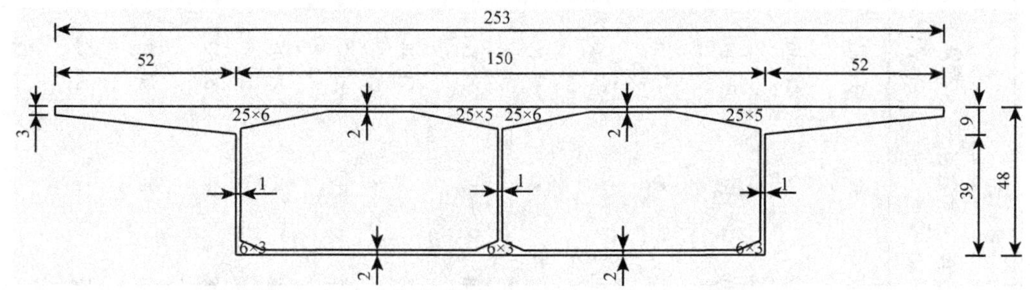

图 7-36　主跨跨中截面尺寸图（第一次换算）（单位：mm）

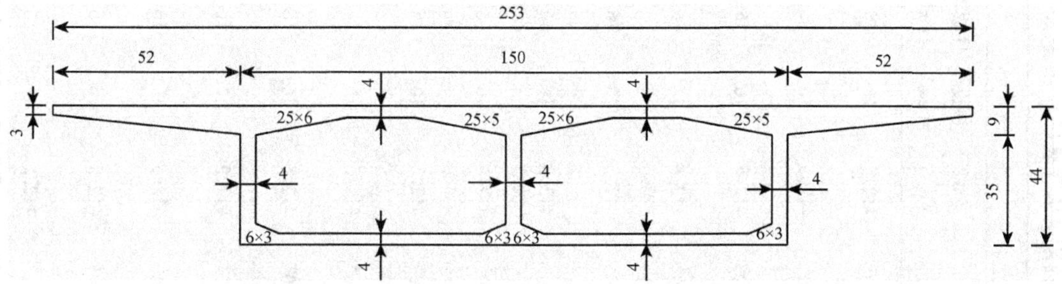

图 7-37　主跨跨中截面尺寸图（第二次换算）（单位：mm）

第二次换算，采用的是变梁高的方法，即改变原箱梁的高度，根据等弯曲刚度原则设计得到混凝土箱梁。在保证有机玻璃截面最小厚度 4mm 的前提下，实桥即为 64cm，适当减小梁高，使得截面抗弯刚度与原截面刚度一致。由表 7-26 可以看出，第二次换算得到的混凝土箱梁和钢箱梁的抗弯刚度最大误差不超过 10%，满足要求。图 7-37 是主跨跨中截面尺寸，实桥各截面换算结果见表 7-26 所列。

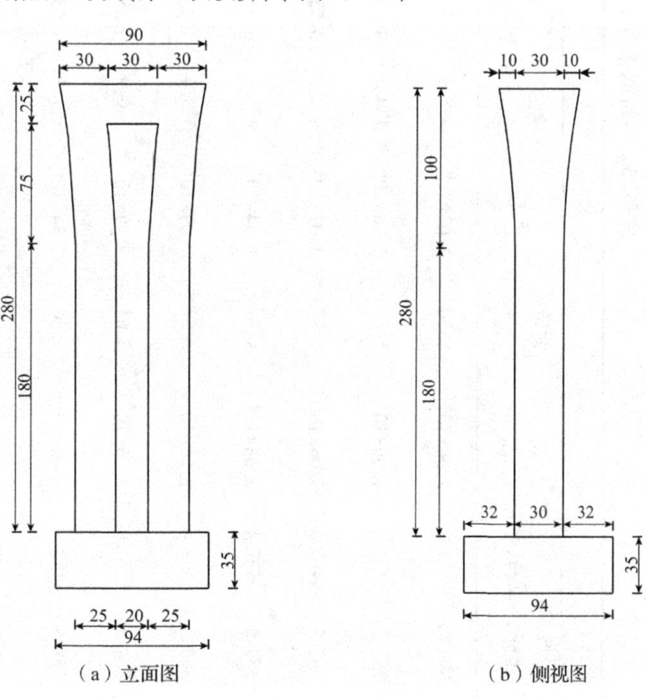

图 7-38　0 号墩截面尺寸图（单位：mm）

③桥墩和承台　下部结构的设计，只考虑桥墩和承台，桩基础不进行模拟，虑桥墩和承台的设计完全参照实桥，按照 1∶80 的几何缩尺比例进行缩尺，桥墩

表 7-25　实桥钢箱截面弯曲刚度换算表(第一次换算)

位置	纵向坐标	实际							换算后						误差
		梁高(cm)	E_s (MPa)	初始 $I_s(m^4)$	E_sI_s	梁高(cm)	E_c (MPa)	翼板宽(cm)	顶板厚(cm)	底板厚(cm)	边腹板厚(cm)	中腹板厚(cm)	换算 $I_c(m^4)$	E_cI_c	
	349.44	435.8	2.06×10^5	6.30	1.03×10^6	435.8	3.55×10^4	412.5	16	16	16	32	36.45	1.29×10^6	-0.38%
	352.5	420.3	2.06×10^5	5.13	1.06×10^6	420.3	3.55×10^4	412.5	16	16	16	16	28.36	1.01×10^6	-4.73%
	354.5	412.6	2.06×10^5	4.97	1.02×10^6	412.6	3.55×10^4	412.5	16	16	16	16	27.19	9.65×10^5	-5.74%
	356.5	407.4	2.06×10^5	4.04	8.34×10^5	407.4	3.55×10^4	412.5	16	16	16	8	25.73	9.14×10^5	9.60%
	360.5	399.4	2.06×10^5	3.87	7.99×10^5	399.4	3.55×10^4	412.5	16	16	16	8	24.60	8.73×10^5	9.36%
	364.5	390.9	2.06×10^5	3.63	7.49×10^5	390.9	3.55×10^4	412.5	16	16	8	8	23.19	8.23×10^5	9.93%
1/2钢箱段	368.5	387.3	2.06×10^5	3.56	7.34×10^5	387.3	3.55×10^4	412.5	16	16	8	8	22.11	7.85×10^5	6.93%
	372.5	382.3	2.06×10^5	3.46	7.14×10^5	382.3	3.55×10^4	412.5	16	16	8	8	21.48	7.63×10^5	6.75%
	376.5	382.2	2.06×10^5	3.46	7.14×10^5	382.2	3.55×10^4	412.5	16	16	8	8	21.47	7.62×10^5	6.75%
	380.5	378.9	2.06×10^5	3.41	7.04×10^5	378.9	3.55×10^4	412.5	16	16	8	8	21.05	7.48×10^5	6.27%
	384.5	377.9	2.06×10^5	3.39	7.00×10^5	377.9	3.55×10^4	412.5	16	16	8	8	20.93	7.43×10^5	6.22%
	388.5	377.2	2.06×10^5	3.64	7.52×10^5	377.2	3.55×10^4	412.5	16	16	8	8	20.84	7.40×10^5	-1.55%
	392.5	377.0	2.06×10^5	3.64	7.51×10^5	377.0	3.55×10^4	412.5	16	16	8	8	20.82	7.39×10^5	-1.57%
	397.5	377.0	2.06×10^5	3.64	7.51×10^5	377.0	3.55×10^4	412.5	16	16	8	8	20.82	7.39×10^5	-1.57%

表 7-26　实桥钢箱截面弯曲刚度换算表(第二次换算)

位置	纵向坐标	实际							换算后						误差
		梁高(cm)	E_s (MPa)	初始 I_s(m^4)	E_sI_s	梁高 (cm)	E_c (MPa)	翼板宽 (cm)	顶板厚 (cm)	底板厚 (cm)	边腹板厚(cm)	中腹板厚(cm)	换算 I_c(m^4)	E_cI_c	
1/2钢箱段	349.44	435.8	$2.06×10^5$	6.30	$1.30×10^6$	435.8	$3.55×10^4$	412.5	64	64	64	64	40.24	$1.43×10^6$	9.97%
	352.5	420.3	$2.06×10^5$	5.13	$1.06×10^6$	417.3	$3.55×10^4$	412.5	64	64	64	64	32.43	$1.15×10^6$	8.93%
	354.5	412.6	$2.06×10^5$	4.97	$1.02×10^6$	406.6	$3.55×10^4$	412.5	64	64	64	64	31.24	$1.11×10^6$	8.29%
	356.5	407.4	$2.06×10^5$	4.04	$8.34×10^5$	398.4	$3.55×10^4$	412.5	64	64	64	64	25.11	$8.92×10^5$	6.95%
	360.5	399.4	$2.06×10^5$	3.87	$7.99×10^5$	387.4	$3.55×10^4$	412.5	64	64	64	64	23.19	$8.23×10^5$	3.07%
	364.5	390.9	$2.06×10^5$	3.63	$7.49×10^5$	375.9	$3.55×10^4$	412.5	64	64	64	64	22.16	$7.87×10^5$	5.06%
	368.5	387.3	$2.06×10^5$	3.56	$7.34×10^5$	369.3	$3.55×10^4$	412.5	64	64	64	64	21.99	$7.80×10^5$	6.32%
	372.5	382.3	$2.06×10^5$	3.46	$7.14×10^5$	361.3	$3.55×10^4$	412.5	64	64	64	64	21.48	$7.63×10^5$	6.75%
	376.5	382.2	$2.06×10^5$	3.46	$7.14×10^5$	358.2	$3.55×10^4$	412.5	64	64	64	64	21.66	$7.69×10^5$	7.68%
	380.5	378.9	$2.06×10^5$	3.41	$7.04×10^5$	331.9	$3.55×10^4$	412.5	64	64	64	64	21.44	$7.61×10^5$	8.17%
	384.5	377.9	$2.06×10^5$	3.39	$7.00×10^5$	347.9	$3.55×10^4$	412.5	64	64	64	64	20.94	$7.43×10^5$	6.22%
	388.5	377.2	$2.06×10^5$	3.64	$7.52×10^5$	345.2	$3.55×10^4$	412.5	64	64	64	64	19.55	$6.94×10^5$	-7.70%
	392.5	377.0	$2.06×10^5$	3.64	$7.51×10^5$	345.0	$3.55×10^4$	412.5	64	64	64	64	19.42	$6.90×10^5$	-8.19%
	397.5	377.0	$2.06×10^5$	3.64	$7.51×10^5$	345.0	$3.55×10^4$	412.5	64	64	64	64	19.22	$6.82×10^5$	-9.13%

和承台的加工仍然采用激光分段切割，沿竖向切割，然后通过有机玻璃专用胶进行粘贴，图 7-38 以 0 号墩为例介绍桥墩的截面尺寸图。

7.3.2　模型制作与加载

(1)模型制作

全桥有机玻璃模型的加工制作大致可以分为以下几个步骤：节段的切割加工—节段黏结—节段间拼接—主梁拼接完成—底座制作—桥墩支座安装—主梁安放，主要加工制作步骤如图 7-39 所示。

（a）激光切割1

（b）激光切割2

（c）节段黏结

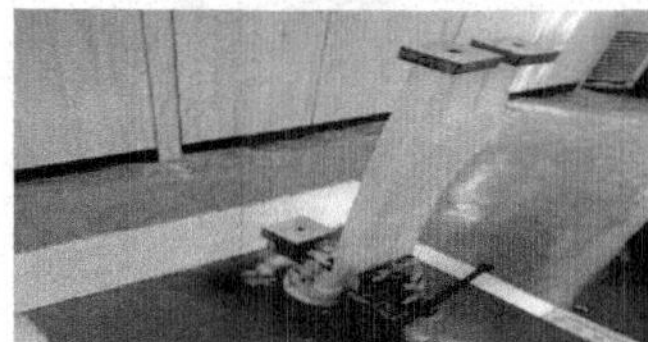
（d）节段黏结压重

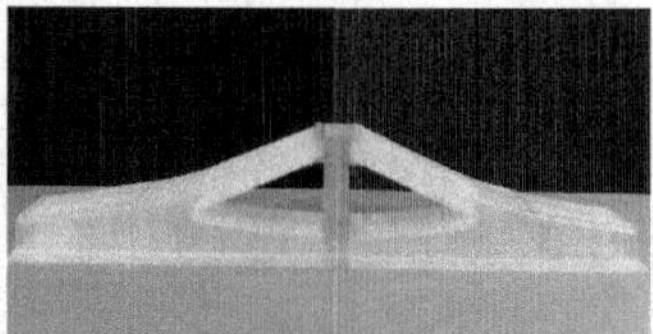
（e）节段黏结完成

（f）节段间的拼接

（g）底座的制作

（h）定位锚杆的安装

（i）桥墩的锚固

（j）主梁安放及垫层高度调节

（k）模型完成

图 7-39　马尾大桥主桥有机玻璃模型加工制作

(2)测试断面

因此，根据桥梁的对称性以及受力分析，确定了共计 9 个测试断面，分别为：

①1-1、8-8 为跨中截面。

②2-2、3-3、6-6、7-7、9-9 为“V”形结构(上)与主梁交界面。

③4-4、5-5 为“V”形结构(下)与主梁交界面。

(3)测点布置

①应变测点　每个测试断面根据受力特点，主梁、“V”形结构分别在各测点上布置沿纵桥向的单向应变片，每个断面贴 3 片，应变数据取 3 个应变片的平均值，按该断面弯矩的方向，正弯矩布置在断面底部，负弯矩布置在断面顶部，如图 7-40 和图 7-41 所示。各工况的测试断面位置有所不同，涉及断面 7-7 到断面 13-13，共 7 个断面，如图 7-42 所示。

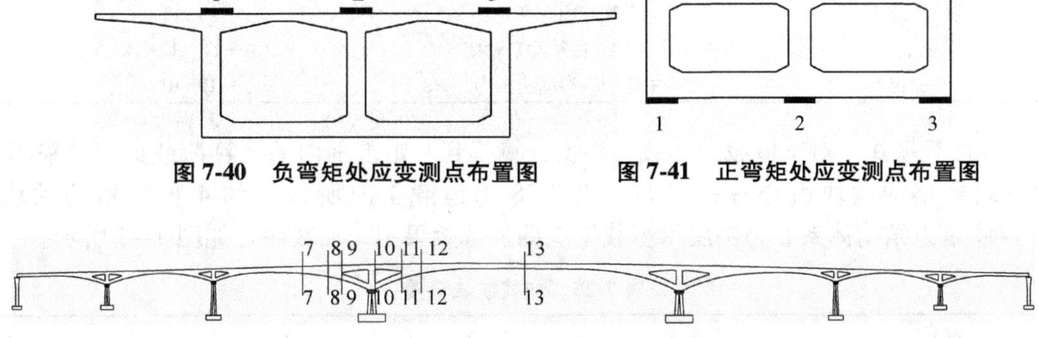

图 7-40　负弯矩处应变测点布置图　　图 7-41　正弯矩处应变测点布置图

图 7-42　纵桥向各工况断面位置图

②挠度测点　在主跨及次主跨跨中、1/4 主梁底板、“V”形结构根部和“V”形结构与主梁交界面布置挠度测点，采用百分表进行测量，共对称布置 20 个百分表，挠度测点如图 7-43 所示。

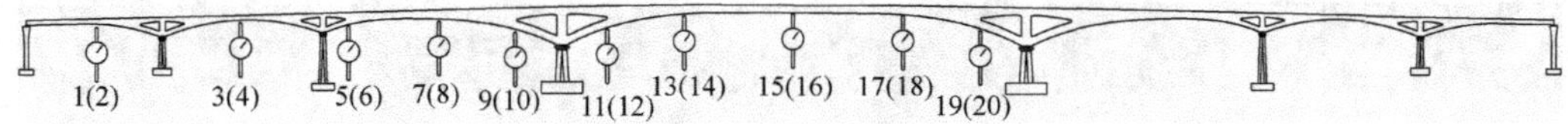

图 7-43　挠度测点布置图

(4)加载设计

①加载的相似条件　通过模型试验，可以得到与原型相似的工作情况，从而可以对原型的工作性能进行研究。进行静力模型试验时，应使模型与原型之间满足几何相似、力学相似和材料相似的关系，这样，模型就能反映原型的特性，使模型试验的结果直接返回到原型上去。为使模型试验得到的应变值和实桥一致，根据相似条件，计算结果如下：

模型与原结构的应变比：$S_{\varepsilon}=1:1$

模型与原结构的尺寸比：$S_{L}=1:80$

模型与原结构的弹性模量比：$S_E = 6.515\ 5 \times 8^{-2}$

其中，$E_c = 3.55 \times 10^4 N/mm^2$(C55 混凝土)

$E_{有机玻璃} = 2.313 \times 10^3 N/mm^2$(由有机玻璃试件试验得出)

模型与原结构的分布力比：$S_q = S_L \times S_E = 1/80 \times 6.704\ 3 \times 8^{-2} = 8.14 \times 8^{-4}$

模型与原结构的集中力比：$S_F = S_L^2 \times S_E = 1.052 \times 8^{-5}$

②加载工况　根据内力分析结果及确定的测试断面，本试验就恒载工况和成桥运营阶段 5 个工况，共计 6 个工况进行加载，各加载工况详见表 7-27 所列。每个加载工况除需测试表中指定的相应断面的应变外，均需测试最大应变处的应变和最大挠度处的挠度。

表 7-27　加载工况

编号	工况	测试断面
工况 1	恒载	13-13
工况 2	次主跨跨中正弯矩	7-7
工况 3	次主跨“V”形结构负弯矩	8-8、9-9
工况 4	主跨跨中正弯矩	13-13
工况 5	主跨“V”形结构负弯矩	11-11、12-12
工况 6	主跨“V”形结构轴力	10-10

③加载模式　对于恒载的加载，根据计算得到一定范围内的换算荷载集度，采用 4 种不同规格的铁块组合进行满布，表 7-28 为恒载工况所采用的 4 种规格的铁块，图 7-44 是以结构体系Ⅱ为例展示恒载工况的加载效果图，加载照片如图 7-45 所示。

表 7-28　加载铁块重量

编号	1	2	3	4
规格(cm×cm×cm)	13×13×3	9×9×3.1	4×4×2	5×5×0.45
单位(kg)	3.98	1.97	0.25	0.088

图 7-44　恒载工况加载效果图(结构体系Ⅱ)

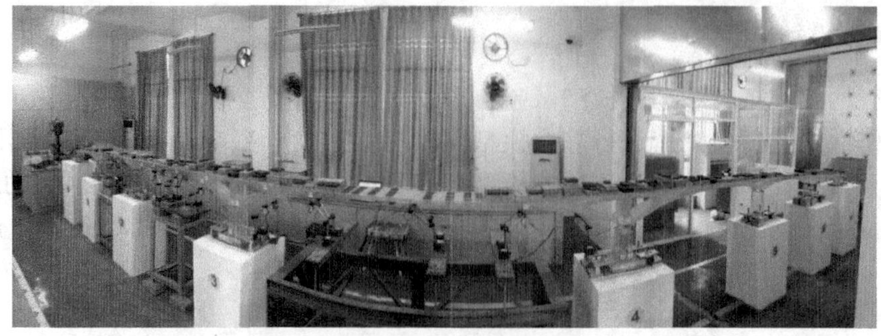

图 7-45　恒载工况试验照片(工况 1)

对于活载的加载，参照《城市桥梁设计规范》中车道荷载的布置形式，采用均布力+集中力方法进行加载。根据影响线及力的相似原则进行布载，将实桥的均布力、集中力经过换算得到有机玻璃模型试验中均布荷载和集中荷载，加载模式示意如图 7-46 所示，加载照片如图 7-47 所示。

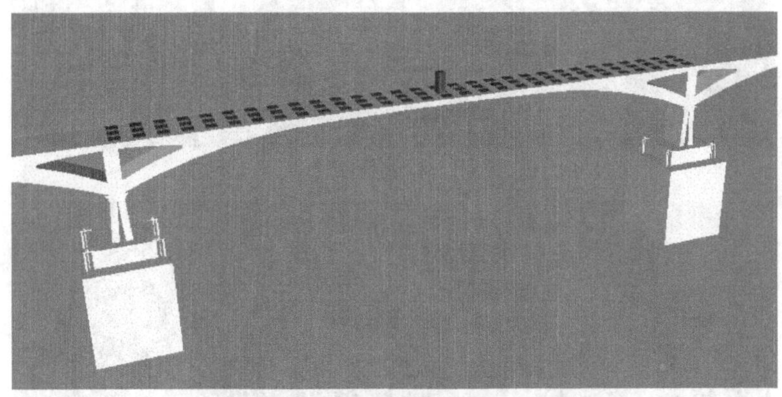

图 7-46　活载加载模式示意图

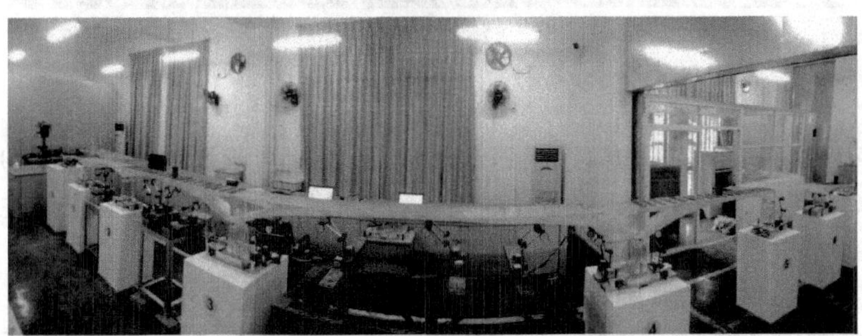

（a）次主跨跨中正弯矩工况（工况2）

（b）次主跨“V”形结构负弯矩工况（工况3）

(c) 主跨跨中正弯矩工况（工况4）

(d) 主跨“V”形结构负弯矩工况（工况5）

（e）主跨“V”形结构轴力工况（工况6）

图 7-47　活载工况试验照片

a. 均布荷载。均布荷载的模拟采用铁片进行，铁片尺寸为 5cm×5cm×0. 5cm，单块铁片质量为 0. 025kg，铁片横桥向布置 3 块，位于边腹板和中腹板上方的主梁处，纵向间距按实桥的均布荷载根据均布力相似原则换算得到。

b. 集中荷载。集中荷载的模拟是采用铁块进行，铁块尺寸为 5cm×5cm×5cm，单块铁块质量为 0. 25kg，布置于中腹板上方的主梁处，铁块叠加的块数按实桥的集中荷载根据集中力相似原则换算得到。

7. 3. 3　试验结果分析

(1) 工况 1：恒载作用

在室内有机玻璃模型试验中，根据实测得到恒载作用于模型时，主跨跨中最大应变值和最大挠度，数据见表 7-29 和表 7-30 所列。

从表 7-29 可知，在恒载作用下，随着钢箱梁长度的变化，相较于采用 96m 钢箱梁长度的模型 1，采用 86m 钢箱梁长度的模型 2 的应变增大 43. 6%，采用 106m 钢箱梁长度的模型 3 的应变减小 4. 9%，钢箱梁长度由 96m 变化到 86m 时主梁应变变化幅度较大，96m 变化到 106m 时主梁应变变化幅度较不显著。

从表 7-30 可知，在恒载作用下，随着钢箱梁长度的变化，相较于采用 96m 钢箱梁长度的模型 1，采用 86m 钢箱梁长度的模型 2 的挠度最大值增大 64. 0%，采用 106m 钢箱梁长度的模型 3 的挠度最大值减小 18. 7%，说明钢箱梁长度由 96m 变化到 86m 时主梁挠度变化幅度较大，96m 变化到 106m 时主梁最大挠度变化幅度较小。

表 7-29　自重作用下主跨跨中最大应变比较

工况	模型	箱梁长度(m)	实测应变(MPa)	实测应变相对于模型 1 的变化幅度(%)
自重(跨中)	模型 1	96	264	—
	模型 2	86	379	43.6
	模型 3	106	251	-4.9

表 7-30　自重作用下主跨跨中最大挠度比较

工况	模型	箱梁长度(m)	实测挠度(mm)	实测挠度相对于模型 1 的变化幅度(%)
恒载	模型 1	96	4.28	—
	模型 2	86	6.52	52.3
	模型 3	106	3.37	-18.7

(2)工况 2 至工况 6：活载作用

在室内有机玻璃模型试验中，根据实测得到汽车荷载作用于模型时，主跨跨中最大应变值和最大挠度，数据见表 7-31 和表 7-32 所列。

表 7-31　汽车荷载用下各控制截面应变比较

工况	截面号	模型	箱梁长度(m)	实测应变	实测应变相对于模型 1 的变化幅度(%)
工况 1	1-1	模型 1	96	50	—
		模型 2	86	53	6.0
		模型 3	106	54	8.0
工况 2	2-2、3-3	模型 1	96	41	—
		模型 2	86	49	19.5
		模型 3	106	48	17.1
	4-4	模型 1	96	-44	—
		模型 2	86	-46	4.5
		模型 3	106	-48	9.1
工况 3	7-8	模型 1	96	136	—
		模型 2	86	138	1.5
		模型 3	106	149	9.6
工况 4	5-5	模型 1	96	-35	—
		模型 2	86	-38	8.6
		模型 3	106	-34	2.9
	6-6、7-7	模型 1	96	36	—
		模型 2	86	42	16.7
		模型 3	106	40	11.1
工况 5	7-9	模型 1	96	37	—
		模型 2	86	40	8.1
		模型 3	106	39	5.4

从表 7-31 可知，在汽车荷载作用下，96m 钢箱梁的模型 1 相对于 86m 钢箱梁的模型 2 和 106m 钢箱梁的模型 3，在各工况下的应变均相对较小。

表 7-32 汽车荷载用下各工况主跨跨中最大挠度比较

工况	模型	箱梁长度(m)	实测挠度(mm)	实测挠度相对于模型 1 的变化幅度(%)
工况 1	模型 1	96	0.60	—
	模型 2	86	0.62	3.3
	模型 3	106	0.61	1.7
工况 2	模型 1	96	-1.61	—
	模型 2	86	-1.70	5.6
	模型 3	106	-1.70	5.6
工况 3	模型 1	96	-1.68	—
	模型 2	86	-1.82	5.3
	模型 3	106	-1.84	9.5
工况 4	模型 1	96	-1.11	—
	模型 2	86	-1.14	2.7
	模型 3	106	-1.20	8.1
工况 5	模型 1	96	-1.28	—
	模型 2	86	-1.29	0.8
	模型 3	106	-1.44	12.5

从表 7-32 可知，在汽车荷载作用下，在各个工况的汽车荷载作用下，96m 钢箱梁长度的模型 1 的挠度均小于 86m 钢箱梁的模型 2 和 106m 钢箱梁的模型 3。

7.3.4 有机玻璃模型试验与有限元计算结果的比较

(1) 有限元模型建立

采用桥梁专业软件 MIDAS/Civil 进行分析计算，空间计算模型如图 7-48 所示。主桥共 587 个节点，494 个梁单元。比较真实地模拟了主桥各梁段的截面形状，如截面变化复杂的梁段：主“V”结构、次边“V”结构、边“V”结构以及相对应的上弦梁截面等。

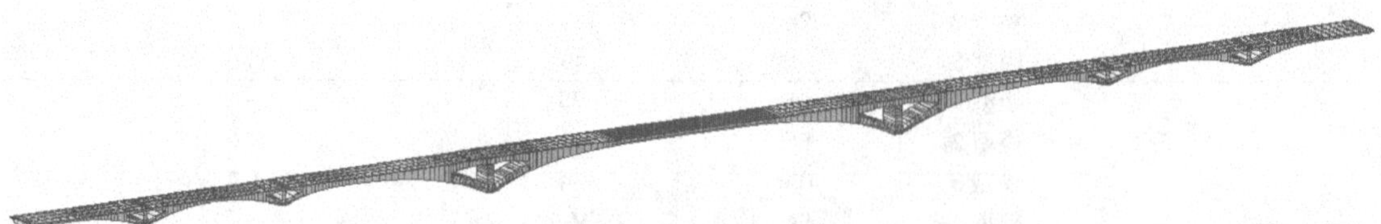

图 7-48 有限元计算模型

(2) 精度验证

本节以恒载作用下工况为例，验证试验模型和有限元模型的精度。由图 7-49 和表 7-33、表 7-34 可以看出，有机玻璃模型试验结果和有限元结果总体规律一致，应力量

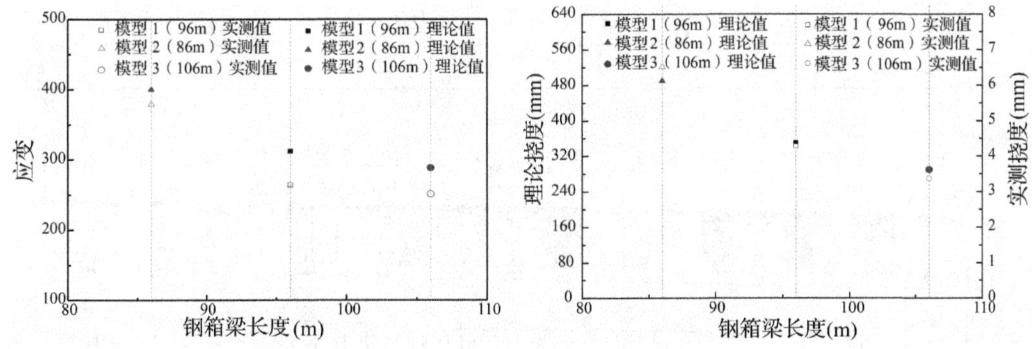

图 7-49　恒载作用下主跨跨中最大挠度和最大应变对比图

表 7-33　恒载作用下主跨跨中最大应变对比

模型	箱梁长度(m)	理论应变(MPa)	实测应变(MPa)	实测应变与理论应变的误差(%)
模型 1	96	312	264	15.4
模型 2	86	400	379	5.4
模型 3	106	288	251	12.8

表 7-34　自重作用下主跨跨中最大挠度对比

模型	箱梁长度(m)	理论挠度(mm)	实测挠度(mm)	理论挠度/实测挠度
模型 1	96	349.7	4.28	82 : 1
模型 2	86	489.8	6.52	75 : 1
模型 3	106	289.0	3.37	86 : 1

级相当，其中应变结果误差约 15%，挠度二者比值基本满足相似比 1 : 80，两者总体上吻合良好，从而互相证明了各自工作的正确性。

7.4　示例 4：预应力混凝土拼宽 T 梁桥有机玻璃模型试验

7.4.1　模型设计

(1)工程背景

某预应力混凝土 T 梁桥由于无法满足车流量要求，故需建立新桥，通过拼接将新旧桥相连，新旧桥拼接横断面示意如图 7-50 所示。

(2)模型设计

由于混凝土主梁为全预应力设计，可以认为这一部分材料是均质的，有机玻璃整体材质均匀，且易于加工，最后确定模型材料用有机玻璃是适宜的。

根据试验相似理论，有机玻璃试验模型的设计需满足：几何相似；对应截面刚度相似；边界条件相似；应变相似的原则。

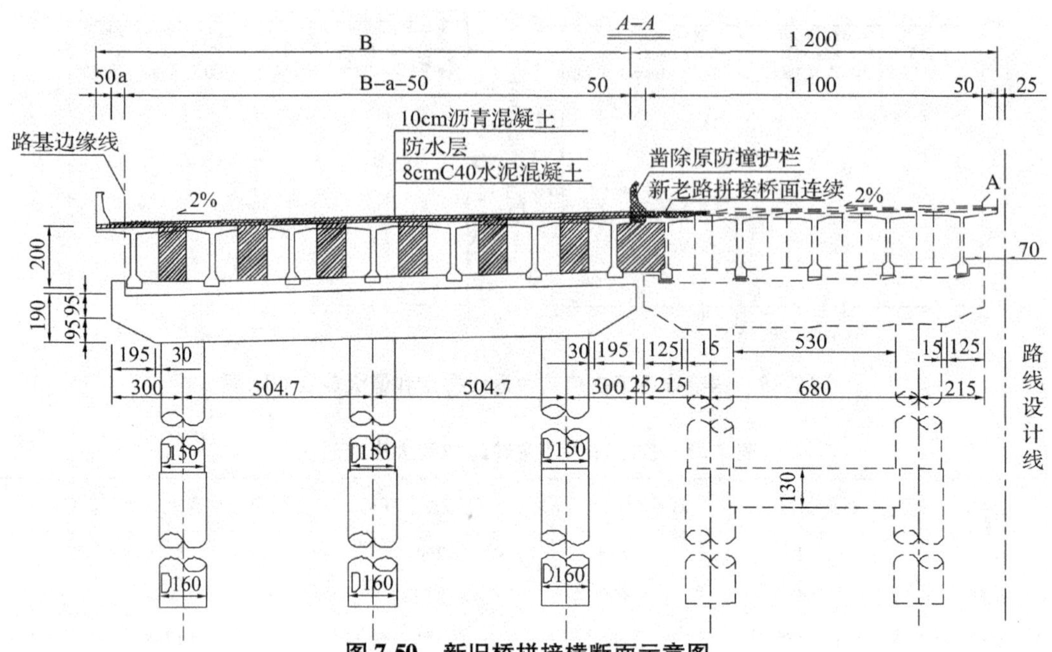

图 7-50　新旧桥拼接横断面示意图

取该桥 30m 长，12 片 T 梁的一段进行有机玻璃模型试验，考虑试验场地条件，室内有机玻璃模型初步按 1∶10 的几何缩尺进行设计。因此，全桥模型的尺寸长 3. 00m，宽 2. 83m，主梁梁高有 0. 20m 和 0. 207m 两种规格，新桥和旧桥共计 12 片 T 梁，桥梁模型的立面设计如图 7-51 所示。

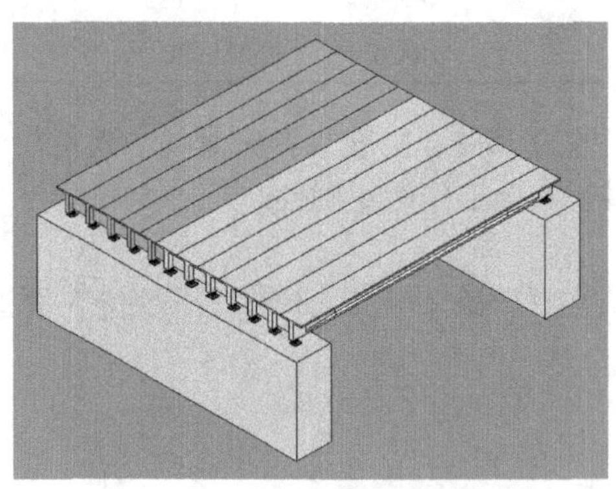

图 7-51　有机玻璃模型示意图

如图 7-52 至图 7-54 所示，进行 3 个模型的有机玻璃模型试验：

模型 1：新、旧梁拼接处采用与新、旧梁均一一对应的横隔梁设置形式，即采用 9 道横隔梁。

模型 2：新、旧梁拼接处采用与新梁相同的横隔梁设置形式，即采用 7 片横隔梁。

模型 3：新、旧梁拼接处采用与旧梁相同的横隔梁设置形式，即采用 5 片横隔梁。

对于模型的加工制作，采用分段黏结的方法，由于 T 梁有梗掖、马蹄、变截面等不易于加工的构造，为保证模型构造与实桥一致，且制作过程中符合实际加工制作的要求，将一片 T 梁分割若干块形状不同的板进行加工，最后黏结完整，如图 7-55 所示。

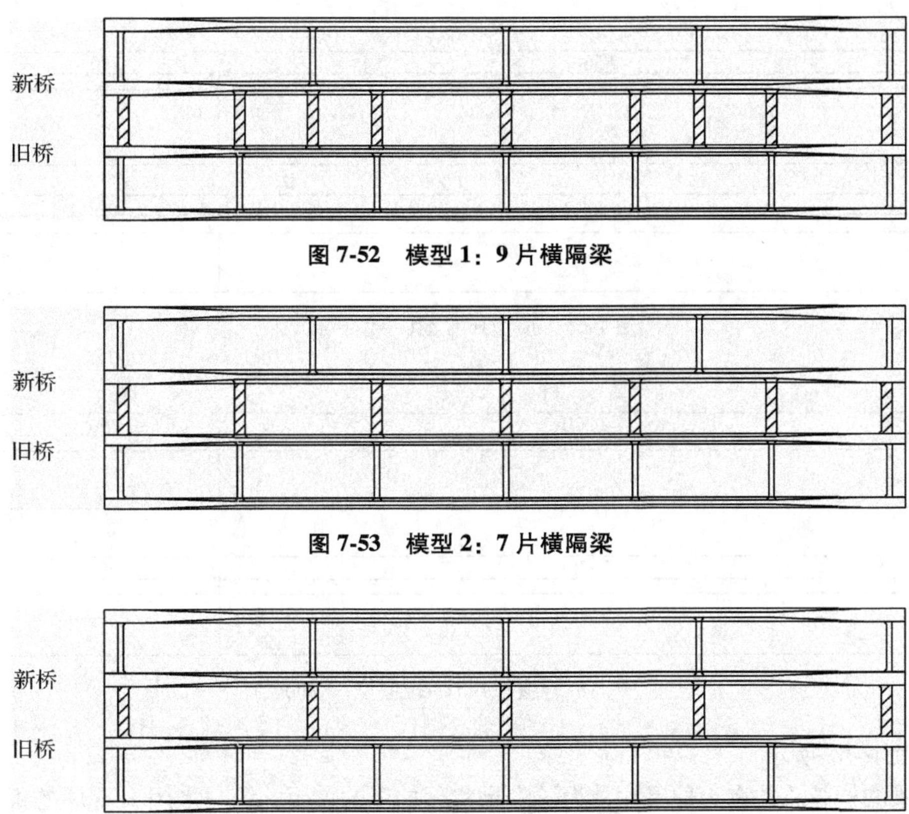

图 7-52　模型 1：9 片横隔梁

图 7-53　模型 2：7 片横隔梁

图 7-54　模型 3：5 片横隔梁

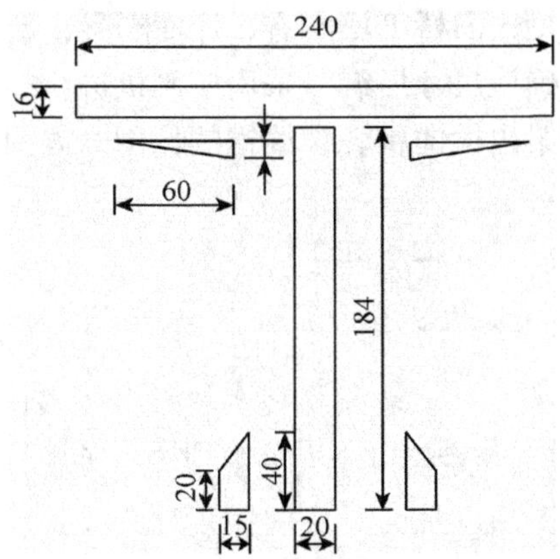

图 7-55　截面分割示意图(单位：mm)

T 梁顶板有两种尺寸，包括 11 片 24cm 宽的顶板和一片 19cm 宽的顶板。长 3.0m，板厚 1.5cm，采用激光切割技术加工而成。由于有机玻璃板长 2.4m，故顶板由 2.3m 和 0.7m 长的有机玻璃板黏接而成，如图 7-56 所示。

T 梁腹板有两种尺寸，包括 7 片 18.4cm 高、2.0cm 厚、长 3.0m 的腹板和 5 片 19.25cm 高、1.5cm 厚、长 3.0m 的腹板。长 3.0m，板厚 1.5cm，采用激光切割技术加工而成。由于有机玻璃板长 2.4m，故腹板同样由 2.3m 和 0.7m 长的有机玻璃板黏结而

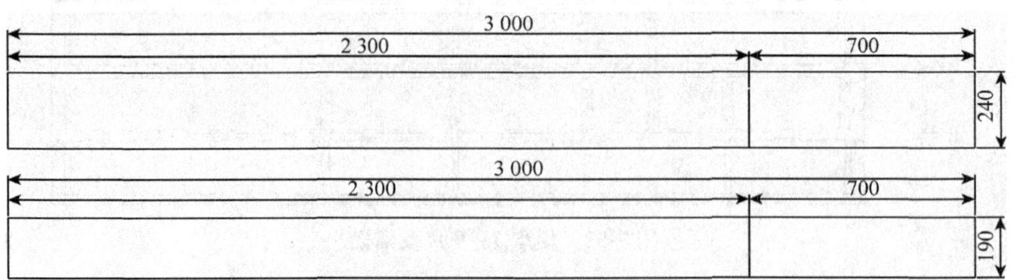

图 7-56　顶板尺寸图(单位：mm)

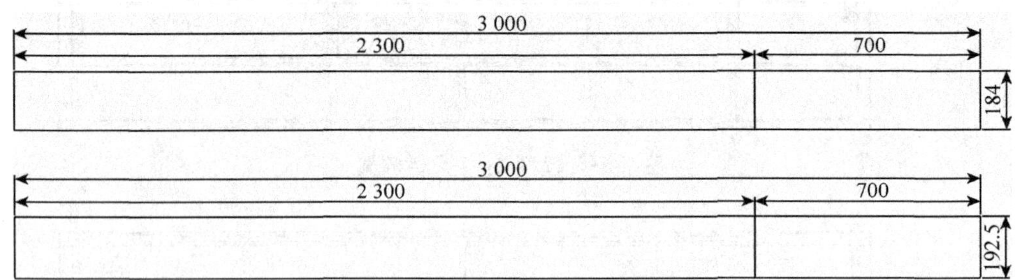

图 7-57　腹板尺寸图(单位：mm)

成，如图 7-57 所示。

T 梁的梗腋总共有 4 种尺寸，为了满足实际加工的需要，统一采用 1cm 厚的板进行切割。先直线切割成矩形截面的长条，再用专门的打磨机磨出斜角，如图 7-58 所示。马蹄尺寸也有两种，加工方法同梗腋，先加工成矩形长条，随后打磨出斜角截面如图 7-59 所示。新桥 T 梁间有 7 片横隔梁，旧桥 T 梁间有 5 片横隔梁，新、旧桥拼接有 9 片、7 片、5 片横隔梁 3 种情况。横隔梁确认尺寸后统一采用切割机进行加工。其中，新、旧拼接处的横隔梁需穿过钢丝模拟横隔梁内横向精轧螺纹钢的作用，如图 7-60 所示。

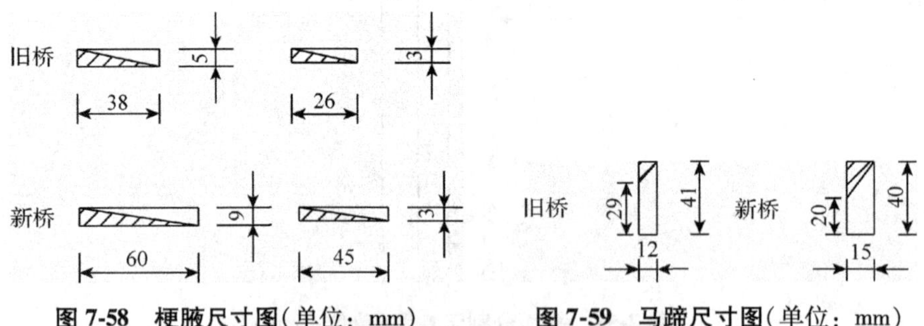

图 7-58　梗腋尺寸图(单位：mm)　　图 7-59　马蹄尺寸图(单位：mm)

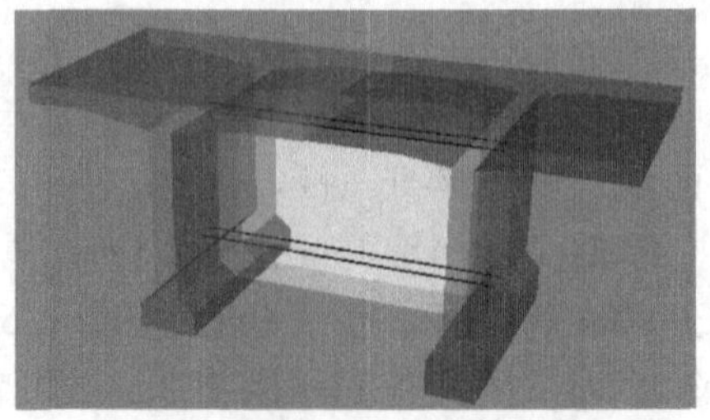

图 7-60　横隔梁精轧螺纹钢示意图

7.4.2　模型制作与加载

(1)模型制作

有机玻璃模型的加工制作大致可以分为以下几个步骤：材料切割加工—顶板黏结—腹板黏结—马蹄黏结—梗腋黏结—横隔梁黏结—底座制作—主梁安放，主要加工制作步骤如图 7-61 所示。

(a) 材料切割

(b) 打磨

(c) 腹板黏结

(d) 马蹄黏结

(e) 横隔梁黏结

(f) 梗腋黏结

(g) 拼接处T梁模拟精轧螺纹钢张拉转孔

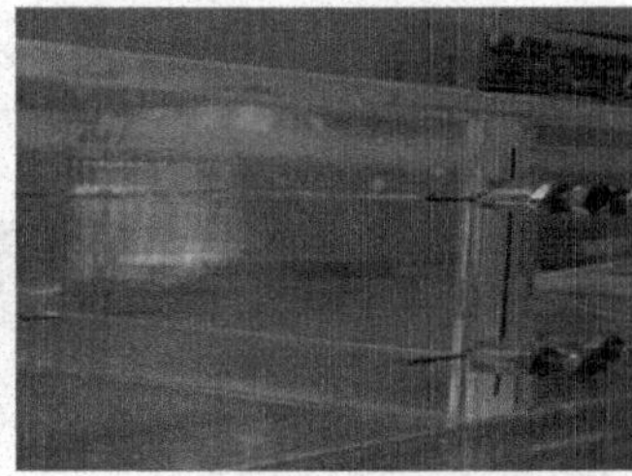

(h) 拼接处横隔梁张拉钢丝

(i) 底座制作

(j) 支座模拟

(k) 模型安装完成

图 7-61　模型制作照片

(2)测试断面

由于本试验模型为简支梁桥，受力及变形最大处均位于跨中，因此，本试验的测试断面为跨中截面。

(3)测点布置

①挠度测点　在新、旧梁拼接附件的T梁底板1/2处布置百分表，共布置4个，百分表布置图如图7-62所示。

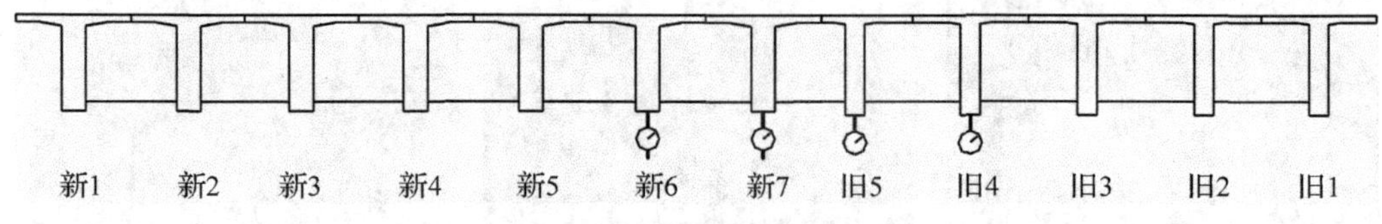

图7-62　百分表横桥向布置图

②应变测点　在拼接处横隔梁，在底板布置3个沿横桥向的应变片，共计27片；对于新、旧桥拼接的T梁，在拼接横隔梁相应的位置，底板布置1个沿纵桥向的应变片，腹板布置2个沿顺桥向的应变片，其余的T梁在1/4，1/2，3/4处的底板布置沿纵桥向的应变片，共布置84片，应变片布置图如图7-63、图7-64所示。应变测点布置的主要目的是进行不同数量拼接横隔梁情况下主梁受力性能分析。

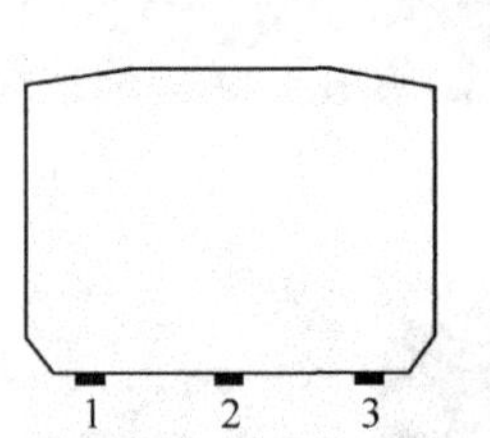

图7-63　横隔梁应变片布置图

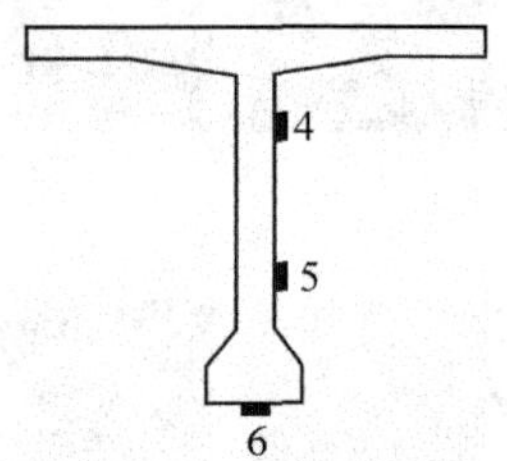

图7-64　T梁应变片布置图

(4)加载设计

①加载的相似条件　通过模型试验，可以得到与原型相似的工作情况，从而可以对原型的工作性能进行研究。进行静力模型试验时，应使模型与原型之间满足几何相似、力学相似和材料相似的关系，这样，模型就能反映原型的特性，使模型试验的结果直接返回到原型上去。为使模型试验得到的应变值和实桥一致，根据相似条件，计算结果如下：

模型与原结构的应变比：$S_{\varepsilon}=1:1$

模型与原结构的尺寸比：$S_{L}=1:10$

模型与原结构的弹性模量比：$S_{E}=6.704\,3\times10^{-2}$

其中，$E_{c}=3.45\times104\ \mathrm{N/mm^2}$(C50混凝土)

$E_{有机玻璃}=2.313\times103\ \mathrm{N/mm^2}$(由有机玻璃试件试验得出)

模型与原结构的分布力比：$S_q = S_L \times S_E = 1/10 \times 6.7043 \times 10^{-2} = 6.52 \times 10^{-4}$

模型与原结构的集中力比：$S_F = S_L^2 \times S_E = 6.7043 \times 10^{-4}$

②加载工况　本试验的加载方案总体设计原则是：在施加相同车道荷载相同的情况下，探讨不同拼接横隔梁数量对荷载传力的影响规律，分为荷载位于新桥侧和荷载位于旧桥侧两种，共进行 6 个工况，加载工况见表 7-35 所列。

表 7-35　加载工况

加载工况	新、旧梁拼接处横隔梁数量	加载车道数	加载位置
工况 1	9	2	偏载新桥侧
工况 2	9	2	偏载旧桥侧
工况 3	7	2	偏载新桥侧
工况 4	7	2	偏载旧桥侧
工况 5	5	2	偏载新桥侧
工况 6	5	2	偏载旧桥侧

③加载模式　对于汽车荷载的加载，采用静载的方式进行模拟，参照《公路桥涵设计通用规范》(JTGD60—2015)中主体结构在汽车荷载作用下受力性能分析的荷载布置形式，采用车道荷载进行布置，即均布力+集中力方法进行加载。根据力的相似原则，将实桥的均布力、集中力经过换算得到有机玻璃模型试验中均布荷载和集中荷载，试验加载照片如图 7-65 所示。

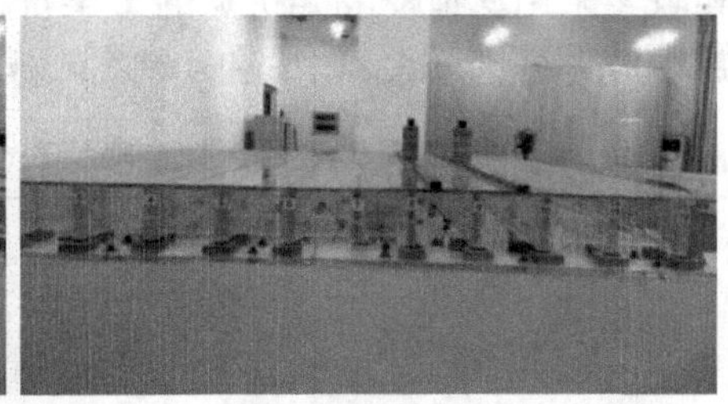

图 7-65　试验加载照片

a. 均布荷载。均布荷载的模拟采用两种不同规格的铁块进行，包括有 5cm×5cm×0.5cm、单块质量 0.088kg 的铁块和 4cm×4cm×2.2cm、单块质量 0.275kg 的铁块，纵向间距按实桥的均布荷载根据均布力相似原则换算得到。

b. 集中荷载。集中荷载的模拟是采用铁砖进行，铁砖尺寸为 9cm×9cm×3cm，单块铁块质量为 2kg，铁砖叠加的块数按实桥的集中荷载根据集中力相似原则换算得到。

7.4.3　试验结果分析

(1)工况 1、工况 3、工况 5：汽车荷载作用于新桥侧

在室内有机玻璃模型试验中，在工况 1、工况 3、工况 5 情况下，测得在拼接处附件 4 片 T 梁跨中截面梁底的应变和挠度，并得到 7 道、5 道横隔梁与 9 道横隔梁相比的

表 7-36　主梁跨中应变对比表(汽车荷载作用于新桥侧)

主梁位置	拼接横隔梁数量	工况	实测应变	相对于9道横隔梁变化幅度(%)
旧梁 5	9	工况 1	49	—
	7	工况 3	46	-6.1
	5	工况 5	40	-18.4
旧梁 4	9	工况 1	48	—
	7	工况 3	46	-4.2
	5	工况 5	40	-16.7
新梁 7	9	工况 1	123	—
	7	工况 3	128	4.1
	5	工况 5	129	4.9
新梁 6	9	工况 1	125	—
	7	工况 3	128	2.4
	5	工况 5	131	4.8

应变和挠度变化幅度，数据见表 7-36、表 7-37 所列。

由表 7-36 可知，当汽车荷载作用于新桥侧，随着拼接处横隔梁数量从 9 道减少到 7 道和 5 道，旧桥侧 T 梁跨中应力减小，相较于采用 9 道横隔梁拼宽的 T 梁桥，采用 7 道和 5 道横隔梁拼宽的 T 梁桥在旧梁 5 的跨中应力分别减小 6.1% 和 18.4%，旧梁 4 的跨中应力分别减小 4.2% 和 16.7%；而随着拼接处横隔梁数量从 9 道减少到 7 道和 5 道，新桥侧 T 梁跨中应力增大，由于新梁跨中应力较大，因此，相对来说新梁侧应力增幅不大。相较于采用 9 道横隔梁拼宽的 T 梁桥，采用 7 道和 5 道横隔梁拼宽的 T 梁桥在新梁 7 的跨中应力分别增大 4.1% 和 4.9%，新梁 6 的跨中应力分别增大 2.4% 和 4.8%。

表 7-37　最大挠度对比表(汽车荷载作用于新桥侧)

工况	拼接横隔梁数量	理论最大挠度(mm)	实测最大挠度(mm)	相对于9道横隔梁变化幅度(%)
工况 1	9	-7.75	-0.76	—
工况 3	7	-7.89	-0.77	1.3
工况 5	5	-8.39	-0.85	7.8

由表 7-37 可知，当汽车荷载作用于新桥侧，随着拼接处横隔梁数量从 9 道减少到 7 道和 5 道，挠度最大值增大，相较于采用 9 道横隔梁拼宽的 T 梁桥，采用 7 道和 5 道横隔梁拼宽 T 梁桥的挠度最大值增大 1.3% 和 7.8%，说明 9 道横隔梁变化到 7 道横隔梁时主梁最大挠度变化率较小，9 道横隔梁变化到 5 道横隔梁时主梁最大挠度变化率较大。

(2)工况 2、工况 4、工况 6：汽车荷载作用于旧桥侧

在室内有机玻璃模型试验中，得到汽车荷载作用于旧桥时，在拼接处附件 4 片 T 梁跨中梁底的应变和挠度，并计算得到 7 道、5 道横隔梁与 9 道横隔梁相比应力的变化幅度，数据见表 7-38 和表 7-39 所列。

由表 7-38 可知，当汽车荷载作用于旧桥侧，随着拼接处横隔梁数量从 9 道减少到 7 道和 5 道，新桥侧 T 梁跨中应力减小，相较于采用 9 道横隔梁拼宽的 T 梁桥，采用 7 道和 5 道横隔梁拼宽的 T 梁桥在新梁 7 的跨中应力分别减小 5.8% 和 15.4%，在新梁 6 的

表 7-38　主梁跨中应变对比表（汽车荷载作用于旧桥侧）

主梁位置	拼接横隔梁数量	工况	理论应变	相对于 9 道横隔梁变化幅度(%)	实测应变	相对于 9 道横隔梁变化幅度(%)
新梁 7	9	工况 2	55	—	52	—
	7	工况 4	53	-3.6	49	-5.8
	5	工况 6	45	-18.2	44	-15.4
新梁 6	9	工况 2	44	—	38	—
	7	工况 4	41	-6.8	36	-5.3
	5	工况 6	39	-11.4	32	-15.8
旧梁 5	9	工况 2	132	—	127	—
	7	工况 4	135	2.3	132	3.9
	5	工况 6	137	3.8	133	4.7
旧梁 4	9	工况 2	146	—	136	—
	7	工况 4	148	1.4	139	2.2
	5	工况 6	151	3.4	145	6.6

跨中应力分别减小 5.3% 和 15.8%；而随着拼接处横隔梁数量从 9 道减少到 7 道和 5 道，旧桥侧 T 梁跨中应力增大，相较于采用 9 道横隔梁拼宽的 T 梁桥，采用 7 道和 5 道横隔梁拼宽的 T 梁桥在旧梁 5 的跨中应力分别增大 3.9% 和 4.7%，在旧梁 4 的跨中应力分别增大 2.2% 和 6.6%。

表 7-39　最大挠度对比表（汽车荷载作用于旧桥侧）

工况	拼接横隔梁数量	理论最大挠度(mm)	实测最大挠度(mm)	相对于 9 道横隔梁变化幅度(%)
工况 2	9	-7.82	-0.77	—
工况 4	7	-8.04	-0.79	0.3
工况 6	5	-8.74	-0.84	9.1

由表 7-39 可知，当汽车荷载作用于旧桥侧，随着拼接处横隔梁数量从 9 道减少到 7 道和 5 道时，挠度最大值增大，相较于 9 道横隔梁，7 道和 5 道横隔梁情况下挠度最大值增大 0.3% 和 9.1%，说明 9 道横隔梁变化到 7 道横隔梁时主梁最大挠度变化率较小，9 道横隔梁变化到 5 道横隔梁时主梁最大挠度变化率较大。

7.4.4　有机玻璃模型试验与有限元计算结果的比较

(1)有限元模型建立

采用桥梁专业软件 MIDAS/Civil，建立简支有机玻璃模型相对应的实桥空间有限元模型，如图 7-66 所示。全桥共 204 个节点，402 个梁单元，材料特性、截面特性等设计参数采用与第 3 章连续梁建模一致，边界条件设置参照简支梁支座设置方式。

由于在实际的有机玻璃模型试验中，无法考虑预应力，整体升降温、温度梯度、混凝土收缩徐变等荷载作用，因此，在本简支有限元模型中只考虑自重荷载和汽车荷载的作用。

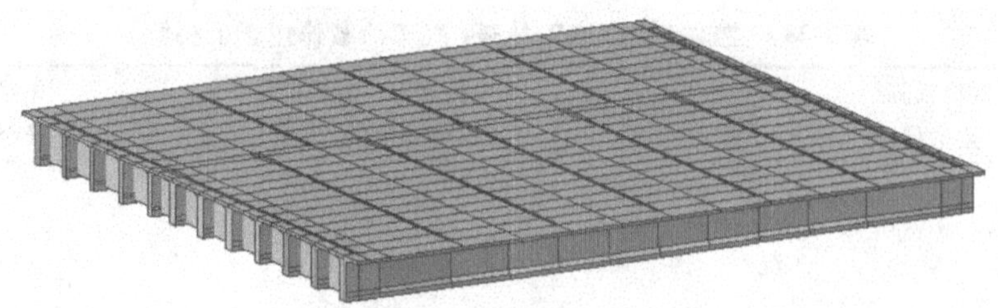

图 7-66 简支梁有限元模型

(2)精度验证

本节以汽车荷载作用于新桥侧工况为例，验证试验模型和有限元模型的精度。由表7-40、表7-41和图7-67、图7-68可以看出，有机玻璃模型试验结果和有限元结果总体规律一致，应力量级相当，其中应变结果误差约16%，挠度二者比值基本满足相似比1：10，两者总体上吻合良好，从而互相证明了各自工作的正确性。

表 7-40 主梁跨中应变对比表(汽车荷载作用于新桥侧)

主梁位置	拼接横隔梁数量	工况	理论应变	实测应变	实测应变与理论应变的误差(%)
旧梁 5	9	工况 1	57	49	-14.0
	7	工况 3	55	46	-16.4
	5	工况 5	47	40	-14.9
旧梁 4	9	工况 1	52	48	-7.7
	7	工况 3	50	46	-8.0
	5	工况 5	44	40	-9.1
新梁 7	9	工况 1	145	123	-15.2
	7	工况 3	150	128	-14.7
	5	工况 5	151	129	-14.6
新梁 6	9	工况 1	148	125	-15.5
	7	工况 3	150	128	-14.7
	5	工况 5	152	131	-13.8

表 7-41 最大挠度对比表(汽车荷载作用于新桥侧)

工况	拼接横隔梁数量	理论最大挠度(mm)	实测最大挠度(mm)	理论挠度/实测挠度
工况 1	9	-7.75	-0.76	10.2：1
工况 3	7	-7.89	-0.77	10.2：1
工况 5	5	-8.39	-0.85	9.8：1

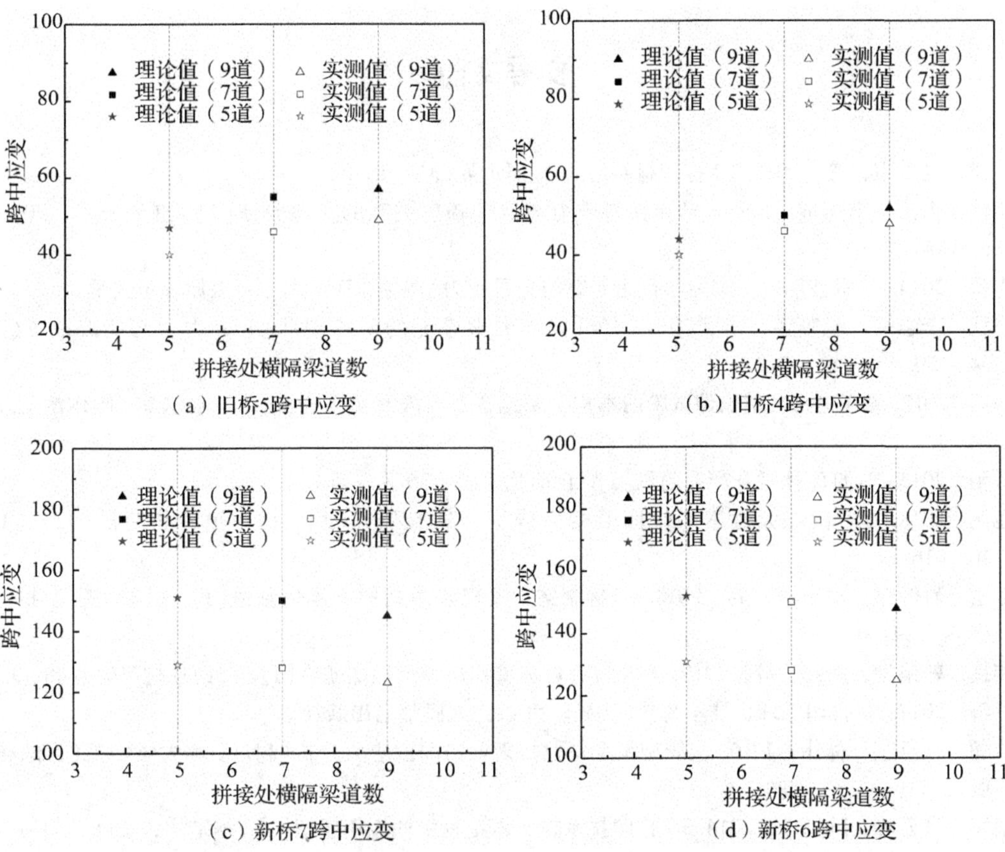

（a）旧桥5跨中应变

（b）旧桥4跨中应变

（c）新桥7跨中应变

（d）新桥6跨中应变

图 7-67　主梁跨中应变对比图（汽车荷载作用于新桥侧）

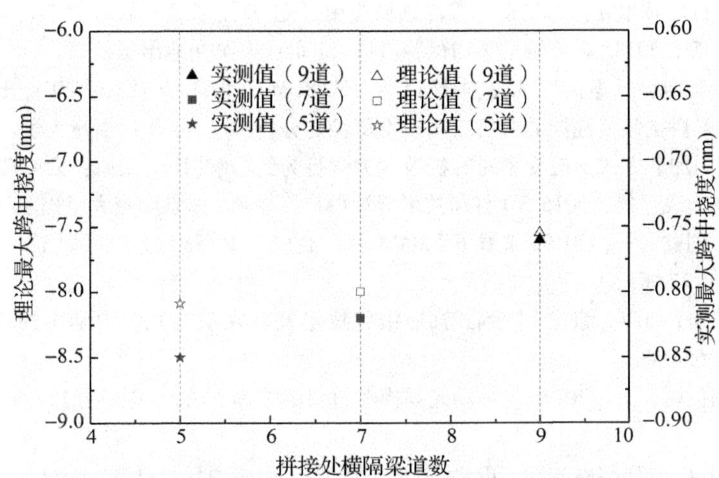

图 7-68　最大挠度对比图（汽车荷载作用于新桥侧）

参考文献

陈志茹，夏承东，等，2018. 3D 打印材料[J]. 金属世界(5)：15-18.

单奕铭，程涛，李英骏，2018. 光弹材料应力与红外辐射关系的实验验证[J]. 红外技术，40(7)：673-678.

邓小秋，2014. 有机玻璃的一维力学行为研究与分子动力学模拟[D]. 太原：太原理工大学.

邓小秋，李志强，赵隆茂，等，2014. 有机玻璃力学性能的研究现状[J]. 力学与实践，36(5)：540-550.

范瑞鹤，2012. 基于有机玻璃拉伸试验的本构关系拟合及有限元实例分析[D]. 哈尔滨：哈尔滨工业大学.

郭日阳，2015. 3D 打印技术及产业前景[J]. 自动化仪表，36(4)：5-8.

黄宛昆，2013. 南平闽江大桥索梁锚固区受力分析和试验研究[J]. 城市道桥与防洪(12)：161-165，16.

李涤尘，贺健康，田小永，等，2013. 增材制造：实现宏微结构一体化制造[J]. 机械工程学报，49(6)：129-135

刘伟良，郭荣增，王祎，等，2019. 斜拉桥有机玻璃缩尺模型性能研究[J]. 江西建材(10)：48-49.

吕鉴涛，2017. 3D 打印原理、技术与应用[M]. 北京：人民邮电出版社.

彭桂瀚，朱承坚，林伟，2016. 流线型箱梁斜拉桥索梁锚固段应力分析[J]. 新疆大学学报(自然科学版)，33(4)：475-480.

陶雨濛，张云峰，陈以一，2014. 3D 打印技术在土木工程中的应用展望[J]. 钢结构，29(8)：1-8.

天津大学材料力学教研室光弹组，1980. 光弹性原理及测试技术[M]. 北京：科学出版社.

佟景伟，李鸿琦，2018. 光弹性实验技术及工程应用[M]. 北京：科学出版社.

王菊霞，2014. 3D 打印技术在汽车制造与维修领域应用研究[D]. 长春：吉林大学.

韦建刚，吴庆雄，等，2018. 高等桥梁结构试验[M]. 北京：人民交通出版社.

吴庆雄，程浩德，黄宛昆，等，2019. 高等建筑结构试验[M]. 北京：中国建筑工业出版社.

熊文亮，2018. 弯梁桥抗倾覆性能的有机玻璃模型试验与分析[D]. 福州：福州大学.

杨海庆，2019. 不同加载方式下应变率对有机玻璃力学行为的影响[D]. 太原：太原理工大学.

杨继全，郑梅，杨建飞，等，2016. 3D 打印技术导论[M]. 南京：南京师范大学出版社.

姚厚企，杨培研，刘鑫，等，2019. 常温下 PMMA 低、高应变率压缩力学性能[J]. 地震工程与工程振动，39(6)：91-96.

姚学锋，刘伟，王申，2020. 综述：阵列式高速摄像技术及其在动态光测力学中的应用[J]. 实验力学，35(3)：365-383.

岳中文，王煦，杨仁树，等，2017. 一种动光弹模型材料的制作方法及其应用[J]. 实验力学，32(2)：179-188.

曾光，韩志宇，2014. 金属零件 3D 打印技术的应用研究[J]. 中国材料进展，33(6)：376-381.

曾国伟，刘浩轩，申国家，等，2019. 有机玻璃粘弹性损伤的模型实验[J]. 材料科学与工程学报，37(5)：801-804，827.

詹刚毅，2018. 中承式蝴蝶型系杆拱桥三角刚构区域应力分析[J]. 南昌大学学报(工科版)，40(1)：50-56.

张妮，2017. 世界首座 3D 打印桥梁——西班牙阿尔科文达斯桥[J]. 世界桥梁，45(6)：94.

张争艳，2014. 异质多材料零件快速成型关键技术研究[D]. 武汉：武汉理工大学.
赵海明，2017. 3D 打印设计与个性化制造技术[D]. 杭州：浙江大学.
赵剑峰，马智勇，谢德巧，2014. 金属增材制造技术[J]. 南京航空航天大学学报，46(5)：675-683.
赵宪忠，李秋云，2017. 土木工程结构试验量测技术研究进展与现状[J]. 西安建筑科技大学学报(自然科学版)，49(1)：48-55.